中国行为法学会丛书

中国法学会支持计划

全面从严治党与法律实施

——第六届中国法律实施论坛论文集

中国行为法学会 编

Strengthening Party Discipline Comprehensively and Law Implementation

The Paper Collection of the Sixth Session of the China Law Implementation Forum

人民法院出版社

图书在版编目（CIP）数据

全面从严治党与法律实施：第六届中国法律实施论坛论文集／中国行为法学会编．—北京：人民法院出版社，2017.11

ISBN 978－7－5109－1909－1

Ⅰ.①全…　Ⅱ.①中…　Ⅲ.①法律－中国－文集　Ⅳ.①D920.4－53

中国版本图书馆CIP数据核字（2017）第235574号

全面从严治党与法律实施

——第六届中国法律实施论坛论文集

中国行为法学会　编

责任编辑：李安尼　　执行编辑：沈国婧

出版发行：人民法院出版社

地　　址：北京市东城区东交民巷27号（100745）

电　　话：（010）67550579（责任编辑）　67550558（发行部查询）

65223677（读者服务部）

网　　址：http://www.courtbook.com.cn

E－mail：courtpress@sohu.com

印　　刷：保定市中画美凯印刷有限公司

经　　销：新华书店

开　　本：787×1092毫米　1/16

字　　数：280千字

印　　张：21.25

版　　次：2017年11月第1版　2017年11月第1次印刷

书　　号：ISBN 978－7－5109－1909－1

定　　价：65.00元

编者的话

法律的生命在于实施。中国特色社会主义法律体系形成以后，法律实施问题不仅是全社会共同关注的课题，也是法治建设的中心问题。

在法律体系建设的历史阶段，中国法学主要关注法律规范本体的研究，是一种静态的审视、一种定性的研究。这种规范的、静态的、定性的研究方法不可避免地存在一些不足，法行为需要、法行为动机、法行为模式和法行为目标等问题被放置在相对次要的位置甚至一度被忽略。任何法律关系和法律事实，任何法律的健全和完善，任何法治目标的实现都离不开人的行为，由此也决定了法学的研究必须要全面、深入地研究人的行为以及与行为相对应的心理现象。因此，“后法律体系”时代中国法学的研究重点和研究方法必须作出重大调整。

中国行为法学会长期致力于法行为层面的研究，在中国法治建设进程中贡献了众多研究成果，搭建了诸多高水准平台。随着法治建设的中心议题向行为与实施转向，中国行为法学会必须也必将承担历史使命，发挥更为核心和关键性的作用。

党的十八大报告提出全面推进依法治国的重大决策和战略部署，强调法治是治国理政的基本方式。在加快建设社会主义法治国家的新的历史时期，以习近平同志为核心的党中央更加注重发挥法治在国家治理和社会管理中的重要作用，于2013年1月7日举行的全国政法工作会议上又进一步提出了“法治中国”的愿景。

在此历史背景下，在2011年成功举办“首届中国法律实施高端论坛”的基础上，中国行为法学会相继于2013年1月13日举办了“第二届中国法律实施论坛”，于2013年12月21日举办了“第三届中国法律实施论坛”，于2014年11月1日举办了“第四届中国法律实施论坛”，于2015年12月12日举办了“第五届中国法律实施论坛”，于2017年1月16日举办了“第六届中国法律实施论坛”，积极探讨法治中国背景下的中国法律实施问题。我国法律界的法学泰斗、各法学学科带头人、知名学者和公检法实务专家相聚一堂，共同回顾和总结了我国法治建设的历史、发展和成就，深入研讨了各学科各领域的法律实施过程中存在的问题和经验。如今，中国法律实施论坛受到国家领导和社会各界的高度关注和充分肯定，已经成为法治中国建设进程中的品牌平台和亮丽风景。

为汇聚和展示第六届论坛的研究成果，中国行为法学会编撰了《全面从严治党与法律实施——第六届中国法律实施论坛论文集》。期冀更多人关心、关注和致力于法律实施问题的实践与研究，共同推动中国法治建设迈向崭新阶段。鉴于时间与水平有限，舛误在所难免，敬请指正！

本书编辑委员会

二〇一七年九月八日

目　录 / CATALOGUE

第一编　论坛致辞

第二编　观点精编

第一单元：全面从严治党与法律实施的理论研究

第二单元：全面从严治党与法律实施的实践探索

第三编　论文集萃

第一编　论坛致辞

在第六届中国法律实施论坛暨中国行为法学会第五届五次理事会上的讲话

中国法学会会长　王乐泉

(2017 年 1 月 15 日)

各位代表，同志们：

大家上午好！

今天，第六届中国法律实施论坛暨中国行为法学会第五届五次理事会在这里隆重举行。首先，我谨代表中国法学会，向大会的召开表示热烈地祝贺！向来自全国各地的嘉宾代表、专家学者们致以诚挚的问候！向中国行为法学会一直以来对中国法学会工作的支持表示衷心的感谢！

在中国法学会主管的 55 个全国性法学社团中，中国行为法学会历史悠久、人员广泛、活动丰富、成绩斐然。历经近 30 年的发展，在历届会长和理事会的带领下，在全体会员的共同参与下，始终坚持以推动中国特色社会主义法治国家建设为己任，致力于从个体行为与社会运行的独特视角，总结我国法治实践中的普遍性与特殊性规律，为立法、司法部门提供理论指导和智力支持，为法治中国建设积极出谋划策。行为法学会职责定位准确，发展目标清晰，工作活跃规范，活动广泛深入。特别是近年来，在繁荣法学研究、开展法治宣传、推动法学交流、培养优秀人才等方面开展了一系列独具特点、卓有成效、影响深远的工作。如，瞄准依法治国的重心，凝练了以推进法律实施、完善法治实施体系为核心的研究方向，打造了“中国法律实施论坛”“法治中国·湘江论坛”“法治社会·长江论坛”“法治政府·珠江论坛”“法治经济·黄河论坛”、侦查论坛、执行论坛、金融法律论坛、医疗法治论坛、新闻法治建设学术峰会、廉政理论论坛等一批高规格、多学科、宽领域的学术平台品牌。可以说，行为法学会经过不懈努力，在学术影响力、社会影响力和决策影响力等方面不断扩大，已经成长为法治中国建设中的重要研究力量。希望行为法学会能够把握历史机遇，不断开拓创新，勇于担当，积极投身于实现民族复兴中国梦的法治实践。

同志们，随着全面深化改革的深入进行，法治国家建设的任务更加迫切地摆在我们面前。党的十八大以来，党中央高度重视党内法规制度建设，推动这项工作取得了重要进展和成效，加强党内法规制度建设是全面从严治党的长远之策、根本之策。我们党先后召开十八届三中、四中、五中全会，对全面深化改革、全面依法治国、全面建成小康社会作出重大部署，六中全会是在全面深化改革、决胜全面实现小康的关键时刻，召开的一次十分重要的会议，专题研究全面从严治党重大问题，这是党中央着眼于协调推进“四个全面”战略布局作出的整体设计，是治国理政方略的渐次展开、深度推进。在 2017 年 1 月 6 日召开的中国共产党第十八届中央纪律检查委员会第七次全体会议上，再一次提出将全面从严治党作为工作的总体要求，并重申了严肃党内政治生活，加强党内监督，维护好党内政治生态，推动全面从严治党向纵深发展的重要性。当前改革任务之重、压力之大，要求我们广大法学法律工作者们要有大担当、大智慧。借此机会，我对行为法学会下一步的工作提几点要求和期望：

一、全面贯彻党的十八届六中全会精神，牢固树立“四个意识”，增强服务大局的使命意识

十八届六中全会全面分析党的建设面临的形势和任务，系统总结近年来特别是党的十八大以来，全面从严治党的理论和实践，就新形势下加强党的建设作出新的重大部署，充分体现了以习近平同志为核心的党中央坚定不移推进全面从严治党的坚强决心和历史担当，对确保党始终成为中国特色社会主义事业的坚强领导力量，对统筹推进“五位一体”总体布局和协调推进“四个全面”战略布局，推进中国特色社会主义伟大事业，具有重大现实意义和深远历史意义。全面贯彻落实六中全会精神，就要牢固树立政治意识、大局意识、核心意识、看齐意识，特别要增强核心意识和看齐意识。增强核心意识，就是要更加紧密地团结在以习近平同志为核心的党中央周围，更加坚定地维护党中央权威，自觉在思想上、政治上、行动上同党中央保持高度一致；增强看齐意识，就是要经常、主动向党中央看齐，向党的理论和路线方针政策看齐，向党中央决策部署看齐，做到党中央提倡的坚决响应、党中央决定的坚决执行、党中央禁止的坚决不做。

当前，我国已进入全面建成小康社会决胜阶段，各种矛盾叠加、风险隐患集聚，我们前进的路上有各种各样的“拦路虎”“绊脚石”。只有把党建设得更加坚强有力，我们党才能团结带领人民有力应对重大挑战、抵御重大风险、克服重大阻力、解决重大矛盾，赢得优势、赢得主动、赢得未来。学习贯彻落实六中全会精神，是当前和今后一个时期的重要政治任务，切实把思想和行动统一到中央精神上来，按照中央对群团组织政治性、先进性、群众性

的要求，坚持从政治上考量、在大局下行动，要在贯彻落实党中央重大决策部署上凝神聚力。我们广大法学法律工作者要进一步增强道路自信、理论自信、制度自信、文化自信，勇于担负起历史赋予我们的责任和使命。

二、紧密围绕大局开展法学研究，为中国特色社会主义法治国家建设提供更加坚强有力的理论支撑

始终服从和服务于党和政府的中心工作，是行为法学会发挥作用、体现价值的根本要求。习近平总书记就加强党内法规制度建设作出重要指示强调："认真贯彻落实《中共中央关于加强党内法规制度建设的意见》，以改革创新精神加快补齐党建方面的法规制度短板，力争到建党100周年时形成比较完善的党内法规制度体系，为提高党的执政能力和领导水平、推进国家治理体系和治理能力现代化、实现中华民族伟大复兴的中国梦提供有力的制度保障。"这一要求，对法学研究工作提出了更高标准。行为法学会要将六中全会精神作为开展下一步工作的行动指南和根本遵循，着眼于贯彻中央的重大决策部署，站在全局的高度谋划改革，立足新的形势和任务开展法学研究。着力发挥独特优势和职能作用，以改革为契机，不断提高行为法学会的引领力、凝聚力、创造力、协调力和执行力。

在新形势下，行为法学会要从大局出发，找准工作的切入点和着力点，深入学习研究六中全会提出的重大理论观点和重大任务部署。勇于实践、善于实践，抓住经济社会发展和法治建设中最亟需解决的问题展开深入研究，不断推出有价值、高质量的研究成果，不断丰富和创新中国特色社会主义法治实施理论，体现出时代性、规律性、创新性。要坚持问题导向，从我国改革发展的实践中挖掘新材料、发现新问题、提出新观点，提炼出有学理性的新理论，概括出有规律性的新实践；要主动回应改革发展所需、党政所急、群众所盼，不断研究新情况、总结新经验、解决新问题，不断推进法治实践创新和法治理论创新；要主动服务政府决策，积极参与法治政府建设、司法体制改革和社会治理创新等法治实践探索，促进成果转化。

2017年是实施“十三五”规划的重要一年和全面建成小康社会的关键一年，本次论坛的主题是“全面从严治党与法律实施”，这个主题非常切合当前形势的迫切需要，具有很强的现实指导意义，希望大家集思广益，群策群力，形成高质量的年会成果。

三、不断加强理论学习，重视政治修养，努力培养一支政治坚定、素质过硬的优秀人才队伍

建设好法治人才队伍、发挥好法治人才队伍的作用，是全面依法治国、建设社会主义法治体系的根本所在，也是行为法学会的重要职责内容。要把加强思想政治建设摆在首要位置，严守党的政治纪律和政治规矩。队伍建设的关键在于学习，通过持之以恒的理论武装，才能正确认识和妥善处理发展中不断出现的新情况新问题；才能不断增强政治敏感程度、拓展思维视野广度、提升思想境界高度；才能从根本上解决理想信念问题，解决作风学风问题。

行为法学会作为从事法学研究的学术组织，更加要重视学习、善于学习，自觉增强学习的主动性、积极性、有效性。一方面，要重视法学专业理论的学习，理论联系实际开展研究，多出接地气、有实效的研究成果；另一方面，更加要重视党的政治理论和中国特色社会主义法治理论学习，坚持政治和法治原则，不越政治和法治底线。努力造就一支政治坚定、德才兼备、视野开阔、具有坚实理论功底和深厚专业造诣的法治理论人才队伍。特别是要重视青年人才的培养，重视从实务部门吸收会员，抓好会员服务工作，使行为

法学会真正成为法学研究者和法律工作者之家。

四、加强自身建设，不断完善体制机制，持续提升制度化、规范化、专业化能力水平

始终牢记党领导下的群团组织要“确保工作中与党和国家事业同步前进”的要求，坚持将行为法学会的服务宗旨置于党和国家工作大局之中。围绕促进法律实施这个中心，珍惜好、建设好、维护好行为法学会这个平台，按照“学习型、协同型、智库型、国际型”的标准，不断推进行为法学会的自身建设。近年来，行为法学会在自身建设方面取得了较大提升，工作体系不断优化，规章制度日益完备，运行管理更加规范。与此同时，要注重加强对分支机构的管理，开展活动要突出学术性、专业性和权威性。

行为法学会要以六中全会精神为指引，进一步推进党的建设工作，加强对各项工作的政治引领，严守政治纪律和政治规矩。充分发挥中国行为法学会党总支对中心工作的核心领导作用，扎实落实全面从严治党要求，认真学习《关于新形势下党内政治生活的若干准则》和《中国共产党党内监督条例》，大力推进党风廉政建设和反腐败斗争。要全面加强党组织和党员队伍建设，把推进党的建设与推动行为法学会各项事业发展相结合，切实把党建工作优势转化为破解自身改革发展难题的重要抓手。

当前和今后一个时期，行为法学会要一手抓工作推动、一手抓学会建设，既要发挥联系面广的基础优势，整合资源、挖掘潜力，更要在“立足特色、服务专域”上多做文章，通过加强制度化、规范化、专业化运行来不断提升能力水平，推动各项工作的整体跃升，把行为法学会建设得更加充满活力、更加坚强有力。

各位代表，同志们！在 2017 年开年之际，希望中国行为法学会乘势而上，精准谋划，主动作为，谋划好、开展好行为法学会的

工作，进一步推进中国法学会工作整体跃升，为落实全面从严治党向纵深发展、推动建设法治中国，做出新的更大贡献，以良好的精神状态和优异的工作成绩迎接党的十九大召开！

祝大会取得圆满成功！

谢谢大家！

为全面从严治党提供强有力的法治保障

——全面从严治党下执政党与法治的十大关系

中国行为法学会会长　江必新*

“知所从自治，然后知所政治人，天下未有不能自治而能治人者也。”先后召开的党的十八届六中全会、十八届中央纪委第七次全体会议有一个共同的主题，就是全面从严治党。作为“四个全面”战略布局中的统帅，全面从严治党，是确保我们党始终成为中国特色社会主义事业坚强领导力量的必然要求，是有效应对“四个考验”、克服“四个风险”、避免上演霸王别姬悲剧的必由之路。在全面从严治党的背景下，对党与法治这两个国家治理体系中的根本性要素之间关系认识的不断深化，既是在思想观念领域推动国家治理现代化的核动力，也彰显着执政党在现代化进程中不断的自我超越、自我提升，意义重大。

我个人理解，执政党与法治的关系，应当是立体的，而不是线性的；应当是辩证的，而不是形而上学的；应当是交互的，而不是

* 本文节选自作者在第六届中国法律实施论坛（2017年1月15日）开幕式上的致辞。

单向的。二者的关系可以归纳为以下十个方面：

一是执政党与法治建设之间的领导关系。中国共产党是中国特色社会主义事业的领导核心，处在总揽全局、协调各方的地位。坚持党的领导，是社会主义法治的根本要求，是党和国家的根本所在、命脉所在，是全国各族人民的利益所系、幸福所系，是全面推进依法治国的题中之义。强调坚持党的领导、人民当家作主、依法治国有机统一，最根本的是坚持党的领导。在法治建设过程中，必须加强和改进党对法治工作的领导，把党的领导贯彻到全面推进依法治国全过程中。

二是党的领导与社会主义法治之间的一致关系。党的领导和社会主义法治是一致的，而非对立的。法是党的主张和人民意愿的统一体现，党领导人民制定宪法法律，党领导人民实施宪法法律，党自身必须在宪法法律范围内活动。可见，社会主义法治必须坚持党的领导，党的领导必须依靠社会主义法治。

三是党内法规与全面从严治党之间的支撑关系。党的十八大以来，巡视工作条例、廉洁自律准则、纪律处分条例、问责条例、党内政治生活准则、党内监督条例等一系列党内法规陆续出台，党内法规体系初步形成。作为“管党治党的重要依据”，党内法规是依法治国基本方略在党的建设领域的具体实践，从标准和手段上为全面从严治党确立法治支撑，为实现党内政治生活和党内监督制度化、规范化、程序化，推进党的建设新的伟大工程注入新动力，进一步扎紧全面从严治党的制度铁笼。

四是党内法规与法治体系之间的种属关系。中国特色社会主义法治体系包括五大体系，即完备的法律规范体系、高效的法治实施体系、严密的法治监督体系、有力的法治保障体系和完善的党内法规体系。作为法治体系的组成部分，党内法规与法治体系之间是包容和被包容的关系。

五是党内法规与国家法律之间的辅成关系。党内法规与国家法律是有区别的，在调整对象、适用范围、制定主体、制定程序、实施方式等方面都有不同。全面推进依法治国、全面从严治党，必须做好党内法规与国家法律的衔接与协调，努力形成党内法规和国家法律相辅相成、相互促进、相互保障的格局。党规党纪严于国家法律，对党员的要求党规比法律更高，坚持纪严于法的同时，要坚持纪在法前。

六是党的政策与国家法律之间的导引关系。党的政策是国家法律的先导和指引，是立法的依据和执法司法的重要指导。党的政策通过法定程序可以上升为国家法律，实施法律就是贯彻党的意志，依法办事就是执行党的政策。

七是党组织和党员领导干部与宪法法律之间的遵守关系。党领导法治建设，但各级党组织和党员领导干部必须在宪法法律范围内活动，带头依法办事，带头遵守法律，对宪法和法律保持敬畏之心，牢固树立法律红线不能触碰、法律底线不能逾越的观念。

八是党员领导干部与法治思维与法治方式之间的运用关系。法治思维和法治方式是对人治思维和人治方式的革命。党员领导干部不仅要做遵守法律的模范，而且要做正确适用法律的表率，不断提高运用法治思维和法治方式的能力，努力以法治凝聚改革共识、规范发展行为、促进矛盾化解、保障社会和谐。

九是全面从严治党与全面依法治国之间的统一关系。作为“四个全面”战略布局的重要组成部分，二者不是简单并列关系，而是有机联系、相互贯通的顶层设计。依法治国首先要依规治党，依规治党才能依法治国。没有全面依法治国，国家生活和社会生活就不能有序运行，就难以实现社会和谐稳定；没有全面依法治国，我们就治不好国、理不好政。总的看，二者统一于民族复兴的伟大梦想，统一于中国特色社会主义伟大事业，统一于党的建设新的伟大工程，统一于我们正在进行的具有许多新的历史特点的伟大斗争。

十是党的执政特别是长期执政与法治之间的依存关系。习近平总书记深刻地指出，综观世界近现代史，凡是顺利实现现代化的国家，没有一个不是较好解决了法治和人治问题的。要跳出历史周期律、实现长期执政，要走好中国道路、实现长治久安，就必须厉行法治，落实好全面依法治国的战略部署。

总之，秉持立体的、辨证的、发展的思维观念来认识和解析党与法治之间的关系，就不会出现将二者对立起来所形成的相互否定的困局，也不会落入“党大还是法大”这个伪命题所编织的陷阱。

第二编　观点精编

第一单元：全面从严治党与法律实施的理论研究

党规——基于信仰的强制规范

吴高盛*

据中纪委网站公布的数据，2016 年 12 月份全国纪检监察机关共查处违反中央八项规定精神问题 5019 起，处理 6902 人，其中大办婚丧喜庆 554 起，给予 479 人处分。与之对照的是，一些明星、名流、大款、土壕的婚丧喜庆大操大办，纪委并不过问。为什么？因为党员领导干部必须要遵守全面从严治党对党员领导干部在婚丧喜庆方面的规定。即对党员的要求高于和严于对公民的要求。当然，党员也有人情亲情，红白喜事，不是不可以请客吃饭，而是应当搞简朴、正常的婚丧喜庆事宜，三杯淡酒酬宾客，不能大操大办，铺张浪费，更不能利用职务影响来操办，来借机敛财。

一、党规与国法的关系

什么是党规？党规是根据党章制定的党内的各种制度规范的总称，不仅仅是指《廉洁自律准则》《纪律处分条例》等。

党员是双重身份：一是党员，二是公民。作为公民，享有公民

* 吴高盛，中国人大常委会法工委立法规划室原主任，中国人大制度理论研究会副秘书长。

权利，承担公民义务，受国法约束。作为党员，有党员的权利和义务，受党规约束。

党规与国法的目标、价值取向是一致的。在依法治国，建设法治国家这个大目标上是一致的，但在某些具体问题上又有不同。

一是对象不同。党规是约束党员的，法律是约束公民的。党员也是公民，所以党员必须要遵守法律，同时也要遵守党规。

二是严厉程度不同。党规最严厉的处罚是开除党员的党籍，而法律最严厉的处罚是剥夺公民的生命。

三是实施程序不同。党规的实施程序是，通过党的会议的形式作出决定决议来实施，而法律则是通过法定的执法程序或审判程序来实施。

二、党规严于国法

党的十八届四中全会决定指出，党规党纪严于国家法律，党的各级组织和广大党员干部不仅要模范遵守国家法律，而且要按照党规党纪以更高标准严格要求自己，坚定理想信念，践行党的宗旨。

为什么党规严于国法？因为办好中国的事情，关键在党要管党、从严治党。党的先进性决定了对党员的高标准、严要求，决定了党规必须严于国家法律。

1. 这是党的宗旨的要求。党的根本宗旨是全心全意人为人民服务。党章第 2 条规定：中国共产党党员是中国工人阶级的有共产主义觉悟的先锋战士。中国共产党党员必须全心全意为人民服务，不惜牺牲个人的一切，为实现共产主义奋斗终身。

2. 这是党的使命的要求。现阶段党的使命是把我国建设成为富强、民主、文明、和谐的社会主义现代化国家。党的使命要通过党员的努力奋斗来实现。要践行依法治国，更好地建设社会主义法治国家，党员首先要遵守法律，同时又必须按照党章和党规严格要求自己，起到模范带头作用。

3. 这是党员义务的要求。《党章》第 3 条规定了党员的八项义务：

（1）认真学习马克思列宁主义、毛泽东思想、邓小平理论、“三个代表”重要思想和科学发展观，学习党的路线、方针、政策和决议，学习党的基本知识，学习科学、文化、法律和业务知识，努力提高为人民服务的本领。

（2）贯彻执行党的基本路线和各项方针、政策，带头参加改革开放和社会主义现代化建设，带动群众为经济发展和社会进步艰苦奋斗，在生产、工作、学习和社会生活中起先锋模范作用。

（3）坚持党和人民的利益高于一切，个人利益服从党和人民的利益，吃苦在前，享受在后，克己奉公，多做贡献。

（4）自觉遵守党的纪律，模范遵守国家的法律法规，严格保守党和国家的秘密，执行党的决定，服从组织分配，积极完成党的任务。

（5）维护党的团结和统一，对党忠诚老实，言行一致，坚决反对一切派别组织和小集团活动，反对阳奉阴违的两面派行为和一切阴谋诡计。

（6）切实开展批评和自我批评，勇于揭露和纠正工作中的缺点、错误，坚决同消极腐败现象作斗争。

（7）密切联系群众，向群众宣传党的主张，遇事同群众商量，及时向党反映群众的意见和要求，维护群众的正当利益。

（8）发扬社会主义新风尚，带头实践社会主义荣辱观，提倡共产主义道德，为了保护国家和人民的利益，在一切困难和危险的时刻挺身而出，英勇斗争，不怕牺牲。

这八项义务适应了建设中国特色社会主义事业的需要，是针对新时期执政党建设的特点和党内的现状提出来的，是对党员在政治党悟、组织纪律、道德作风、业务工作等方面提出的严格而又具体的要求，党员应当努力做到。

三、党规是基于信仰的强制规范

党规实质上是一种行为规范，只是行为主体是党员，是一种更高更严的行为规范。中国共产党是一个有着崇高信仰，严密组织，严格纪律的政党，为实现党的信仰，达成党的宗旨，完成党的任务，而对自己党员提出了相较于国家法律更高更严的行为规范。

我们每一个党员，在入党的那一刻，都要面对党旗入党宣誓：我志愿加入中国共产党，拥护党的纲领，遵守党的章程，履行党员义务，执行党的决定，严守党的纪律，保守党的秘密，对党忠诚，积极工作，为共产主义奋斗终身，随时准备为党和人民牺牲一切，永不叛党。

这个誓词，是党员基于对党的纲领的信仰而作出一种严肃承诺。至于有的党员，不能严格要求自己，忘记甚至背弃党的宗旨，违反党章党规，必然要受到党规的处理，构成犯罪的还要依照国法追究刑事责任。

党的奋斗历史已经证明，信仰是一种巨大的精神力量。每一个党员，只要牢记入党誓言，只要坚定理想信仰，就会自觉遵守党规，就会主动接受党规的约束。在这个意义上说，党规是基于信仰的强制规范。

反腐败斗争压倒性态势与中国“廉洁拐点”

高 波*

腐败被称为“政治之癌”，反腐是世界难题。根据世界银行的统计，平均每年因腐败导致 2.6 万亿美元被窃取，超过全球 GDP 的 5%。2014 年 2 月，欧盟发布了首次评估 28 个成员国腐败状况的《欧盟反腐报告》，称成员国的腐败问题“令人毛骨悚然”，因腐败每年造成的损失高达 1200 亿欧元，相当于欧盟年度财政预算。同时，74%的欧洲人认为自己所在的国家腐败猖獗。而且，在各国现代化、工业化和城市化过程中，还普遍出现了与经济起飞相伴生的腐败高发期现象。中国作为最大的发展中国家，从不讳言严峻的腐败挑战，并在中共十八大后拿出了一份全新的答卷。习近平总书记在今年初中央纪委七次全会上宣告：反腐败斗争压倒性态势已经形成。我们可以将其称为“中国特色廉洁拐点”。那么，这一压倒性态势或者说“廉洁拐点”有什么特点和亮点呢？

第一，打虎打出了官员“不敢腐”的心理预期拐点。20 世纪 90 年代中后期，厅局级的泰安市委书记胡建学曾经说，官做到他

* 高波，中央纪委驻中国社科院纪检组副组长。

这一级就没人管了；副部长级的江西副省长胡长清坦言，组织的管理和监督对他而言，就像“牛栏关猫，进出自由”。今天，对周永康、薄熙来、郭伯雄、徐才厚、令计划等“超级猛虎”严打彻查，消弭重大政治隐患，打破了“官够大就没事”的幻想。近4年来，中央纪委查处的中管干部人数，是十七大5年间的3.6倍。“高压”变成“稳压”之后，2016年主动向组织交待问题的党员比一年前增长了10多倍，出现了不敢腐和知止、知惧的拐点。

第二，拍蝇拍出了“零容忍”的作风变化拐点。对老百姓来说，大老虎离得太远，关键是苍蝇每天扑面。但以往一些“小官”长期作恶成了“硕鼠”，比如山西所谓“最牛科级干部”郝鹏俊在北京就有30多套房产；长期担任秦皇岛自来水公司科级干部的马超群家里，查出现金1.2亿、黄金37公斤、房产手续68套等。而且，“几十个制度，管不住一张嘴”，导致大家出现了“制度疲劳”。今天，一个中央“八项规定”改变了中国。到去年年底，违反“八项规定”精神被处分的9万多人中，乡科级干部超过9成，餐桌上、牌桌上、车轮上、会所中的贪腐奢靡乱象大为收敛。同时，严惩了“蝇患蚁贪”，4年来全国处分的农村和乡科级及以下党员干部人数，是十八大前10年处分的全国总人数的约1.3倍。这说明对群众身边的作风顽疾，实现了从“宽容忍”转向“零容忍”的拐点，有病马上治，防止“小过养成大错、苍蝇养成虎蝇”。

第三，猎狐猎出了贪官“无处躲”的追逃拐点。以往很多人“一贪就跑、一跑就了”，结果反腐高压对这些“外逃之狐”变成了无压。如今，国内反腐打主战，海外猎狐打客场：过去两年从90多个国家和地区追回党员、国家工作人员400多人，新增外逃人数从前年峰值的101人降到去年的19人，并追回赃款86亿。2015年底，首次出现追回人员超过外逃人员的拐点。其中，潜逃13年7个月的“百名红通人员”头号嫌犯杨秀珠，从宣称“死也要死在美国”到从美国回国自首，形成示范效应。这说明贪官到“避罪天堂”逍遥的好日子到头了，“海外不是法外”倒逼公职人员收手收心。

第四，“互联网＋反腐”形成“有效民主拐点”。人民监督是阻击腐败的终极制胜之道。但我们有过群众运动式反腐变形的教训，不少国家照搬西方，也引发了“你上台，我上街”的广场民主乱象。今天，中国有世界最多的7.31亿网民，有全球4G最大网络和6.95亿手机网民，他们是民主监督的超活跃力量。通过互联网治理，中国打造了“全球最大的有效民主社会”，在“网络谣言入刑”的法治环境中，网络举报量已在最高人民法院、最高人民检察院等官方渠道中超过传统来信来访。2013年9月，中央纪委监察部网站开通。“一键直达中纪委”的时代里，8000多万党员、400多万个党组织，处在全天候的“网络探头”中。有人说，国外隔几年才投1次赞成票，对中国“问题官员”的不信任票随时进行。从几年前63小时被网络举报“点杀”的雷政富，到今天1篇网贴、2周时间、12人被查的西安“电缆门”，网络监督有序前行。2014年9月，参加“走进中央纪委”活动的外国专家、欧盟委员会前副主席德福安先生谈到：“中国为公众通过社交网络和网站进行举报提供机会，对受到腐败诱惑的人能够发挥非常有效的震慑作用。这种反腐败体制会帮助中国更接近目标。”在“互联网＋反腐”时代，“有权任性”的政治成本已经很高，倒逼公职人员必须在办公室内外、8小时内外保持对民主和公意的敬畏感。

第五，“开门反腐”带来中国形象改观的“透明度和公信力拐点”。在2014年底哈佛大学肯尼迪政府管理学院公布的一项全球公众调查中，不论是30国受访者对10国领导人认可度，还是受访者对本国领导人处理国内国际事务信心度，中国国家主席习近平都排名第一，杰出的反腐成绩无疑是重要加分项。而且，以往人们对

“中国纪律部队”纪委的印象是神秘莫测，今天，反腐败是最阳光的事业，中纪委是很开放的机构。今年初，中纪委举行吹风会，邀请113个国家的驻华使节或高级代表以及13个国际组织驻华机构的高级官员参加。有外媒评价：仅此一点就表明，中国领导层在竭力让反腐斗争绝对透明并易受理解。而且，中国的阳光反腐实践让更多国家的政党和人民获得灵感。2014年底，MSN转载了路透社报道中国反腐的文章，引发美国网民发帖热议。有人说：“美国政府只会指责中国，其实他们真的应该从中国学些东西。”还有人提出：“我们美国人怎样才能也有个‘中纪委’呢?”这些话言犹在耳，今年年初西班牙执政的“人民党”率先行动，在它的十八次全国代表大会上学习中国经验，成立了与中纪委十分相似的党内监督机构“人民监督办公室”。

实际上，反腐败不仅关系到执政党的生死存亡，也不仅是哪些人、哪个党的事，而是关系到每个人的获得感和幸福感。治理腐败永远在路上，廉洁拐点并不是一劳永逸的终点，而是国家成长和国民进步的新起点。从中共十八大到十九大的五年，是中国治理腐败的“政治雾霾”，逐步实现廉洁公共产品供给再平衡的过程，逐步实现政治生态和社会生态同步再净化的过程。可以预见，随着全面从严治党向纵深推进、向基层延伸，坚持问题导向，对懒政怠政等加以持续治理，我们将会分享到更多“反腐红利”。特别是在“纪在法前、纪严于法、纪法衔接”的中国特色廉洁拐点落地过程中，我们将至少收获“三大红利”：

首先是民心红利。国家统计局全国民意调查显示，人民群众对党风廉政建设和反腐败工作满意度，从十八大召开前2012年的75％，逐年走高达到去年的92.9％。全社会的反腐信心度触底反弹，这是中国最大的“正资产”。去年年底以来，中国迎来最大规模留学人才归国潮，显示出人心所向。要知道，中国是个超大型社会，澳大利亚前总理陆克文曾谈到：中国有8700万中共党员，澳大利亚全国人口只有2400万。相比之下，管理规模如此之大的党派是非常复杂的事情。总体来说“中国故事”进展不错，独一无二。而党心民心团结一心，正是中国最“独一无二”的国家级优势。

其次是改革红利。腐败造成的既得利益集团，是改革最大拦路虎。今天，反腐败成为推动改革攻坚的“导航仪”和摧毁利益藩篱的“破冰锤”。比如群众诟病的“看病难、看病贵”问题，背后就隐藏着由来已久的利益黑幕。通过2013年的葛兰素史克跨国行贿案可知，药企通过向医疗部门官员和医生行贿，导致药价虚高。葛兰素史克销售的乙肝药“贺普丁”2012年真实成本为15.7元，最高零售价翻了13倍，为207元，用于行贿的销售成本裹挟其中。治理相关腐败为医改开路，今年公立医院将实现“药品零加成”，铲除医生“开单提成”的毒瘤。应当说，改革是反腐治本之策，助力发展成果共享。今年年初的全国“两会”刚刚结束，中国即出台了3800亿的减税大礼包，降低制度性交易成本，激发市场活力和社会创造力，这对所有人都是利好。在高效反腐和“数据打假”的背景下，一季度6.9%的GDP增速非常亮眼，美国《福布斯》杂志评论说：中国经济奇迹没有结束，而是进入第二阶段。

最后是法治红利。反腐败必须筑牢制度笼子。中国的优势是既有“法律之笼”，也有“纪律之笼”，依规治党和依法治国形成“双保险”。十八大以来，中国共产党颁布实施的《党内政治生活准则》《廉洁自律准则》《党纪处分条例》《党内监督条例》《问责条例》和《巡视条例》被称为“史上最严党规”，带动了依法反腐大提速。比如，《刑法修正案（九）》对重特大贪污受贿犯罪实施“终身监禁”，让“巨贪”把牢底坐穿。云南原省委书记白恩培因受贿、巨额财产来源不明，成为“终身监禁第一例”。当前，国家监察体制改革正在试点，随着由人大产生、受人大监督的“新监委”依法履职，对公职人员实现全覆盖，“用纪律管全党”和“用法律管全体”互促互进，将从根本上固化依法反腐的“不可逆”态势，让零容忍的惩腐高压成为牢不可破的法律事实和可持续的“问责稳压”，并进一步滋育唤醒全体国人的法治信心和法治信仰。

需要指出的是，反腐不以改变政体、颠覆政权为前提，依靠“内生改革、内涵发展、自主法治、有效民主”的中国方案，占据了国际道义制高点，产生全球治理溢出效应，得到国际社会的尊重。2016 年年底，《联合国反腐败公约》秘书处网站发布了中国履约审议报告摘要，高度评价十八大以来的反腐成效，认为中国将《联合国反腐败公约》作为引渡、司法协助和执法合作的法律依据是良好的实践做法，有利于高效地进行国际合作。过去 3 年中，从 APEC《北京反腐败宣言》到 G20《追逃追赃高级原则》，中国以全球猎狐引领的国际反腐新秩序加速成型。美国《世界邮报》评论说：“这需要西方摘下有色眼镜，站在中国共产党领导人的角度，放眼未来。”

大国竞争，本质是政治信用较量。反腐不只在于怎么说，更在于怎么做。改革开放 30 多年来，中国两大世界性成就举世公认：一是经济上 7 亿多人口脱贫，全球减贫贡献率超过 7 成。二是政治上的有腐必反，有外媒评价“足以同在中国这样的世界上人口最多的国家解决温饱问题、极大消除贫困相提并论”。诺贝尔经济学奖得主、新制度经济学鼻祖科斯说：“我是出生于 1910 年的老人，经历过两次世界大战和许多事情，深知中国前途远大，深知中国的奋斗就是全人类的奋斗！中国的经验对全人类非常重要!”尽管反腐败任重而道远，压倒性态势刚刚形成，中国特色廉洁拐点悄然落地，但中国可以做得更好，我们应当更加自信。

依法执政是法律实施的重要方式

卓泽渊*

法律实施是法律得以实现的必要而唯一的路径。没有法的实施，就没有法的实现。依法执政是法治对执政党的基本要求，是执政党最为重要的法治实践，也是法律实施的重要方式。依法执政对于法律实施来说意味着什么，它们之间是怎样的关系，应该作怎样的解读，既是重要的法治问题，也是重要的政治问题。本文拟对此作一个初步探讨，以求教于法学界的同仁。

一、依法执政是法律实施的独特方式

（一）法律实施包括法的适用与法的遵守

法律实施在法治实践中的重要性是不言而喻的，它是立法目的能否达成的关键环节。没有法律实施就没有法律实现，更无法治现实。只有在法律得到正确的适用和普遍遵守的情况下，才可能谈及法律的实施与实现，才能使法治成为可能。

按照传统的法理学理论，法律实施是指国家特定机关及其工作

* 卓泽渊，中共中央党校政法部主任、教授。

人员将具体的法律制度或者规范运用于特定的主体或案件的活动，即法的适用；以及各类社会主体自觉依法办事，使法律制度或者规范成为社会现实的过程，即法的遵守或者守法。其主要方式包括法律适用和法律遵守两个方面。

（二）依法执政是独特的法律实施

法的适用是指特定国家机关及其工作人员将法律运用于具体的人或具体的事的活动。它的行为主体是国家机关及其工作人员，其职能是将法律运用于具体的人或事。依法执政主体是执政党，执政党是政治组织，并不是国家机关。执政党并不是法的适用机关，既不享有执法权，也不享有司法权，不能直接地将法律运用于具体的人或事的处理上，它并不具有法律适用这一职能。显然依法执政不能被称为法的适用。

那么依法执政是不是法的遵守呢？显然也不是。因为法的遵守是指国家机关、企事业单位以及公民个人自觉服从法律、依法办事。守法是一种自觉的行为，作为消极义务，主体往往处于不作为状态，不会作用于其他主体。守法也会有积极义务，但即使是履行积极义务，也不会对他人产生特别例外的影响。因为守法应该是一种常态，而不是特例。守法的后果并不直接影响他人，更不影响国家机关。但是依法执政却必须作用于国家机关并对国家治理产生直接效用，也会对社会产生独特的影响。因此，执政党的依法执政，既具有某些守法的属性，但也不是严格意义的守法。

将依法执政与这二者进行比较发现，它既不是法的适用，也不是严格意义的法的遵守。那么依法执政是什么？依法执政当然不是法律制定——立法，而只能归属于法律实施，即它是法律实施的独特方式。这一独特性，在当下的中国表现得更为明显。因为中国共产党作为执政党，在国家和社会生活中发挥着西方任何执政党都发挥不了的作用。正是中国共产党独特的地位和作用，决定了其依法执政在法律实施中的独特性质。

二、依法执政是法律实施的政治标志

（一）依法执政是中国共产党执政的基本方式

依法执政是一国执政党依照法律规定，执掌国家政权、具有执政地位、发挥执政作用的基本方式。依法执政首先是政治，是法治背景下执政党行为的基本方式。尤其是作为社会主义执政党的中国共产党，更必须将依法执政作为自己的执政方式，尽快完成执政方式的转换。

中国共产党是在革命中成长起来的。革命的中国共产党首先担负的是打碎旧世界、推翻旧政府的伟大任务。在反动政府之下，它必须把推翻旧政府的统治作为自己的使命，为此也就必须破坏旧的法律。革命从来都不需要法律，这是马克思主义思想家列宁的精彩论述。在俄国十月革命之前，列宁就明确提出了无产阶级及其政党进行革命的重要目的之一，就是推翻旧统治，当然就要破坏旧法律。破坏旧法律是其使命。革命党不可能也不必要维护旧的法律。革命党对于反动政府的法律总是敌视的，并力图摧毁之，更不会自觉守法。但是，在十月革命胜利之后，列宁就发布命令，所有的苏维埃政权、所有的工人、士兵、市民都必须自觉遵守苏维埃的法律制度。这是因为，这时的法律是共产党人自己的法律，如果破坏它就等于是共产党人自毁长城。

中国共产党走过了一条远比苏联共产党更加艰难的革命道路。农村包围城市的革命道路使中国共产党有了一个较长的革命根据地时期。在革命的过程中，中国共产党政权当然不必遵守国民党政府的法律。即使在一定时期和一定区域使用了旧政府的法律，但也一定是以不违背革命根据地法律、不违反共产党政策和革命法律意识作为前提的。1949 年 10 月，中华人民共和国中央人民政府成立。早在1949年2月，中共中央就发布了《关于废除国民党的六法全书与确定解放区的司法原则的指示》，宣布："在无产阶级领导的工农联盟为主体的人民民主专政政权下，国民党的六法全书应该废除。人民的司法工作，不能再以国民党的六法全书为依据，而应该以人民的新的法律作依据。在人民新的法律还没有系统地发布以前，应该以共产党政策以及人民政府与人民解放军所已发布的各种纲领、法律、条例、决议作依据。目前，在人民的法律还不完备的情况下，司法机关的办事原则，应该是：有纲领、法律、命令、条例、决议规定者，从纲领、法律、命令、条例、决议之规定；无纲领、法律、命令、条例、决议规定者，从新民主主义的政策。"

在1949年10月1日之后，中国共产党成为了执政党，开始了行为方式的转变。从历史上的破坏旧法制转变为构建社会主义新法制。中国共产党在经历了长达三十多年的探索，终于在不断试错中找到了出路。中国共产党的十一届三中全会为中国重新开启了民主法治的大门，开辟了新的法治之路。1997年中国共产党第十五次全国代表大会提出"依法治国，建设社会主义法治国家"的治国基本方略。1999年，全国人民代表大会又通过宪法修正案确认了这一基本方略。在中共十六大上，中国共产党正式提出了依法执政为基本的执政方式。现在的中国共产党正在领导全国人民构建法治政治。依法执政，就是政党政治法治化的最高表达，也是政治法治化的显著标志。中国共产党具有作为领导党的政治地位和作为执政党的法律地位，依法执政是法律在政治上得以实施的重要体现。

（二）中国共产党的依法执政实践

现在，中国共产党依法执政的具体实践，主要应抓好三个方面的工作，体现为三个"善于"。一是要善于通过立法程序使党的主张上升为国家意志。共产党作为执政党，必须高度重视立法工作，将自己治国理政的主张通过立法建议等方式，将其上升为法律制度，再通过执法、司法、守法而得到实现。二是要善于使党组织推荐的人选通过法定程序成为国家政权机关的领导人。执政党对国家政权机关的领导，需要通过组织领导来实现。在组织领导的方式中，使党组织推荐的人选成为国家政权机关的领导人员，是其具体方式。三是要善于通过国家政权机关实施党对国家和社会的领导。如何实现中国共产党对国家和社会的领导，是一个重大问题。既要坚持中国共产党的执政地位，发挥执政效用，同时又不能取代甚至还要充分发挥国家政权机关的应有作用。因此，如何科学地实现党对国家和社会的领导，就成为执政党的必修课。

在中国，依法执政的中国共产党就应该领导立法、保证执法、支持司法、带头守法。领导立法当然是最为首要的。立法是法治建设的首要环节。只有在党的领导下将人民的意志集中起来，体现在法律制度之中，成为具体的法律规范，执政党才能发挥其政治领导作用，发挥其执政效能。保证执法，对于执政党来说也是一个重要的任务。作为执政党的中国共产党，必须在执法上发挥保证作用，对执法过程中的违法犯罪行为进行监督，对党员、领导干部实施政纪监督和法律监督，确保执法机关充分履职、正确履职。对于支持司法，司法具有相对的独立性，我们党一直而且不断强调要确保司法机关依法独立行使司法权。近年来，党中央采取了三大措施来支持司法。一是在 2015 年 3 月，由中共中央办公厅、国务院办公厅印发了《领导干部干预司法活动、插手具体案件处理的记录、通报和责任追究规定》。二是在 2015 年 3 月，中央政法委印发了《司法机关内部人员过问案件的记录和责任追究规定》。三是在 2016 年 7 月，中共中央办公厅、国务院办公厅印发了《保护司法人员依法履行法定职责的规定》。三管齐下，确保司法机关及其工作人员依法履行法定职责。这是中国共产党支持司法的具体体现和实际行动。带头守法，就是中国共产党及其党员自觉坚持在宪法法律的范围内活动，成为全社会守法的模范。

三、依法执政是法律实施的法治标志

（一）执政权是新的政治权力

传统政治学认为国家的权力包括立法权、行政权、司法权。这就是传统的三权分立学说的立论基础。其实，到了当代，这一划分愈来愈显示出它的局限性。近代三权分立理论是由法国思想家孟德斯鸠最早提出的。他生活在1689～1755年之间，那时的国家权力主要划分为立法权、行政权、司法权尚无不妥。但是到了现在，再仅仅划分为这样的三项权力也就显得不那么科学，也不符合客观实际。

在孟德斯鸠提出三权分立学说的时候，世界现代政党政治还没有产生，甚至连后来作为西方政党政治代表的美国都还没有建立。那时的孟德斯鸠根本就没有想到会有政党政治，更未想到政党政治可以成为未来世界的普遍现象。孟德斯鸠没能想到执政权是正常的，但是随着现代政治的发展，我们还不正视执政权是一种政治权力，就是不科学的。

现代政党政治的发展导致了第四种政治权力——执政权的产生。从执政权产生以来，它就成为政党之间争夺的独特政治资源，成为多党制国家中各个政党争夺的政治客体物，同时也成为执政党和在野党划分的根本标志。谁拥有执政权，谁就是当然的执政党；谁失去了执政权，谁就由执政党转化成为在野党。执政党对国家、社会乃至人民的影响至为重大。如果说法治在根本上是依法治权的话，那么法律能否约束执政权，几乎是执政党能否依法执政的同义语。执政党是否依法执政就成为法律能否得到有效实施的政治标志。

（二）依法执政是执政权法治化的标志

法治的关键是什么？是依法治权。在对所有权力进行规范的时候，法律对于执政权的规范必不可少，至为重要。执政权在国家政治生活中的独特地位和巨大作用，使之成为国家法治化的重要标志。

在政党政治之下，执政权是执政党的标志。西方多党制背景下的相互竞争乃至争斗，都是围绕执政权的行使、剥夺与获得来展开的。作为执政党来说，行使执政权是基本责任。如何行使执政权，是考察执政党好坏优劣的客观基础。在当代，执政权已经成为非常重要、必不可少的权力。依法规范执政权成为政党政治中实行法治的重要体现。依法执政也成为政治法治化的最高表达。在当代世界，执政党是否受法律的约束，如何受法律的约束，成为一个国家法治化程度的重要标志。

执政党的依法执政应当是模范守法的榜样。在法治状态之中，所有社会主体都应该自觉守法。执政党应该成为守法的模范，执政权的行使就是执政党守法状态的首要标志。执政党在守法上，应该是其他政党的榜样，也应该是全社会的楷模。执政党的守法行为对于其他政党、对于社会公众，具有示范的意义。执政党守法的最首要表现就是要依法执政。

执政党的违法执政是对法治的重大伤害。执政党的违法也具有更大的危害性，成为法治最大的破坏力量。在所有的政治力量中，执政党是有组织的庞大政治主体。在有的国家它甚至是最为庞大的政治组织。执政党对法律的态度，将影响整个政治生态与法治状态；它对法治的破坏，将使法治难以得到维护，并使法治遭受严重的破坏。

（三）依法执政是中国政党制度的自身要求

在当今世界，政党政治已经是现代国家政治文明的标志。在西方有多党制，在非洲等国家有一党制。中国则有与之完全不同的政党制度。中国独特的政党制度，是依法执政在中国具有独特意义的政党根据。

在多党制背景下，一个政党是否守法，非常重要。遵守法律是一个政党得以执政的重要前提。没有这一前提，执政者执政行为的合法性就会成为问题，进而必然影响其执政地位的合法性甚至动摇执政根基。在西方，某一个政党的领袖或者组织的行为违法，往往都会遭致司法追诉，使之承担应有的法律责任。对于执政党来说，还可能引发执政权的丧失，遭致执政党的滑铁卢。一个在法律上被判定为违法的政党，不知又要经历怎样的努力，才能重新获得社会与民众的认可乃至重新执政。

一党制国家，唯一存在的政党就是执政党。要求执政党守法更加艰难，换言之，执政党更难受到法律约束。惟其如此，执政党的守法就变得更加重要。只有执政党守法、依法执政，整个国家和社会生活才可能有真正的法治；一旦执政党违法，就很难予以制约，即使有着某种约束机制，也可能失灵。一党制在非洲诸多国家的实践就充分说明了这一点。

我国实行的是独特的社会主义政党制度，它既不是西方国家的多党制，也不是非洲国家的一党制，而是中国共产党领导的多党合作和政治协商制度。在这样的体制中，中国共产党肩负着对其他政党，对人民群众，对国家，对民族，对国际社会等多重的法治责任。就中国共产党与其他政党之间的关系来说，她对待法律的态度尤其是在法律上的行为，具有示范作用。中国共产党的执政行为，对于其他政党是政治和法治的双重引领。中国共产党是以全心全意为人民服务作为自己最高宗旨的政党。中国共产党始终把人民的利益作为最高利益。中国共产党，作为中国的执政党，必须对国家担负起历史的责任。中国共产党是中华民族的先锋队，将这个民族带向何方，是其必须面对的难题。怎么建立一个法治国家，推进国家的法治化，是中国共产党在新的历史时期的使命。在国际社会中，中国的国际形象如何，与中国共产党的政治理念、法治理念、依法执政都具有极大的关系。

法律实施中的政党引领

肖北庚*

法律实施是指法律规范在现实生活中得到实现、法律所规范的行为得到有效调整、法律成为人们日常交往的根本行为准则，它是法律生命力与权威所在。尽管从整体上来看，法律规范能否在现实生活中得到有效实现，人们的行为是否遵循法律追求的目的和接受法规范的约束，离不开一系列的法律技术和司法活动。但人们的行为符合法律规范要求也离不开其共同体的主流价值理念引领，甚至司法活动和法律技术也为特定时期社会共同体所选择的法律实施模式所牵引。在现代社会，社会共同体的主流理念和法律实施模式在很大程度上为具有先进性的政党尤其是为社会大众认同的进而代表社会公共利益的执政党所引领。[1]

一、法律实施何以需要政党引领

法律作为一个规范体系不是凭空产生的，“它们是一些观念或

* 肖北庚，湖南师范大学法学院院长、教授、博士生导师。

〔1〕 本文所指的政党特指执政党。

普遍原则，体现对事物之价值、可追求的理想等进行的判断”[1]，法律必然反映一定的时代价值观。法律实施必然要体现法律所追求并保护的价值，法律实施的具体方式和途径也受法律所追求与保护的价值之制约，并受实施评价影响。在现代政党政治国家，执政党是特定价值观的培育和践行者、特定法治实施模式的构建者和推行法律实施评价的执行者，引领法律实施的方向和道路。

（一）政党是特定价值观的培育与践行者，引领法律实施方向

法律实施并非“机械地适用法律规则”[2]，无论执法、司法还是守法都是相应主体在一定价值准则引领下对法律作了特定的价值反应后而适用与遵守法律的过程。

就法律适用而言，“法律或规则（法律正义）既不可能摆脱审判过程中的价值考虑，也不可能与之保持一致”[3]。一般地看，司法机关通常是遵循司法规律在事实基础上适用法律解决特定案件，无需价值考量，也即不受价值观的牵制。这时，除了贯彻立法的价值外，适用法律没有别的价值考量。但由于立法者的立法技术和立法能力所限，法律适用中通常会遇到法律漏洞和不良立法。法律规范在现实适用过程中必然会遇上许多立法过程中并非考虑到的客观事实，也可能碰上找不到可适用的法律规范，进而构成法律规范与现实之间的内在张力，这种张力的舒解既要防止过于机械的法条主义，又要避免自由裁量权的滥用，因此需要一定价值观的导引。为避免机械司法，在法律范围之内寻求正义以解决问题，此时反映时代要求的价值准则必然会发挥作用。就执法而言，情况更为复杂，常常面对合法与合理的权衡、相对人利益与公共利益的平衡、长远

---

〔1〕［英］戴维·M·沃克：《牛津法律大词典》，光明日报出版社1988年版，第920页。

〔2〕庞德早在上个世纪中期就指出了法律实施的这一缺陷。参见：［美］伯纳德·施瓦茨：《美国法律史》，王军等译，中国政法大学出版社1997年版，第208页。

〔3〕Unger，Roberto：“The Critical Legal Studies Movement ，” 96 Harvard Law Review. Wells，Catharine 1991. pp. 91.

利益与眼前利益的评判、执法方式的选择及行政自由裁量权的行使，这些都离不开特定时代价值取向的引领。

就法律现实遵守来看，社会个体通常依据个人利益来理解法律，并按照这种理解实施行为，当个人利益与社会公共利益不一致时，尤其是出现冲突时，社会个体更多地倾向于有利于个人利益的维度来遵循法律，更容易认可在心理上认同反映其价值观念进而体现了自己意愿和保障了自我利益的法律，即社会个体理解和认可法律受特定价值观的牵引。在现代多元社会，价值具有多元性，人们所认同的特定时代的共同价值需要代表社会共同体共同利益的具有先进性的政党去凝炼。现代政治中，政党的一个核心职能也就是通过培育人类共同体追求的价值观而使其所主张的施政纲领、方针政策获得共同体成员的认同进而为共同体的成员所追随。政党凝练的共同体共同价值观念必然贯穿到其施政的全领域全过程，追求法治的现代政党其价值准则也会相应地引领法律实施中社会主体价值观，进而引领法律实施。

（二）政党是法律实施模式的构建者，引领法律实施道路

尽管一国执政党对法律实施有价值引领作用，但“我并不把法治看作一个普适的道德律令。相反它是一种对于某类社会才是有效的或好的学说，这类社会要满足对于法治的制度和文化预设，即具有法治要依之才能成功的制度与文化。”[1] 共同体的价值取向在法律实施中总是在特定或一定程度上体现了对司法与执法的引领和守法的导引，法律实施具体行为更多的是受嵌入法律制度中的制度与文化预设牵引。制度与文化“预设”内涵极为广泛，不仅包括社会习惯、历史传统与文化习俗，也包括特定的社会经济文化条件和制度环境。总之，特定的社会结构与文化背景对法律实施起着决定性

---

〔1〕［英］拉兹：《公共领域中的伦理学》，葛四友等译，江苏人民出版社 2013 年版，第 431 页。

的影响。一般来看，影响制度规范转化为制度实效的上述诸因素中的个体因素如何影响转化效力可以通过一般的法律智慧而被获取，但是上述诸要素如何有效关联尤其是如何作为一个有机整体影响法律实施则需要对社会发展趋势或发展模式有整体把握的社会组织才能认识到。政党是社会组织中最能把握上述因素作为整体力量对法律实施影响的先进组织，它通过对影响法律实施的上述诸因素综合考虑形成法律实施模式来引领法律实施。正是这样，西方不同的发达国家分别形成了不同法治模式主导的法律实施道路。“美国法治的权威最终依靠法院，英国法治主要依靠议会，德、法两国的法治在一定时期内依赖总统，而诸多东方后发法治国家则依赖于政党。”〔1〕

（三）政党的代表是国家各级机关的核心组成者，引领法律的具体实施

“在现代民主政治的框架中，总是有一定的政党在国家权力机构中占主导地位、执掌国家权力。这种执掌国家权力的政党被称为执政党。”〔2〕政党执政的根本方式是通过经由法定程序委派到国家各个机关的代表直接执掌国家权力，受政党委派在国家机关直接执掌权力的代表在行使权力时必然要体现反映政党意志和执政理念的价值观，在政党价值观的指引下行使相应国家机关权力。在现代政党政治中，政党的代表通常在各级国家机关中占主体的地位，他们的行为也构成相应国家机关行为的核心力量并籍这种核心力量影响和引领相应国家机关中非政党代表的行为，进而从整体上引领各级国家机关的权力行使。政党委派在司法机关的代表以政党的根本价值观行使司法权体现的正是政党对司法的价值引领；政党在执法机关的代表以政党的根本价值观行使执法权体现的是政党对执法的价

〔1〕 王若磊：《依法治党与依法治国的关系》，载《法学研究》2016 年第 6 期。
〔2〕 张恒山：《中国共产党的领导与执政辨析》，载《中国社会科学》2004 年第 1 期。

值引领。现实法律实施，通常会遇到执法与司法中权力滥用和不当行使权力带来的非平等执法、选择性执法、钓鱼执法、司法不公等各种偏离法律轨道的难题，克难纠偏也需要执政党及其委派在国家机关行使公权力的代表以“公共利益”为引领予以克服。

（四）政党是法律实施评价的推行者，籍评价扬正纠偏

法律实施不仅通过政党及其在国家机关行使国家权力的委派引领，而且实施评价对法律实施也会起到一定的导引作用。法律实施评价是执法与司法机关在法定轨道促使法律规范实现的有效方式，是激励社会个体自觉守法的不可或缺途径。法律实施后，如果有某类主体对执法机关和司法机关的执法与司法的过程及结果的客观事实进行收集，对公民是否遵守法律的行为进行信息汇集。进而在此基础上对相关事实信息进行整理，依据公众公认的价值追求、道德准则和法律要求对实施中的不足和问题进行分析评判，对法律实施中的合法行为进行褒扬，并在充分吸收各方意见后作出实施评价报告向社会发布。其对违法和不当实施法律的国家机关和个人的否认性评价，就会对相关公民和国家机关全面实施法律形成一种外在的压力，进而转化为现实守法与依法行权的动力。而对依法和正当实施法律的国家机关和个人的行为作出肯定性评价，他们的行为可能成为社会主体看齐的目标，进而促使法律有效实施。代表文明进步主流趋势的政党正是积极倡导法律实施评价的社会主体，政党对法律实施的评价同样可以引领法律的有效实施。

二、政党引领法律实施的机制

现代政治中，政党引领法律实施的道路与方向。具体来看，这种引领是政党借助其以中央机关为内核、各不同层级政党组织为骨架、党员行为为着力点而层层传导的机制实现的。

（一）政党中央机关引领各不同层级党组织

任何执政党都是一个由严密组织体系构成的现代政治组织，其中央层面的组织居于核心地位，引导着作为其构成部分的各不同层级政党组织。通常来看，政党的中央组织是政党的最高层级，处于核心地位，具有最高权威和远见卓识，担纲制定政党纲领、重大的发展方针和策略之责。就法律实施来说，其制定宏观的方针政策进而引导各不同层级组织来予以执行。中国共产党作为执政党，在1978年针对当时国家的现实情况，适时地提出了“有法可依、有法必依、执法必严、违法必究”的法制方针，这一法制方针在中央的倡导与牵引下成为了中国共产党的各不同层级机关实施法律的根本指针，各不同层级机关正是依据这一方针，通过自己委派在国家政权机关的代表严格执法，严厉追究违法犯罪者的法律责任，保障了国家法律实施。政党中央机关同时也通过自身严格遵守法律的工作方式引导各不同层级组织严格遵守法律。任何政党组织都有它处理党务工作以及相关工作的工作方式，中央一级的工作方式直接引领各不同层级党组织的工作方式。政党的中央机关在各项工作中，尤其是在权力行使中，坚持以宪法和法律为依据，则可以引领地方各级机关在行使职权时注重遵循宪法和法律。如果中央层面的党组织在行使职权时忽视宪法和法律，不以宪法和法律为根本准绳，各不同层级党组织也同样会忽视宪法和法律，法律实施就会虚化。本世纪以来，中国共产党的中央机关特别强调宪法法律实施，各不同层级机关的宪法意识在不断增加。现代政治国家中，执政党作为治国理政的主体普遍主张由管理走向法治，在治理方式上普遍主张将党的意志转化为国家意志，使党的政策上升为国家法律，以法律来型构稳定的社会秩序。政党的各不同层级组织作为政党中央机关的执行者，通常都注重将政党意志转化为各级国家机关意志，即规则意识引领法律实施。同时，政党内部治理上通常也主张以党内法规一以贯之地处理党内事务，以党内法规严格约束各级党组织的言行。中央党组织的规则之治必然会引领地方各级党组织的规则治理意识，进而通过党员传导引领法律实施。

（二）政党各不同层级党组织引领党员

政党中央机关通过组织体系的内部管理体制引导各不同层级实施法律，而各不同层级政党组织更多地是通过工作方式和对党员的严格监管来引领其党员。各级党组织都是由具体的党员构成，各级政党组织对法律实施的引领作用更多地是通过党员的具体行为而落实。各级政党组织在法律实施上引领党员的行为主要体现在对党员行为的具体要求和监管上。执政党作为追求先进性和谋求国家利益与公共利益的政党，一方面要求其党员始终保持党的先进性，在法律实施上起模范带头和表率作用，通过党员在法律实施中的模范带头作用引领社会大众守法，引领国家各级机关的工作人员依法行使权力，遵循法律规定的权限和程序行使权力。另一方面，追求先进性的执政党通常又会制定严明的纪律进行严格自我管理，要求各不同层级党组织的每一个成员遵守党内严肃的规矩和严明的纪律。具有先进性的政党，其内部纪律比法律要求更高，更严格。通常来看，各不同层级党员行为遵守了党的纪律，就能够在法律轨道上行驶。政党组织的纪律引领政党成员遵纪守法，党纪的底线不破，法律的红线也就不会超越。当然，各级党组织自身遵循纪律的执政方式，同样也引领了党员的遵纪守法行为，各不同层级党组织在治理上注重规则之治，引领了其党员的规则意识，进而减少了党员搁置、僭越法律。

（三）政党委派在国家机关的代表直接引领法律实施

党组织对党员行为的引领在一定程度上是对法律实施的间接引领，只有各级党组织成员其在国家治理中的具体行为方能直接引领法律的实施。执政党的党员通常分为普通党员和作为党的代表进入国家权力机关的党员。普通党员主要以其在法律实施中的表率行为引领社会大众的守法意识。作为党的代表进入国家权力机关的党员则以双重身份引领法律实施，他一方面作为一名普通党员以表率行为引领法律实施，另一方面，更多地是以党在国家权力机关代表身份通过严格遵守执法和司法的权力行使者引领法律实施。执政党的执政并非由执政党直接执政，而是由执政党委派到国家权力机关的代表行使国家权力，作为执政党代表的党员行使国家权力是按照国家法律规定的权限和程序行使权力。他们行使国家权力的方式直接引领国家权力的行使行为，其依法定方式和程序行使权力则可引领整个国家机关依法行权，从而保证国家权力合法行使。同时，他们的行为在法定轨道上行使也会使社会大众认为权力的行使是服膺和遵守国家法律的，进而使他们信任法律，从内心真正认同法律，敬畏法律，提升全民的守法意识。当然，各级党组织成员通过严格执法和司法所形成的法治环境同样也引领法律的实施。严格执法与司法有利于形成依法办事就会产生满意结果的法律环境，“如果处理一个问题的某种方法产生了令人满意的结果，那么人们就有可能不作任何思考便在日后效仿这一方法”,[1] 籍由此，政党“通过合规守则的执法、司法，引领全社会形成对规则和秩序的尊重。”[2]

可见，政党引领法律实施的核心机制为：政党的中央机关制定发布法律实施的纲领和规制法治道路模式，其各不同层级党组织进一步将中央层面的纲领和方针转化为引领法律实施的具体制度，其成员基于认同组织的理念与政纲而自觉履行相关制度义务，进而引领法律制度的实施。政党中央机关处于引领法律实施的内核，其余各下级机关及其成员依据内核的指引通过规范行为贯彻政党中央机关的纲领与方针，自觉实施模范行为引领法律的实施。

---

〔1〕 Robert Paul Wolf, In Defense of Anarchism (New York, 1970), pp. 19.

〔2〕 江必新：《法治实施要把握的十对关系》，载《学习时报》2016 年 6 月 9 日。

三、中国法律实施政党引领的当今实践

政党籍自身的组织体系而型构的机制引领法律实施，近年来，中国共产党治国理政中推行的社会主义核心价值观培育和全面依法治国与全面从严治党重大实践，为之提供了现实范本。

（一）社会主义核心价值观的价值引领

中国共产党的十八届三中全会提出了“富强、民主、文明、和谐、自由、平等、公正、法治、爱国、敬业、诚信、友善”的社会主义核心价值观，随后中共中央办公厅颁发了《关于培育和践行社会主义核心价值观的意见》，倡导全国各地区和各部门培育与践行这一与中国特色社会主义发展要求相契合、承接了中华优秀传统文化和人类优秀文明成果、凝聚全党全社会价值共识[1]的社会主义核心价值观。从法律实施角度来看，社会主义核心价值观的培育与践行将从价值层面引领我国法律实施。

首先，引领良法的制定，使制定的法律获得人民的普遍服从。良法是善治之前提，制定良好的法律才能获得人民的普遍服从。社会主义核心价值观凝聚了全党全社会共识、涵摄全体人民的共同利益，有助于平衡个人利益和社会利益，有助于促进人的全面发展和社会全面进步。以其为引领而制定的法律必然是反映至少是最接近人民共同利益的法律，由是法律有了人民认同和服从的基础。事实上，近年来在社会主义核心价值观的引领下，国家立法开始注重完善保护产权、维护契约、平等交易与公平竞争的社会主义市场竞争法制；注重推进强化全社会契约精神的民法典编纂工作；注重把尊重英雄、见义勇为等一些道德规范转化为法律规范[2]；注重完善推

〔1〕参见《关于培育和践行社会主义核心价值观的意见》，载《人民日报》2013年12月24日。

〔2〕新近通过的《民法总则》规制了损害公共利益的民事责任，其第185条规定：侵害英雄烈士等的姓名、肖像、名誉、荣誉，损害社会公共利益的，应当承担民事责任。

动人与自然和谐发展的生态文明法律制度；注重完善保障公民权利和国家整体安全的互联网领域法律制度。社会主义核心价值观正引领我国法律迈向人民认同的良法。

其次，引领公正文明执法。作为法律实施一个重要方面的执法，有多种方式和途径，倡导文明平等公正诚信的社会主义核心价值观将引领执法方式趋向公正文明，进而彰显执法的人性与柔性，使法律在尊重人性的基础上得到有效实施。近年来，在社会主义核心价值观引领下，我国执法已经向公正文明逐步迈进：在执法理念上，执法者更加注重法律面前人人平等和尊重与保障人权观念；在执法领域上，加大了与人民群众切身利益密切关联的食品药品、环境保护、医疗卫生与劳动保障等领域的执法力度；在执法效果上，注重执法要求与执法形式的统一，执法效果与社会效果的统一，准确正当行使执法裁量权和准确适用裁量标准；在执法重点上，加强了社会信用体系建设，加大了对失信被执行人的监督与惩戒力度。

再次，引领司法公信力提升。司法是否获得社会公众的信任是司法解决纠纷功能发挥的关键，文明平等公正法治的社会主义核心价值观引领司法机关以公正为根本价值遵循裁判各类纠纷，进而使司法在公正裁判中获得社会大众的认同，树立司法权威。在社会主义核心价值观引领下，近年来我国司法机关更加注重以事实为依据、以法律为准绳的根本司法原则，提升了司法程序公正和实体公正；全面推进司法体制改革，加大对错案的纠正力度和建立健全防范冤假错案的有效机制，全面践行有错必纠的司法原则；强化司法便民制度，方便群众诉讼，最大限度发挥司法的人权保障功能。

又次，引领全民守法。法律的实施不仅在于执法与司法，更在于全民的守法。社会主义核心价值观承接了中华优秀文化传统，尤其凝练了社会普遍认同的道德。作为全体人民共同的思想道德基础，它比社会主义法律要求更高，通常来看遵循了社会主义价值观倡导的公共道德就必然会同时遵循公共领域里的法律准则，公共领域里的法律也就在这种遵循引领下得到了相应的实施。近年来，我国在全面推进依法治国方略时，注重培育社会主义核心价值观并采取各种形式宣传学习社会主义核心价值观，以公序良俗的社会公德引导人们自觉履行法律义务和社会责任，以道德滋养法治精神，推动了全民的守法意识。

（二）全面推进依法治国的模式引领

社会主义核心价值观从价值层面引领我国社会主义法律实施，使法律实施以道德遵循为基础，在公正轨道上运行，引领法律实施的方向。方向是一种目标引领，目标的达至还离不开一定的道路模式，全面推进依法治国方略正为法律实施提供模式引领。

中国共产党十八届四中全会通过了《关于全面推进依法治国若干重大问题的决定》（以下简称《决定》），《决定》确立了社会主义法治体系的总目标，即“建设中国特色社会主义法律体系，建设社会主义法治国家”[1]，规范了法律体系的具体内容，将党内法规和国家法律纳入一体建设，要求“法治国家、法治政府、法治社会一体建设”“依法治国、依法执政、依法行政共同推进”。在规范法治建设新航标中确立了法律实施的根本道路，引领执法、司法与守法等法律实施环节的协调与同步推进。

在总目标引领下，《决定》还提出了法治实施体系、法治政府建设、公正司法、公民法治理念养成等法治实施模式，引领社会主义法律得到全面有效实施。

在高效的法律实施体系形成要求上，《决定》将健全宪法实施机制作为法治体系的核心内容。宪法实施机制具体内容涉及完善全国人民代表大会常务委员会宪法监督制度、健全宪法解释程序机

〔1〕 参见《中共中央关于全面推进依法治国若干重大问题的决定》，载《光明日报》2014年10月29日。

制、加强备案审查制度和能力建设，这将引领宪法的有效实施。近年全国人民代表大会确立每年12月4日为国家宪法日，并建立了相应的宪法宣誓制度，一定程度上就是《决定》引领宪法在国家生活中实施的具体样态。

在法治政府建设上，《决定》规定了依法全面正确履行政府职能，健全行政决策机制、深化行政执法体制改革、坚持严格公正文明执法、推进政务公开的法治政府建设道路，引领政府职能的科学定位和公正文明执法。近年来，国务院在全国范围内不断推进权力清单制度、重大行政决策终身责任制和责任倒查制及文明规范执法与政府信息公开；改革行政许可制度，大量削减行政审批；等等，正是《决定》所确立的法律实施模式引领之现实表征。

在公正司法上，《决定》规定了严格司法、优化司法权配置、保障人民群众参与司法等司法权运行模式，引领了司法体制改革中的员额制、司法责任制的推进，推动了全国各级法院错案纠正力度。

在全民守法方面，《决定》规定了“各级领导干部要对法律怀有敬畏之心，牢记法律红线不可逾越、法律底线不可触碰，带头遵守法律，带头依法办事，不得违法行使权力，更不能以言代法、以权压法、徇私枉法”。[1] 这一准则正引领领导干部尤其是党的高级领导干部的学法守法用法行为习惯之养成，“关键少数”的守法意识与行为必将引领全社会形成对法律和法律秩序的尊重，进而引领法律规范的全面有效实施。

（三）全面从严治党的行为引领

全面推进依法治国总体上看是一种模式和道路引领，其实效需行为支撑，全面从严治党正是从行为上引领法律实施。

---

〔1〕参见《中共中央关于全面推进依法治国若干重大问题的决定》，载《光明日报》2014年10月29日。

十八届三中全会以来，中国共产党推行了全面从严治党方略，全面从严治党的过程正逐步由治标向治本迈进，在这一迈进过程中，党内法规建设不断推进，《中国共产党纪律处分条例》《中国共产党党内监督条例》《关于新形势下党内政治生活的若干准则》《中国共产党纪律检查机关监督执纪工作规则（试行）》等制度相继出台，制度篱笆越扎越紧，构成了严密的体系。党的制度建设行为一方面引领法律立、减、废行为向科学与民主推进；另一方面，促使党内法规与国家法律构成有机整体，从制度构建行为层面上引领法律的统一和全面实施。

全面从严治党更多的则是从行为层面通过追究破坏国家选举法与组织法行为之责任、“拍蝇打虎”的反腐败及赋予党政主要负责人推进法治建设第一责任人职责而引领法律实施。

在查处破坏国家选举法与组织法的行为上，近年，党中央高度重视并加大了对包括衡阳与辽宁的破坏选举法案法律责任追究力度。从法律视角来看，执政党的执政是依据选举法和国家组织法向国家机关推荐公职人员并通过选举而完成的。对执政党委派到国家机关的代表来说，其依据选举法和国家机关组织法进入国家各级机关本身就是实施法律行为。选举法和国家机关组织法能否得到有效实施直接彰显着权力是否服从体现人民意志的法律，权力是否来源于体现人民意志的法律。只有国家机关工作人员依据选举法和国家机关组织法进入国家机关，才能彰显其行使的权力来源于法律，其严格实施法律才有底气和信心。否则就不会严肃执行法律，甚至不愿意对法律负责。近年来，中国共产党对现实生活中破坏选举法和国家机关组织法的行为进行了严肃查处[1]，处分和处理了一批党政领导，进而使得全体党员甚至国家机关的非党员干部都认识到权力

〔1〕 近年来，中国共产党查处的破坏选举法和国家机关组织法的典型案件有：衡阳破坏选举案和辽宁破坏选举案。在这两个案件中处理了一大批党政机关领导干部，使党政干部认识到权力来源于人民制定的法律，以非法方式和途径不但不能进入国家机关，而且要受到严肃处理。

的获取必须经由法律途径。这正是代表先进性的执政党通过严格遵守选举法和国家机关组织法引领其党员遵守法律，进而引领全社会遵守法律的生动实例。

在严肃查处腐败行为上，中国共产党不断推进全面从严治党的实施机制，“打虎拍蝇”。其实施机制的“抓铁有痕，踏石有印”在长和常、严和实、深和细上下功夫的反腐工作方式，有助于为执法的严格性和规范性、司法的责任性和公正性提供参照，引领法律实施机制迈向严实细。其实施机制的对违纪人员毫不留情、一律追责之责任追究制度，藉由严格制裁对违法者构成“威胁”，改变权力行使者滥用权力甚至违法行使权力以谋求自身利益的偏向，藉制裁促使公权力行使者遵纪守法，引领法律责任追究的疏而不漏。其实施机制形成的不敢腐的目标初步实现，不能腐的制度日益完善，不想腐的堤坝正在构筑的反腐败压倒性态势，构筑了风清气正、忠诚担当的政治生态，引领“法律底线不能越、法律红线不能触”之法律行为准则在国家公职人员并经由国家公职人员在社会大众形成。

在赋予法治建设党政主要负责人和第一责任人责任方面，2016年12月14日，中办、国办印发了《党政主要负责人履行法治建设第一责任人职责规定》，对党政主要负责人履行推进法治建设第一责任人的具体职责进行了明确规定。[1] 其对党委主要领导人责任的规定既是对全面实施依法治国方略中法律实施模式的具体落实，更是将法律实施与党委负责人的责任进行有机关联，进而引领各级党委及其党委委派到国家机关的负责人强化对法律实施的监督，有助于避免法律实施的形式主义倾向，引领法律严格实施。

---

〔1〕参见《党政主要负责人履行法治建设第一责任人职责规定》第5条和第6条。

论全面从严治党与法律实施的重要关系

——思想界限与实践耦合的辩证统一

付子堂*

"四个全面"是以习近平同志为核心的党中央在治国理政上的重大战略布局。其中，党的十八届四中全会审议通过的《中共中央关于全面推进依法治国若干重大问题的决定》（以下简称《决定》），正式将"党内法规体系"确定为中国特色社会主义法治体系的五大组成部分之一；党的十八届六中全会审议通过的《关于新形势下党内政治生活的若干准则》（以下简称《准则》）明确规定："党的各级组织和领导干部必须在宪法法律范围内活动，增强法治意识、弘扬法治精神，自觉按照法定权限、规则、程序办事，决不能以言代法、以权压法、徇私枉法，决不能违规干预司法"。这些重要论述表明，我们党在加强法律实施以推动党风廉政建设和反腐败斗争的

* 付子堂，西南政法大学教授、博士生导师。

同时，更加注重全面从严治党下党内各项制度的不断完善[1]。这些都为“全面从严治党”与“法律实施”的理论丰富和实践发展奠定了坚实的政治社会基础。

一、全面从严治党与法律实施关系的理论研究现状

对于全面从严治党与法律实施关系的理论研究，首先需要对其各自内涵进行理解。从最一般意义上讲，全面从严治党的内涵主要体现为三个方面：其一，“全面”涵盖了党的思想、组织、作风、反腐倡廉和制度建设。其二，“从严”体现了党的建设制度的严密性与科学性。正如习近平同志所说：“最根本的是严格遵循执政党建设规律进行制度建设，不断增强党内生活和党的建设制度的严密性和科学性，既要有实体性制度，又要有程序性制度，既要明确规定应该怎么办，又要明确规定违反规定怎么处理，减少制度执行的自由裁量空间，推进党的建设的科学化、制度化、规范化。”[2] 其三，“治党”为治理党组织和党组织成员之意，目的是把党建设成为中国特色社会主义事业的坚定领导核心。

法律实施是指“法律规范在社会生活中被人们实际贯彻与施行。它是将法律规范的抽象行为模式转化为人们的具体行为的过程；是使法律从书本上的法律变成行动中的法律，从应然状态进到实然状态的过程；是由法律规范的抽象的可能性转变为具体的现实性的过程”。[3] 法律实施不仅是“全面依法治国”的重要内容，而且是国家法治建设战略转移的客观要求。正如习近平同志在十八届

---

〔1〕 例如：2013 年 5 月 27 日，《中国共产党党内法规制定条例》和《中国共产党党内法规和规范性文件备案规定》发布。2015 年 6 月，中央出台《中国共产党党组工作条例》；2015 年 10 月，中共中央印发《中国共产党廉洁自律准则》《中国共产党纪律处分条例》；2016 年 6 月 28 日，中共中央政治局审议通过《中国共产党问责条例》。2016 年 10 月通过的《关于新形势下党内政治生活的若干准则》和《中国共产党党内监督条例》

〔2〕 习近平：《加强和改进新形势下党的建设的纲领性文献》，载《人民日报》2009 年 10 月 9 日。

〔3〕 夏锦文：《法律实施及其相关概念辨析》，载《法学论坛》2003 年第 6 期。

中央政治局第四次集体学习时的讲话所说："法律的生命力在于实施。如果有了法律而不实施，或者实施不力，搞得有法不依、执法不严、违法不究，那制定再多法律也无济于事"。

目前理论界，对于全面从严治党与法律实施的关系研究主要包括以下几种：

有的学者通过厘清党内法规体系制度逻辑、话语源流和体系架构，来研究与国家法律之间的关系[1]；有的学者将全面依法治国作为习近平治国理政的新思想战略，并指出"全面依法治国是'四个全面'战略布局的重要组成部分和根本法治保障，是一项宏大系统工程，必须全面、协调、系统推进"。从这两种观点的含义来看，对全面从严治党与法律实施问题的关系论说比较接近于偏正式、兼顾性阐释。[2] 也有的学者从法律实施的角度进行研究，认为"宪法和法律在实施中面临着立法粗放与执行不力的困扰、经济状况与社会转型的制约、体制不顺与机制不全的束缚、法治传统与法治精神的缺失。而保障宪法和法律统一的实施，可以从改进宪法实施、保障公民权利和完善党的领导等方面着手。"[3] 这种观点已经关注到完善党的领导的地位作用，距离从严治党主要在于一个"全面"的意蕴。从整体来看，目前学界还有一定理论深化的空间，对于全面从严治党与法律实施的关系论、方法论，需要在一些主要概念区别、理念差异、思维特征与联系上进行深入探讨，在理性工具和价值工具上对界限与耦合的关系运用作出具体分析。

二、全面从严治党与法律实施的思想界限

界限不是割裂、孤立，而是为了更好地把握理论特性。论及全面从严治党与法律实施的界限，就是要从思想上厘清党性思维与法

〔1〕 付子堂：《法治体系内的党内法规探析》，载《中共中央党校学报》2015 年第 6 期。
〔2〕 李林：《论习近平全面依法治国的新思想新战略》，载《法学杂志》2016 年第 5 期。
〔3〕 徐汉明：《法治的核心是宪法和法律的实施》，载《中国法学》2013 年第 1 期。

律思维的概念区别，增强党员干部的纪律意识和法治意识；从行动上更好地将党的意志通过法定程序上升为国家意志和法律，发挥党领导立法、保证执法、支持司法、带头守法的作用。

（一）二者属性的界限

全面从严治党，是一个政治学概念。马克思、恩格斯在《共产党宣言》中指出："共产党是各国工人政党中最坚决的、始终起推动作用的部分"[1]。这是因为，无产阶级政党具有严格的政治纪律，正如列宁在《共产主义运动中的左派幼稚病》中强调铁纪律是布尔什维克成功条件之一。如果没有铁的纪律，无产阶级就不能够正确、有效、胜利地发挥自己的组织作用[2]。可见，全面从严治党是无产阶级政党增强纪律性、加强自身建设的必然要求。在我国，全面从严治党，是以习近平同志为核心的党中央在面临"四大危险""四大挑战"时提出的管党、治党战略，具有鲜明的政党政治特点。

法律实施是一个法学概念。"法治应包含两重意义：已成立的法律获得普遍的服从，而大家所服从的法律又应该本身是制定得良好的法律"[3]。法律实施是法治的重要内容。在我国法律实施主要是指宪法和法律的实施，目的是克服有法不依、执法不严、违法不究的现象，《决定》中进一步强调了"严格执法、公正司法"；引导社会成员尊法学法守法用法、依法维权；增强领导干部的办事观念和依法履职能力，从而维护宪法法律权威，依法维护人民权益、维护社会公平正义、维护国家安全稳定。从这一方面来看，法律实施具有功能性法律的价值属性。

（二）二者适用对象的界限

《准则》明确指出："新形势下加强和规范党内政治生活，重点

---

〔1〕 马克思、恩格斯：《马克思恩格斯选集（第1卷）》，人民出版社2012年版，第413页。

〔2〕 列宁：《列宁文稿：第4卷》，人民出版社1986年版，第222页。

〔3〕 ［古希腊］亚里士多德：《政治学》，吴寿彭译，商务印书馆1965年版，第199页。

是各级领导机关和领导干部，关键是高级领导干部特别是中央委员会、中央政治局、中央政治局常委会组成人员”。《中国共产党党内监督条例》第6条也规定，党内监督的重点是党的领导干部特别是主要领导干部。正如习近平同志强调指出：“从严治党，最根本的就是要使全党各级组织和全体党员、干部都按照党内政治生活准则和党的各项规定办事”[1]。由此可见，全面从严治党的对象为全体党员和领导干部。

法律实施，则针对公民、法人和其他组织（包括党员干部）。党的十八届四中全会指出，全面推进依法治国就是在中国共产党领导下，坚持中国特色社会主义制度，贯彻中国特色社会主义法治理论，形成完备的法律规范体系、高效的法治实施体系、严密的法治监督体系、有力的法治保障体系，形成完善的党内法规体系，坚持依法治国、依法执政、依法行政共同推进，坚持法治国家、法治政府、法治社会一体建设，实现科学立法、严格执法、公正司法、全民守法，促进国家治理体系和治理能力现代化。作为全面依法治国的重要内容，法律实施不仅贯穿了立法、执法、司法和守法等诸多方面，而且涵盖了立法机关、行政机关、司法机关、公民、社会组织以及党员与党组织等广泛主体，具有普遍性、平等性和规范性等特点。

（三）二者适用方式的界限。

党的十八大以来，全面从严治党紧紧围绕“问题”导向，在政治建设上，从党中央到地方党委直至基层党支部，层层落实管党治党的主体责任，牵住了“牛鼻子”；在思想建设上，树立共产主义和社会主义的理想信念，坚定共产党人的精神追求，深入学习中国特色社会主义理论体系；在组织建设上，坚持正确用人导向，坚持

[1]《习近平关于党风廉政建设和反腐败斗争论述摘编》，中央文献出版社、中国方正出版社2015年版，第46页。

党的干部标准和干部路线，着力打造一支忠诚干净有担当的执政骨干队伍；在作风建设上，“把纪律建设摆在更加突出位置”，落实中央八项规定精神、严纠“四风”，推动党的作风改进，严厉惩治腐败，净化党内政治生态；在制度建设上，构建以党章为根本，其他党内法规为支撑的党内制度体系，制定和实施了一系列党内条例、准则，注重党内法规与国家法律的衔接与协调，同时注重制度建设和思想建党相结合，等等。

“天下之事，不难于立法，而难于法之必行”。全面依法治国，重点就在于保证法律实施。法律实施要求“各级政府必须坚持在党的领导下、在法治轨道上开展工作，创新执法体制，完善执法程序，推进综合执法，严格执法责任，建立权责统一、权威高效的依法行政体制，加快建设职能科学、权责法定、执法严明、公开公正、廉洁高效、守法诚信的法治政府。”〔1〕除此之外，法律实施还包括了宪法监督与实施，严格司法、提高司法公信力，增强全民法治观念、推进法治社会建设以及法律监督等方面。概言之，法律实施是法律从应然状态到实然状态的客观实践，是实现法目的与价值的必要条件。

（四）二者实施效果的界限

中国共产党始终代表中国最广大人民的根本利益。中国特色社会主义，是党领导人民开创的伟大事业。全面从严治党，就是要使我党经受住执政考验、改革开放考验、市场经济考验、外部环境考验；更好地战胜精神懈怠的危险、能力不足的危险、脱离群众的危险、消极腐败的危险。全面从严治党，就是要通过坚持和强化党的领导，来增强党在长期执政条件下自我净化、自我完善、自我革新、自我提高的能力，提高依法执政、科学执政和民主执政水平，

〔1〕 党的十八届四中全会通过的《中共中央关于全面推进依法治国若干重大问题的决定》。

确保党始终成为中国特色社会主义事业的领导坚强核心，从而带领全国人民实现“两个一百年”的奋斗目标。

法律实施的效果，就是通过执法、司法、守法和监督来实现法律规范所设定的权利和义务，树立全社会对于宪法和法律的信仰。在主观上，通过法律的实施来维护宪法法律权威，依法维护人民权益、维护社会公平正义、维护国家安全稳定。在客观上，法律实施可以起到平衡社会利益、调节社会关系、统筹社会力量、规范社会行为的效果。同时，作为全面依法治国的重要组成部分，法律实施的整体效果在于建设中国特色社会主义法治体系，建设社会主义法治国家。正如习近平同志所说要“让人民群众在每一个司法案件中都感受到公平正义”。

三、全面从严治党与法律实施的实践耦合

耦合不是重合，目的是为了更好把握实践运用。尤其在彼此独立客体之间相互影响，产生联动作用。作为全面依法治国的下位概念，法律实施与全面从严治党并非简单的概念界限，而是在思想内核、现实表现与实践效果上具有多重耦合关系，表现为机制上的有机衔接，功能上的有效互补。

（一）在思想内核上，全面从严治党与法律实施具有一致性

在文化基础上，全面从严治党与法律实施都植根于中华优秀传统文化的道德精髓和思想精华。正是文化基础决定了二者对于社会的常识、常理、常情具有共同的认知。习近平在《摆脱贫困·从政杂谈》一书中指出“法令既行，纪律自正，则无不治之国，无不化之民”（引自包拯《致君》）的治国思想就印证了法律实施的重要性；在纪念毛泽东同志诞辰120周年座谈会上的讲话中指出“政之所兴在顺民心，政之所废在逆民心”（引自《管子·牧民》）的民本主义思想与现代法律实施中的执法为民思想具有一致性；在中央党

校建校80周年庆祝大会暨2013年春季学期开学典礼上的讲话中提到“富贵不能淫，贫贱不能移，威武不能屈”与行政执法中“坚持法定职责必须为、法无授权不可为”具有相似的思想渊源；在《干在实处走在前列》一书指出“诚欲正朝廷以正百官，当以激浊扬清为第一要义”（引用自清·顾炎武《与公肃甥书》）的崇尚正义思想与法律实施中严格规范执法、加强对权力监督具有一致性。

在内在价值上，全面从严治党与法律实施都是为了人民群众的切身利益。《党章》明确规定，党的建设必须要坚持全心全意为人民服务，党除了工人阶级和最广大人民群众的利益，没有自己特殊的利益。党在任何时候都把群众利益放在第一位，同群众同甘共苦，保持最密切的联系，坚持权为民所用、情为民所系、利为民所谋，不允许任何党员脱离群众，凌驾于群众之上[1]。这与法律中坚持人民的主体地位具有一致性。正如《决定》指出：“必须坚持法治建设为了人民、依靠人民、造福人民、保护人民，以保障人民根本权益为出发点和落脚点，保证人民依法享有广泛的权利和自由、承担应尽的义务，维护社会公平正义，促进共同富裕”。

在领导主体上，作为中国特色社会主义事业的重要组成部分，全面从严治党与法律实施的领导主体都是中国共产党。党的领导则是社会主义法治的根本要求，法律实施是社会主义法治的重要内容；只有坚持党的领导，人民当家做主才能充分实现，国家制度化、法治化才能有序推进。正如习近平总书记指出，党对政法工作的领导是管方向、管政策、管原则、管干部。全面从严治党，也是为了巩固党的领导和执政地位而作出的战略抉择。党的政策和国家法律都是人民根本意志的反映，在本质上是一致的。党既领导人民制定宪法法律，也领导人民执行宪法法律，做到党领导立法、保证执法、带头守法。

---

〔1〕《党章》总纲部分。

（二）在关键环节上，全面从严治党保障了法律实施

以法律实施的主体和法的内容为标准，法实施的基本方式主要分为法的执行、法的适用、法的遵守和法律监督[1]。实践中，全面从严治党保障了法律的实施，具体表现在以下几个方面：

在法的执行上，也就是在严格执法中，要坚持合法性原则、合理性原则和效率原则。《决定》指出，各级政府必须坚持在党的领导下、在法治轨道上开展工作，创新执法体制，完善执法程序，推进综合执法，严格执法责任，建立权责统一、权威高效的依法行政体制，加快建设职能科学、权责法定、执法严明、公开公正、廉洁高效、守法诚信的法治政府。全面从严治党则要求，在强调依规治党的条件下，还注重党员干部的责任能力和担当精神。为保障依法行政，习近平总书记指出："是否具有担当精神，是否能够忠诚履责、尽心尽责、勇于担责，是检验每一个领导干部身上是否真正体现了共产党人先进性和纯洁性的重要方面"。

在法的适用上，也就是公正司法中，要完善确保依法独立公正行使审判权和检察权的制度、优化司法职权配置、推进严格司法、保障人民群众参与司法、加强人权司法保障、加强对司法活动的监督等。全面从严治党要求党在政治上、思想上、组织上等方面进行保障。正如习近平同志 2015 年在中央政法工作会议上所说"各级党委要切实担负起维护一方稳定的政治责任""要带头依法办事，支持人民法院、人民检察院依法独立公正行使审判权、检察权，支持政法各单位依照宪法法律独立负责、协调一致开展工作，为政法机关依法履行职责创造良好环境""要加强和改进对政法工作的领导，选好配强政法机关领导班子"等。

在法的遵守上，主要是国家机关、社会组织和公民依照法律规

---

[1] 舒国滢：《法理学导论》，北京大学出版社 2012 年版，第 191 页。

定、行使权利（权力）和履行义务（职责）的活动。为保障法律实施，《党章》“明确规定党必须在宪法和法律的范围内活动。党必须保证国家的立法、司法、行政机关，经济、文化组织和人民团体积极主动地、独立负责地、协调一致地工作。”同时，各级党委和政府要加强对普法工作的领导，文化、教育、宣传等部门要在普法教育中发挥职能作用；领导干部要带头学法、模范守法。

在法律监督上，广义上是一切国家机关、社会组织和公民对各种法律活动合法性所进行的监督。监督体系包括了国家权力机关监督、国家行政机关监督和国家司法机关监督等。为保障法律监督，《决定》指出“加强党对立法工作的领导，完善党对立法工作中重大问题决策的程序。凡立法涉及重大体制和重大政策调整的，必须报党中央讨论决定”；“党内监督、人大监督、民主监督、行政监督、司法监督、审计监督、社会监督、舆论监督制度建设，努力形成科学有效的权力运行制约和监督体系”；“建立领导干部干预司法活动、插手具体案件处理的记录、通报和责任追究制度”。另外，党的十八届六中全会审议通过的《中国共产党党内监督条例》，并与法律监督形成有效的衔接与配合。

（三）在具体过程中，法律实施促进了全面从严治党

法律的实践效果，包括树立宪法法律权威、维护人民权益、社会安定与公平正义等。而全面从严治党就是要提高党的执政能力，更好地保障法律实施，从而推进中国特色社会主义事业的发展。《决定》指出：“党内法规既是管党治党的重要依据，也是建设社会主义法治国家的有力保障。”由于党规党纪是比法律更为严格的制度规定，而法律具有适用对象与效力的普遍性，故而其设置的“红线”对于大多数人而言是无需较多的专业知识、较高的文化素质就可以理解的，对于党员干部更是不言自明的。法律规则的普及，客观上有利于党规党纪的内化。例如，在《刑法》的责任认定上，第

385 条规定“国家工作人员利用职务上的便利，索取他人财物的，或者非法收受他人财物，为他人谋利益的，是受贿罪”，与《中国共产党纪律处分条例》第 80 条规定的“相互利用职权或者职务上的影响为对方及其配偶、子女及其配偶等亲属、身边工作人员和其他特定关系人谋取利益搞权权交易”，在认定上具有相似性。这样，法律实施的过程也是党的政策和全面从严治党落实的过程。正如习近平同志 2014 年在中央政法工作会议上的讲话指出：“党的政策成为国家法律后，实施法律就是贯彻党的意志，依法办事就是执行党的政策，党既领导人民制定宪法法律，党自身也在宪法法律内活动，做到党领导立法、保证执法、带头守法”。

总言之，全面从严治党与法律实施具有一定的思想界限与实践耦合关系，前者是根本政治保证，后者是重要法治推动。二者基本范畴不同，又统一到“社会主义法治体系”之中；二者理论基础不同，又统一到“社会主义法治理论”之中；二者问题观照不同，又统一到“坚持改革方向、问题导向”之中；二者原则适用不同，又统一到“立足我国国情，从实际出发”之中；二者目标任务不同，又统一到“建设社会主义法治国家”之中。从而，客观系统地构成一种既有理论又有实践、既有界限又有耦合、既有理性工具又有价值工具的辩证统一。

论全面从严治党与破解法律实施难题

冯 军*

党的十八届六中全会聚焦全面从严治党，将协调推进“四个全面”战略布局推向新的高度，必将对全面依法治国产生现实而又深远的重大影响。“法律的生命力在于实施，法律的权威也在于实施”，[1] 法律实施是全面依法治国的关键所在，法律实施状况不良，制定得再好的法律都是空中楼阁，无济于事。我国法律实施存在诸多难题和困境，其中一些难题和困境具有深刻的历史文化成因，破解难度相当之大。但是，如果不能突破这些难题和困境，我国就不能建成社会主义法治国家；而能不能建成社会主义法治国家关系到“两个一百年”的奋斗目标能否最终实现，“中华民族伟大复兴的中国梦”能否成为现实，解决法律实施突出问题的意义远远超出了法律实施本身。破解法律实施难题，走出法律实施困境的根本出路何在？对此，学术界有不少研究和讨论，但从党的领导、党的建设视角将两者结合起来进行探索的不多，一些学者甚至刻意回避。在中

---

* 冯军，中国社会科学院政治学研究所副所长、研究员、教授、博士生导师。

〔1〕《中共中央关于全面推进依法治国若干重大问题的决定》（2014 年 10 月 23 日中国共产党第十八届中央委员会第四次全体会议通过）。

国语境下，解决法律实施中带有全局性、普遍性和根本性的问题恰恰应当从党的领导和党的建设，从全面从严治党上入手、破题。

一、法律实施的难题与困境

任何国家的法律实施都或多或少、或重或轻存在若干问题，即便是法治传统和法治文化比较深厚、法治体制机制相对完备的国家也不例外。在立法层面，没有一个国家的法律制度能够做到尽善尽美；在法律实施层面，至少在可以预见的相当长时期内，无论在哪个国家，违法总还是司空见惯的社会现象。同样是法律实施存在问题和不足，一些国家被认为是法治国家，另一些则不被认为是法治国家或者属于“法治发展中国家”。为此，一般性地研究法律实施存在的种种具体问题不是本文的目的。本文所谓法律实施难题和困境，是指法律实施过程中制约我国建成社会主义法治国家的突出问题和深层原因。

毋庸讳言，我国法律实施面临一些特殊的难题和困境，这是由我国正处于建设社会主义法治国家过程之中的阶段性特征所决定的。这些难题和困境构成了我国向社会主义法治国家转型必须突破的“瓶颈”。

我国法律实施最突出的问题在于法律实施过程中法律实际表现出来的地位、作用和权威与社会主义法治国家的内在要求存在较为明显的差距。正是因为我国要建设社会主义法治国家，法律实施问题才得以成为党领导人民治国理政的重大问题之一。在计划经济时代，法律的作用受到质疑和轻视，“文化大革命”时期甚至全盘否定和摒弃法制，国家和社会秩序的形成与维护不依赖于法律和法制，在这种情况下，不讲法律实施不是问题，讲法律实施反而是问题。法律实施成为需要认真对待的问题，是改革开放以来党汲取历史教训、顺应时代要求，“一手抓民主，一手抓法制”，特别是将

"依法治国，建设社会主义法治国家"确立为党领导人民治理国家基本方略的重要产物。如果说"在社会主义条件下发展市场经济是前无古人的伟大创举，是中国共产党人对马克思主义发展作出的历史性贡献，体现了我们党坚持理论创新、与时俱进的巨大勇气"，〔1〕那么这一论断完全适用于社会主义条件下的法治建设，在社会主义条件下建设法治国家同样是史无前例的伟大创举，是对社会主义传统认识的重大突破。从1949年新中国成立，到1997年党的十五大正式确立依法治国的基本方略，再到1999年"中华人民共和国实行依法治国，建设社会主义法治国家"载入宪法，〔2〕历经半个世纪，几经周折，"社会主义国家能够建设法治，发展社会主义必须依靠法治"的理念、理论和思想才最终在政治上和宪法上得到充分肯定和确认。古人云："大道至简，知易行难。"然而，在社会主义条件下，认同、确立和发展法治，则属于"知不易，行更难"。

当代中国的法制建设与改革开放同步。〔3〕以改革开放为起点，我国现行法制建设已经持续了近40年。1997年党的十五大对法制建设的提法发生重大改变，"法制建设"改为"法治建设"，打破长期以来"法治"一词在使用上的禁忌，正式提出"建设社会主义法治国家"的目标任务以及"依法治国"的基本方略，〔4〕从这时起，

---

〔1〕江泽民：《全面建设小康社会，开创中国特色社会主义事业新局面》，在中国共产党第十六次全国代表大会上的报告，2002年11月8日。

〔2〕《中华人民共和国宪法》第5条第1款。

〔3〕新中国成立之初至20世纪50年代中期，法制建设一度颇受重视，1954年产生了新中国第一部宪法，此后不久，否定法律和法制作用的"左"的思潮开始抬头并占据主导地位，法制进程陷入停滞和中断。1978年党的十一届三中全会不仅拉开中国改革开放的序幕，而且开启了恢复和重建国家法制的历史进程，我国法制建设进入长期稳定的发展阶段。由于新中国成立初期法制探索的时间不长，发挥作用有限，且长期中断，改革开放以后的法制建设基本上是从头开始，故一般认为十一届三中全会是当代中国法制建设的起点。此外，尽管改革开放初期，"法治"一词尚未得到正面确立，但这时的法制建设已经具有基本的法治导向，突出表现在邓小平关于"必须使民主制度化、法律化，使这种制度和法律不因领导人的改变而改变，不因领导人看法和注意力的改变而改变"（《邓小平文选》（第二卷），1994年第2版，第146页）的著名论断中，从而与新中国成立初期处于萌发状态的法制建设具有显著区别。

〔4〕江泽民：《高举邓小平理论伟大旗帜，把建设有中国特色社会主义事业全面推向二十一世纪》（在中国共产党第十五次代表大会上的报告，1997年9月12日）。

“法治”“法治建设”“法治国家”“法治政府”“法治社会”等相继成为我国政治和社会发展中的关键词，这是我国政治建设和法治发展的重要里程碑。从这个时间点算起，我国建设社会主义法治国家也已历经20年的努力。尽管如此，我国法治建设以及法律实施的状况仍然差强人意。

1978年党中央作出决议：“为了保障人民民主，必须加强社会主义法制，使民主制度化、法律化，使这种制度和法律具有稳定性、连续性和极大的权威性，做到有法可依、有法必依、执法必严、违法必究。”[1] 其中，“稳定性、连续性和极大的权威性”以及“有法必依、执法必严、违法必究”是专门针对法律实施提出的明确要求和基本衡量标准。20多年后进入新世纪，国务院对法律实施存在问题的判断是：“有法不依、执法不严、违法不究现象时有发生，人民群众反映比较强烈”。[2] 2014年，中央对现阶段法律实施突出问题的结论依然是“有法不依、执法不严、违法不究现象比较严重”。[3] 对比党中央、国务院不同时期有关法律实施基本要求和存在问题的权威表述，不难看出，尽管我国法治建设取得不少成就，但是法律实施总体上与法治要求存在明显落差的基本状况尚未获得根本性扭转和突破。

法学界的有关调查研究进一步印证了上述结论。“现在中国法治建设的主要矛盾，是宪法法律实施不好的问题，主要表现为比较严重存在的有法不依、执法不严、违法不究。”[4] “据中国法学网的

---

〔1〕《中国共产党第十一届中央委员会第三次全体会议公报》(1978年12月23日通过)。

〔2〕《全面推进依法行政实施纲要》(2004年3月22日国务院印发实施)。

〔3〕《中共中央关于全面推进依法治国若干重大问题的决定》(2014年10月23日中国共产党第十八届中央委员会第四次全体会议通过)。

〔4〕李林:《导论:中国法治建设30年回顾与展望》,载中国社会科学院法学研究所编:《中国法治30年(1978～2008)》,社会科学文献出版社2008年版,第14页。

一项统计调查显示，中国法律实施状况令人担忧。”[1]“中国制定的法律在现实中是否都得到了实施？这个情况是很不乐观的。”[2]“当前，我国宪法和法律的实施状况总体还不能令人满意。”[3] 上海市是我国经济社会最发达的地区，市场经济水平、社会开放程度以及法治发展环境全国领先，然而，一项关于上海市法律实施状况的实证研究表明：上海市的法治建设“总体上得到了包括受访者在内的社会各界的积极肯定，但是在法律实施方面存在着极为重大的挑战”；“法律实施的现状不容乐观”。[4]

关于我国法律实施存在的突出问题，《中共中央关于全面推进依法治国若干重大问题的决定》将其归纳为七个方面，即：(1) 有法不依、执法不严、违法不究现象比较严重；(2) 执法体制权责脱节，多头执法；(3) 存在选择性执法现象；(4) 执法司法不规范、不严格、不透明、不文明现象较为突出；(5) 群众对执法司法不公和腐败问题的反映强烈；(6) 部分社会成员尊法信法守法用法、依法维权意识不强；(7) 一些国家工作人员特别是领导干部依法办事观念不强，能力不足，知法犯法、以权压法、徇私枉法现象依然存在。[5] 此外，还有两类虽然没有超出上述范围，但引起社会普遍关

---

〔1〕 该项调查显示，认为我国法律实施状况很好和较好的仅占被调查者的8%，认为一般的占19%，而认为较差和很差的高达73%。参见中国社会科学院法学研究所编：《中国法治30年（1978～2008）》，社会科学文献出版社2008年版，第14页。

〔2〕 刘作翔：《中国法治国家建设的战略转移：法律实施及其问题》，载《中国社会科学院研究生院学报》2011年第2期。

〔3〕 徐汉明：《法治的核心是宪法和法律的实施》，载《中国法学》2013年第1期。

〔4〕 王叔良、史建三：《上海法律实施状况之评析》，载《政治与法律》2012年第3期。

〔5〕《中共中央关于全面推进依法治国若干重大问题的决定》（2014年10月23日中国共产党第十八届中央委员会第四次全体会议通过）。

注的问题：一是运动式执法；[1] 二是法律实施过程中消极不作为。[2]

我国法律实施面临的最大困境在于：一方面法律实施过程中各方当事人普遍缺乏共同的法治信仰、法治习惯、法治文化和法治思维，以传统的“人治”思维、习惯、方式和手段执法成为法律实施中的常见现象（选择性执法、运动式执法就是这一现象的典型反映），“有法不依、执法不严、违法不究”赖以存在的现实条件和基础依然深厚；[3] 另一方面由于“依法治国，是坚持和发展中国特色社会主义的本质要求和重要保障，是实现国家治理体系和治理能力现代化的必要要求，事关我们党执政兴国，事关人民幸福安康，事关党和国家长治久安”，[4] 法治成为当代中国法律实施必须选择的目标追求和价值导向，从而形成法律实施在理想与现实、理念与习惯、目的与手段之间的悖论：法律实施客观上要求通过严格执法守法树立法律的极大权威，实际上法律实施又常常须向现实低头，以损害法律权威的方式方法求得问题的一时解决。

---

〔1〕“在我国国家治理体系中，运动式治理、运动式执法始终是一道不肯退席的风景。”“虽然纵有千百理由可以支撑运动式治理的路径依赖，但是不可否认运动式治理、运动式执法与法治精神完全相悖，会直接冲击正常的法治秩序。”参见程琥：《运动式执法的司法规制与政府有效治理》，载《行政法学研究》2015 年第 1 期。

〔2〕《中国法治政府评估报告》（2016）发现，在被评估的 100 个城市中，只有 21 个城市的执法部门在接到违法行为投诉后能够及时查处，故分析认为行政执法中“怠于履行法定职责情况较为普遍”。（中国政法大学法治政府研究院编：《中国法治政府评估报告》（2016），社会科学文献出版社 2016 年版，第 12 页）。由于为官不为、懒政怠政问题日益突出，2014 年 10 月《中共中央关于全面推进依法治国若干重大问题的决定》明确规定：“坚决纠正不作为、乱作为，坚决克服懒政、怠政，坚决惩处失职、渎职。”2016 年 12 月《国务院关于加强政务诚信建设的指导意见》（国发〔2016〕76 号）要求加大查处“懒政怠政”行为的力度。党政机关公务员和领导干部为官不为、懒政怠政问题已成为当前我国法律实施过程中引起广泛关注的热点问题之一。

〔3〕 2011 年上海社会科学院法学研究所开展的一项社会调查发现，专业人士和律师对私人关系网的依赖程度分别为 88.31%、80.61%，市民为 60.90%，受访者“相信‘关系’胜过相信法律，热衷于依赖私人关系而非求助法律途径来解决问题。这一现象说明整个社会远未形成法律至上，依靠法律解决问题的文化。”参见王叔良、史建三：《上海法律实施状况之评析》，载《政治与法律》2012 年第 3 期。

〔4〕《中共中央关于全面推进依法治国若干重大问题的决定》（2014 年 10 月 23 日中国共产党第十八届中央委员会第四次全体会议通过）。

此外，改革开放以来，由于社会主义市场经济和法治国家建设尚处于初期成长阶段，远未成熟，消极腐败现象得以滋生蔓延，已经发展到相当严重的程度，成为干扰和妨碍我国法律实施不容忽视的因素。〔1〕

二、全面从严治党是破解法律实施难题的关键

治党与治国的关系是社会主义国家政治的特有课题，〔2〕同样，治党与法律实施的关系也是社会主义国家法治的特有课题，西方国家的政治和法治中不会有这方面的制度安排和相关实践。在中国国情条件下，“办好中国的事情，关键在党，关键在党要管党、从严治党”。〔3〕破解法律实施难题也不例外。确切地说，全面从严治党恰恰是当下破解我国法律实施难题的关键所在，是从根本上打开法律实施局面最为重要的突破口。

毋庸讳言，关于党的领导、党组织、党员在法律实施过程中的关键作用，我国法学界目前的研究不到位、不深入。无论是学术界还是实务部门以及社会舆论在党与法律实施关系上都存在种种认识误区，甚至是错误思潮。从上个世纪八十年代中后期起，西方法学理论和法律制度对我国的影响日渐增大，尽管主张全盘西化者为数甚少，但“言必称希腊”，盲目推崇西方的现象却具有一定的普遍

---

〔1〕 腐败必然以破坏法律实施为前提和后果。党的十八大以后，党中央和中央纪委显著加强了反腐力度，揭露出来的腐败情况相当惊人，不仅卷入腐败的党员、干部特别是高级干部多，而且一些地方和部门出现“塌方式”“系统性”腐败以及大面积贿选。据 2017 年 1 月 9 日国务院新闻办公室举办的解读十八届中央纪委七次全会精神新闻发布会披露：“党的十八大以来，中央纪委共立案审查中管干部 240 人，给予纪律处分 223 人；全国纪检监察机关共立案116.2万件，给予纪律处分119.9万人；全国共处分乡科级及以下党员、干部114.3万人，处分农村党员、干部55.4万人。”（载人民网，http：//politics. people. com. cn/n1/2017/0110/c1001－29010146. html，最后访问时间：2017 年 1 月 16 日。）大面积、系统性腐败必定对法律实施造成大范围、普遍性危害。

〔2〕 政党制度是西方国家政治和政治学的重要内容，但政党包括执政党的内部管理与国家治理是分离的，治党与治国有严格区分，这是西方国家政治与社会主义国家政治具有代表性和根本性的差异之一。

〔3〕《关于新形势下党内政治生活的若干准则》（2016 年 10 月 27 日中国共产党第十八届中央委员会第六次全体会议通过）。

性，对西方法学在“求同”上下功夫多，在“存异”上下功夫少，导致法学理论研究和体现中国特殊国情明显不足，突出表现在对党与法的关系及其运行规律研究明显不足，法学教科书和法学论文“就法论法”的倾向较为明显，有关党在法治和法律实施过程中的作用机制的研究薄弱、肤浅甚至付诸阙如。把党的领导与依法治国对立起来的认识误区和错误思潮长期存在，一些人完全从消极的一面理解党和法的关系，在思想深处错误地认为党的领导强化，法治就弱化；反之，要强化法治就需要弱化党的领导。这种错误认识和思潮的产生有两个方面的根源，一是深受西方法学理论和法治观的影响，以西方法学理论和法治观“套”我国的法治实践；二是对我国在计划经济时期曾经犯过的法律虚无主义错误采取经验主义和形而上学的思维方式。改革开放以来正反两个方面的经验教训证明，党与法之间的关系，在我国坚持走中国特色社会主义道路的新的历史条件下不是“一强一弱”或“谁强谁弱”的关系，而是“强强互动”的关系。正是因为理论界和实践领域对于这种“强——强”关系缺乏足够认识，对于从严治党在推进法治上发挥的正面的、能动的、关键的作用缺乏足够认识，强调破解法律实施难题必须聚焦全面从严治党更具现实意义。

通过全面从严治党推动法律实施是我国当代国情条件下的必然要求和必要选择。

第一，党的领导是我国社会主义法治最本质的特征，是法律实施最基本的政治保障。加强和改进党对依法治国的领导在我国国情条件下既是法治发展进步的必要前提，也是法治发展进步的必然路径。实践证明，党对法治越重视，领导越有力，越善于领导，法治的发展就越顺利，法律实施状况就越好。全面从严治党为加强和改进党对依法治国的领导提供了重要保障。

第二，全面依法治国是“四个全面”战略布局的重要方面，是党的事业最重要的组成部分之一，全面从严治党有利于广大党员特别是党员领导干部这一“关键少数”改变对于法治和法律实施的种种错误认识和行为习惯，改变轻视法治、轻视法律实施的“惯性思维”，牢固树立法治思维，养成法治习惯，提高以法治方式推进法律实施的能力。

第三，全面从严治党有助于形成加强法治社会建设的合力，克服为了眼前利益、局部利益，随意损害和牺牲法治的整体利益和长远战略利益的短期行为，上下齐心，共同抵御法律实施过程中各种可能损害法律和法治权威的种种压力和诱惑，自上而下与自下而上相结合，形成良性法律实施所需要的社会法治文化和社会评价体系。

第四，全面从严治党有助于遏制和消除严重危害法律实施的消极腐败行为，净化法律实施环境。在国家工作人员妨碍和破坏法律实施的行为中，出于谋取私利的腐败动机实施的行为最为突出，后果最为严重。消极腐败行为一般都具有“破法”的特点，而“破法”往往先从“破纪”开始。党员干部是国家工作人员的主体和骨干，从党的十八大以来反腐败斗争的实践看，腐败问题易发多发的部门、地区和单位一般都存在党的领导弱化、党的建设缺失、全面从严治党不力的突出问题。反过来讲，党的领导坚强、党的建设到位、全面从严治党有力，是遏制和减少消极腐败现象十分有效的“防火墙”“防腐剂”。党的十八大以来，全面从严治党对于形成反腐败斗争的压倒性态势发挥了极为重要的作用，大大减少了腐败行为对法律实施的干扰和破坏，显著改善了法律实施的廉政环境。

除此之外，上述影响我国法律实施的各种消极因素几乎都能通过全面从严治党得到直接或间接的治理。

为使全面从严治党切实发挥促进和保障法律实施的作用，需要准确把握与妥善处理以下四对关系：

第一，党的领导与依法治国的关系。党的领导与依法治国之间本质上具有一致性与相互依存性。“党的领导和社会主义法治是一致的，社会主义法治必须坚持党的领导，党的领导必须依靠社会主义法治。”[1] 需要指出的是，如同对社会主义与市场经济之间关系的认识一样，对党的领导与法治之间关系的正确认识都不是一蹴而就的，都经历了曲折过程，来之不易。认识到党的领导与社会主义法治具有本质上的一致性和相互依存性是马克思主义中国化最重要的成果之一。在党的领导与依法治国关系上，全面从严治党必然要求强化两者之间的一致性关系和相互依存关系。任何试图割裂两者之间的一致性关系、相互依存关系，把党的领导与依法治国对立起来的想法和做法都是对马克思主义的背离，不仅不符合全面从严治党的内在要求，还恰恰是全面从严治党的治理对象。

第二，政策与法律的关系。正确认识和处理政策与法律的关系是推进依法治国的前提。我国改革开放初期拨乱反正，“一手抓民主，一手抓法制”，其中的一项重要工作就是理顺政策与法律的关系。“我们党内，由于新中国成立以来对建立和健全社会主义法制长期没有重视，否定法律，轻视法律，以党代政，以言代法，有法不依，在很多同志身上已经成为习惯；认为法律可有可无，法律束手束脚，政策就是法律，有了政策可以不要法律等思想，在党员干部中相当流行。”“如果我们不决心解决这些问题，国家制定的法律就难以贯彻执行，我们就会失信于民。”[2] 上述中央在 1979 年所做的重要论断至今仍然具有振聋发聩的现实意义。关于政策与法律的关系，在政治理论、法律原则的层面早已明确，但在实践层面，中央早在 1979 年就决心纠正的认为“法律束手束脚，政策就是法律，有了政策可以不要法律等思想”仍有相当影响，改革开放以来长期

---

〔1〕《中共中央关于全面推进依法治国若干重大问题的决定》(2014 年 10 月 23 日中国共产党第十八届中央委员会第四次全体会议通过)。

〔2〕《中共中央关于坚决保证刑法、刑事诉讼法切实实施的指示》(1979 年中央第 64 号文件)。

实行的“政策先行先试，立法跟进确认”的改革推进模式进一步强化了“政策大于法律”“政策优于法律”的错误认识，构成了妨碍依法治国基本方略实施的突出因素之一。为此，党的十八届四中全会决定明确要求：“实现立法和改革决策相衔接，做到重大改革于法有据”；“实践条件还不成熟、需要先行先试的，要按照法定程序作出授权”，堵住了以改革为名，通过政策随意突破法律、违反法律的漏洞。全面从严治党应当把住政策与法律关系底线，严肃维护法律权威，确保党的十八届四中全会关于改革与法律、政策与法律新的更加具体、严格的要求落到实处。

第三，严格执法司法与改革发展的关系。“有法不依、执法不严、违法不究”是长期困扰我国法律实施的痼疾顽症，其形成原因除以权谋私、部门利益、地方保护、失职渎职等违法、不正当的因素外，以“改革发展”等所谓正当理由要求执法司法破例让路是影响我国法律实施的一个颇具“中国特色”的原因，在这一因素的负面影响下，执法司法本应起到的制约不良改革发展措施、保障全国改革发展一盘棋的作用难以充分发挥，我国改革开放长期积累下来的很多问题，如重复建设，产业结构失衡，盲目上马高能耗，高污染项目，违规用地等都与执法司法严不起来有很大关系。全面从严治党要在正确认识和把握严格执法司法与改革发展的关系上聚焦用力，纠正把严格执法司法与改革发展对立起来的惯性思维和不当做法，确立严格执法司法与改革发展相互关系的“新常态”。

第四，坚守法治底线与化解社会矛盾维稳的关系。这是法律界经常讨论的老问题，同时也意味着这个问题并没有从根本上得到解决。党的十八大之前很长一段时期内，在认识和处理法治与维稳的关系上出现很多模糊认识和不当做法，在化解社会矛盾、维护社会稳定的过程中为达目的，随意突破法律底线的做法比较普遍，并且出现种种为错误做法提供理论依据的错误提法和口号，结果导致

"饮鸩止渴""摁下葫芦起了瓢"，矛盾越化解越多，维稳越维上访人数越多，维稳形势日益严峻。党的十八大以后，党中央高度重视法治与维稳的一致性、统一性，强调严守法治底线，积极发挥法治导向作用，维稳形势不断向好。但在实践层面，有的地方仍然坚持旧的维稳思维，继续在维稳过程中搞各种无视法律规定和法治原则的短期行为。全面从严治党一方面要防止少数党员领导干部滥用权力以维稳为名置国家法律与法治于不顾，非法不当干预执法司法，另一方面要以严的姿态和严的措施积极推动法治思维和法治手段在化解矛盾、维护稳定中占据主导地位。

三、以法治、党建一体化建设新格局开拓法律实施新局面

中国特色社会主义法治与西方国家法治最本质和最显著的区别就在于中国共产党作为执政党对法治的领导。因此，在我国推进法治必须探索和把握当代社会主义条件下法治运行规律与党的建设规律的有机融合，并在此基础上解决法律实施带有根本性的问题。

如前所述，党的领导、全面从严治党以及与此密切相关的党的建设问题对我国法律实施状况具有关键作用。但实际上法律实施过程中法治建设与党的建设之间存在较为明显的相互脱节现象。在谈到法律实施时就法治论法治，就法律实施论法律实施的问题比较突出；而在谈到党建时，就党建论党建的现象也比较普遍。在理论研究上，法学界从法治视角研究党建少之又少；同样，党建理论部门从党建视角研究推进法治也是只鳞片爪。以党建促法治、促法律实施的意识总体上不强，体制机制尚未建立或不够成熟，法治与党建的融合型研究缺乏。要解决上述问题，一方面，需要进一步打破西方法治理论的藩篱，深化对中国特色社会主义法治本质与规律的认识，大胆探索，将党建研究视角引入我国法治研究。另一方面，还需要积极探索建立法治和党建一体化建设的新格局和新机制。

首先，确立以党建促法治，以党建助推和保障法律实施常态化体制机制，将全面从严治党与严格、规范、公正、文明执法司法紧密结合起来，使得全面从严治党中形成的“严”的精神和“实”的作风转用于严格、规范、公正、文明、积极推进法律实施。将法律实施过程中党员执法司法人员，特别是其中的党员领导干部各种损害法律和法治权威的言论和行为纳入党性锻炼、党性考评与党内问责的范围。

其次，将法治精神与法治的基本要求引入党内规范化建设，将法治的内在要求与依法执政、依规治党统一起来，推动全面从严治党的规范化、常态化与科学化，实现依法治国与依规治党的高度统一、法律与党纪有机衔接，为最终破解法律实施难题创造条件。

再次，高度重视法律实施过程中的作风建设与反腐败工作，以风清气正的法律实施环境促进法律实施始终在法治轨道上进行。

最后，聚焦“关键少数”，从“关键少数”入手，形成“以点带面”“以点促面”效应，强化法律实施的政治保障，优化法律实施的组织领导。当前，要着重抓好十八届六中全会精神的贯彻落实以及《党政主要负责人履行推进法治建设第一责任人职责规定》等规范性文件的贯彻落实，形成相应的考评、激励和问责机制，将党政一把手在法律实施过程中尊重和维护法律规范以及国家法治机构权威性、公信力的具体表现及其效果确立为考核评价奖惩的重要指标。

全面从严治党促进中国经济法治建设

朱小黄*

尊敬的江会长、各位专家学者、各位同仁:

大家上午好!

很高兴我们今天聚集一堂,召开中国行为法学会2016年年会,暨第六届中国法律实施论坛、中国行为法学会第五届五次理事会,共同讨论“全面从严治党与法律实施”问题。党的十八大以来,以习近平总书记为领导的新一届中央领导集体,带领全党人民做出了“打铁还需自身硬”的庄严承诺,立下了全面从严治党的军令状,这也是我党历史上第一次提出“全面从严治党”。习过平总书记围绕管党治党提出了一系列新思想、新观点和新论断,如“纪严于法,纪在法前”,“夺取全面建成小康社会决胜阶段的伟大胜利,关键在党”等,并确定了以党的建设为重点的“四个全面”的战略布局,尤其是紧紧围绕国家治理体系和治理能力来推进党的建设,并将其上升为党和国家长远发展的总战略。

---

* 朱小黄,中国行为法学会副会长兼金融法律行为研究会会长,中国中信集团有限公司原监事长。

“法律是治国之重器，良法是善治的前提”，全面依法治国不仅是国家治理现代化的主要内容，也是推进国家治理现代化的重要途径和基本方式，对实现国家治理能力现代化具有引导、规范、促进和保障等重要作用。在十八届四中全会上，习近平总书记进一步提出“全面推进依法治国、建设社会主义法治国家”，这也成为我国经济社会稳健发展的基本准则。全面依法治国，是解决党和国家事业发展面临的一系列重大问题、促进社会经济发展和社会公平正义，维护社会和谐稳定，确保党和国家长治久安的根本要求。近些年，随着中国经济金融业的快速发展，财产关系和交易行为更趋复杂，各种利益主体相互冲突又相互依存，对法治建设的内在动力持续增强，建立起适应经济金融业深化改革要求的经济法制体系已成为相当长一段时间的重要议题。

下面我就“全面从严治党，推进中国经济法治建设”提一些个人观点，概括为以下几点：

一、建设中国特色的社会主义经济法制体系必须坚持党的领导

新中国成立以来，为了发展社会主义民主、建设社会主义法制，党带领人民进行了不懈探索，取得了巨大成就，也走过一些弯路。改革开放以来，党始终高度重视法制，十一届三中全会明确提出“发展社会主义民主，健全社会主义法制”。在中国共产党领导下，坚持中国特色社会主义制度，贯彻中国特色社会主义法治理论，经过多年的不懈努力，中国已经基本形成了较为完备社会主义法律体系，高效的法治实施体系、严密的法治监督体系、有力的法治保障体系，为改革开放和社会主义现代化建设提供了有力的法治保障。形成了较为完善的党内法规体系，坚持依法治国、依法执政、依法行政共同推进，坚持法治国家、法治政府、法治社会一体建设，实现科学立法、严格执法、公正司法、全民守法，促进国家

治理体系和治理能力现代化。

党的领导和依法治国是高度统一的。党的领导是中国特色社会主义最本质的特征，是社会主义法治最根本的保证，把党的领导贯彻到依法治国全过程和各方面，是我国社会主义法治建设的一条基本经验。我国宪法确立了中国共产党的领导地位。坚持党的领导，是社会主义法治的根本要求，是党和国家的根本所在、命脉所在，是全国各族人民的利益所系、幸福所系，是全面依法治国的题中应有之义。只有在党的领导下依法治国、厉行法治，人民当家做主才能充分实现。坚持党的领导，必须具体体现在党领导立法、保证执法、支持司法、带头守法上。一方面，要坚持党的领导核心作用，统筹依法治国各领域工作，确保党的治国理政主张贯彻到依法治国全过程和各方面；另一方面，要坚持各级党的组织和党员在宪法和法律范围内活动，尤其在具体的社会生活、经济金融交易等行为中带头自觉地遵纪守法，坚持在法律面前一律平等。这也是从严治党和依法治国的具体体现，是党领导依法治国的能力和水平的表现。

二、全面从严治党是社会主义经济法制得到全面贯彻实施的有力保障

习近平总书记在十八届中央纪委第六次全体会议上再次强调了“纪严于法、纪在法前”。在全面依法治国和全面从严治党的战略布局下，更强调党纪的严格性。这是因为，法律只是一个国家对公民的最基本要求，在法律的边界范围之内，人们可以自由决定自己的行为，而不受法律规范约束，只有在超过这个最基本边界，触犯法律后才会启动国家机器予以追究。

而政党，尤其是中国共产党这样的执政党，在经历了中国长期革命斗争锻造，以及对新中国建设追求和塑造过程中，一直坚持党的组织纪律作风建设，这些都成为了党纪非常重要的组成部分。中

国共产党人，包括著名的荣毅仁先生，都是在遵守党的纪律、忠于党的事业的前提下，加入中国共产党的。因此，中国共产党作为领导核心力量，“治国必先治党，治党必将从严”。强调党纪严于法律，党员在组织上、纪律上、道德上都需要比普通公民的标准严格。

经济金融范围内充满各种利益关系和法律边界。从严治党要求经济金融界广大党员干部模范遵守国家法律，并按照党规党纪的标准严格要求自己，不断提高自觉运用法治思维和法治方式深化改革、推动发展、化解矛盾、维护稳定的能力，遵守法律边界，坚守道德底线，坚决同违法违纪行为作斗争，以实际行动为全社会做出表率。这样才能把党的领导体现到日常具体的经济合同关系的维系和利益关系的正确处理上，以党组织和党员的战斗力，确保依法治国的正确方向，保障社会主义经济法治建设得到全面贯彻实施。

三、坚持党的领导、发挥法律制度优势，推进中国经济社会转型发展

当今中国正处于经济社会全面转型的进程中。转型中的中国也面临着许多的问题和挑战，尤其是经济增速持续放缓进入“新常态”以来，各方面的危机和挑战都变得更大、更突出。尤其是对于中国金融业，在新时期更是面临着机遇与挑战并存。在面对中国股市四天两熔断惨案、“e租宝”案件重创P2P和互联网金融，疯狂上涨的房价，资本市场的混乱和寒冬、人民币国际化和利率市场化等状况，凡此种种都在考验着决策层的智慧与魄力和监管层的能力和水平，也考验着中国的金融经济与法制化建设。

党和国家正在深化改革中推进国家治理体系和治理能力现代化，更好地推动经济社会的转型发展。面对新形势新任务，需要更加注重对国内外经济形势的分析和研判，完善决策机制，确保制定

的重大战略、出台的重要政策符合客观规律；需要更加自觉运用法治思维和法治方式来深化改革、推动发展、化解矛盾、维护稳定，依法治理经济，依法协调和处理各种利益问题，避免留下隐患；从战略层面和实施层面提升防范系统性风险的能力。需要发挥党组织政治优势，加强思想政治工作，创新群众工作体制机制和方式方法，及时了解群众利益诉求，及时解决群众思想认识问题和现实利益问题。有效解决群众反映强烈的经济金融矛盾和问题，就是经济法制建设的出发点。

四、加强党性、坚定信仰，党性、人性、民心、法律应高度统一

法国哲学家萨特曾经说过，“世界上有两种东西是亘古不变的，一是高悬在我们头顶上的日月星辰，一是深藏在每个人心底的高贵的信仰”。可见，信仰对于我们每一个人都非常重要。因此，习总书记曾多次讲过，“全党同志要强化党的意识，牢记自己的第一身份是共产党员，做到忠于组织，任何时候都与党同心同德”。

然而，当下不少党员信仰缺乏，精神麻木，甚至胡作非为或者不作为。十八大以来，中央重拳反腐败，取得了较好的效果。反腐的首要效果就是恢复民心，恢复老百姓对我们共产党的信任，而且在反腐的过程中，党纪国法的规训实际上也是改造中国的过程。在这个过程中，要深入推进党的廉政建设和反腐败斗争，把党管好治好。这也都需要我们党员进一步坚定信仰，加强党性修养，做到党性、人性、民心、法律高度统一。

最后，我想引用卢梭的话结束今天的发言。卢梭谈及法律时说过，“一切法律中最重要的法律，既不是刻在大理石上，也不是刻在钟表上，而是铭刻在每一个公民心中”。

谢谢大家！

法安天下　德润人心

——从严治党与法律实施融合思考三则

李俊晔*

党的十八届四中全会通过了《中共中央关于全面推进依法治国若干重大问题的决定》，将建设中国特色社会主义法治体系和建设社会主义法治国家作为总目标，开启了全面推进依法治国的新篇章。党的十八届六中全会研究了全面从严治党重大问题。全面依法治国、全面从严治党既是党的两次全会的主题，也是四个全面的两个重要方面。全面依法治国、全面从严治党不是两个孤立的方面，应该在四个全面的体系内考虑二者的关系。二者统一于全面建成小康社会的战略目标，都需要借助全面深化改革的措施予以落实，从法与德两个方面彰显我党治国理政的智慧。

司法机关是法的实施机关。在司法领域，全面从严治党与全面依法治国的关系就是全面从严治党与法的实施的关系，本质上是法与道德的关系。对此，习近平总书记指出，法律是准绳，任何时候

* 李俊晔，北京市第二中级人民法院审判员，最高人民法院中国应用法学研究所博士后。

都必须遵循；道德是基石，任何时候都不可忽视；在新的历史条件下，我们要把依法治国基本方略、依法执政基本方式落实好，把法治中国建设好，必须坚持依法治国和以德治国相结合，使法治和德治在国家治理中相互补充、相互促进、相得益彰，推进国家治理体系和治理能力现代化。[1] 习近平总书记还指出，法律是成文的道德，道德是内心的法律，并从法律与道德的相关作用关系上论述了二者之间的关系。一方面，强调法治对道德的作用，运用法治手段解决道德领域突出问题；另一方面，强调道德对法治的作用，强化道德对法治的支撑作用，发挥道德对法治的滋养作用，把道德要求贯彻到法治建设中，要把实践中广泛认同、较为成熟、操作性强的道德要求及时上升为法律规范。[2] 全面从严治党与法的实施的关系也应当在二者的相互关系上进行理解。

一、法律实施是从严治党的保障和指引

（一）法的严格实施是从严治党的警示

从开展“三严三实”到党的十八届六中全会研究全面从严治党重大问题，从严治党一直是党内政治生活的重大课题。党中央始终以“无禁区、全覆盖、零容忍”的决心“打虎”“拍蝇”“猎狐”。近年来，周永康、奚晓明等贪腐分子受到了党纪国法的严惩，而这些活生生的案例的主人公都曾身居高位，手握重权，而如今身陷囹圄，忏悔一世。究其原因，重要的一点就是他们没有按照从严治党的要求严格约束自己的“心”，是“心”出了问题。“打虎”“拍蝇”“猎狐”的最终结果是法的实施。法的实施不仅是对个人的制裁，同时通过对违法行为的制裁可以有效地树立、培养和巩固人们的道

---

〔1〕 习近平：《坚持依法治国和以德治国相结合》，载新华网，http://news.xinhuanet.com/politics/2016—12/10/c_1120093133.htm，最后访问时间：2016 年 12 月 10 日。

〔2〕 参见习近平：《法律是成文的道德道德是内心的法律》，载中国网，http://www.china.com.cn/legal/2016—12/12/content_39894304.htm，最后访问时间：2016 年 12 月 12 日。

德观念和道德情操。[1] 这些法的实施结果，对如何进一步从严治党敲响了警钟。反思他们的堕落历程，能够得到一些启示。

一是意志薄弱，理智丧失。一些人虽然曾经是艰苦奋斗的楷模，但往往在春风得意之时对各种诱惑失去心理免疫。这些落马的“老虎”“苍蝇”“狐狸”们，在年轻时意气风发、朴实肯干，曾经对党和国家的政绩，对人民的贡献，也曾让人赞誉有加。但是，在他们事业如日中天时，却失去了理智，原本薄弱的意志在金钱与美色的诱惑下完全崩溃，竟然不知祸患将至。千里之堤，溃于蚁穴。他们在犯下了一个又一个错误后，仍然不知悬崖勒马，最终跌入犯罪的深渊。

二是观念错位，权力异化。他们大都手中掌握着或大或小、或轻或重的权力。然而，他们忘记了权力的含义，把权力当成了寻租的工具与交易的筹码。他们忘记了权力是人民赋予的，取之于民，用之于民。一旦权力观发生错位，权力的使用就发生了异化。有的人官位虽小，当权力异化到极端之时，个人的心灵就被贪欲的魔鬼所役使。权力在他们看来，不是人民的重托，不是党和国家的信任，而变成了大肆敛财的工具。有的贪官全家分工明确，建立起一条从律师拉客、妻儿吹风到亲自干预、事后分赃的腐败链条。这条腐败链条最终把他们拖入罪恶泥潭。

三是利欲熏心，贪欲膨胀。失足者多数都是一心追求名与利，将名与利当成了人生的终极价值。在一种不加节制的欲望驱使下，大行不义之事，大敛不义之财。一旦欲望变成魔鬼，扭曲的心灵就不能自拔，蜕变成堕落的灵魂。这些案例的主人公的价值观变成完全为以金钱为核心，不再考虑个人对社会的价值、对人民的价值，不再追求自我价值与社会价值的实现。他们不仅自己的价值观发生

---

〔1〕 参见孙国华主编：《关于法的概念和本质的原理——兼论法是“理”正“力”的结合，“理”是基本的，“力”是必要的》（第二版），群众出版社 2007 年版，第 407 页。

蜕变，其家人也与其共同踏上了不归路。

四是心存侥幸，以身试法。一些贪腐违纪案例中的主人公，总是心存侥幸，自以为可以不为人知，可以逍遥法外，却不知法网恢恢，疏而不漏。他们中的一些人，为了掩盖腐败事实，煞费心机；为了消灭证据，不择手段。若想人不知，除非己莫为。一个个龌龊丑恶的行为，即使当时不为人知，但最终也是难逃法网。还有一些人，知法犯法，最终还是以身试法。

（二）法的严格实施是从严治党的指引

法网恢恢，疏而不漏。法的实施启示我们，从严治党，当先治心。心中的万里长城如何才能坚固地屹立，不论风雨雷电都无法击垮，不论几多春秋都巍峨耸峻？在深思中，笔者得出了三个结论。人有身有心有灵，人是身、心、灵三位一体的存在。我们只有树立自省意识、责任意识、修养意识，才能全面筑牢拒腐防变的防线。

为身者，自省意识。吾日三省吾身，是一种自省、自查的意识。批评与自我批评是我党改造思想的法宝。常常倾听别人的批评，常常自我反省，自我检查。自我批评，自我改造，是纠正错误的有效良药。当事业腾飞，手握权力时，更应当常常自省。因为权力越大，诱惑越多，甚至连身边的亲人与好友都会常为其吹起不正之风。只有自省，才能树立起坚固的防风墙。常自省者，身正风清。

为心者，责任意识。法院的工作人员，应当树立正确的权力观，牢记权力的来源与本质，做到心为民所系，权为民所用，利为民所谋。在心中树立起对自己、对家人、对工作、对人民、对事业、对社会的责任意识，并以这样的责任意识约束自己的言行。司法为民，不能仅仅作为一种口号。司法裁判的权力后面是沉甸甸的责任，司法工作人员的特殊身份，不在于特权，而是在于特殊的责任。司法是社会公平正义的最后防线，而人民将这条防线交给我们去把守。这是一份多么光荣而艰巨的责任。

为灵者，修养意识。在任何时候都不可以放松对世界观、人生观、价值观的改造。案例中的主人公，对人生价值的认识发生了偏差，造成人为物所役。世界观、人生观、价值观是深入人灵魂中的意识，正确的世界观、美好的人生观、高尚的价值观，是拒腐防变的最终防线。人之初，性本善。如果在后天不重视增强修养，则善之本性会被腐蚀。以善念修心，以善心做事，以善意为念是修养的正直之路。对每一次思想政治理论学习都应当高度重视，不应该流于形式，切实积极地改造世界观、人生观、价值观。

心平气和者无欲则刚，法如心秤者平和公正。一个个贪腐典型，留下一串串惊叹号，让警钟长鸣，余音绕梁。时时牢记自省意识、处处坚定责任意识、刻刻保持修养意识，心中的万里长城将会永远屹立。

从严治党，当先治心。只有树立自省意识、责任意识、修养意识，才能全面筑牢拒腐防变的防线。因此，我们要时时牢记自省意识、处处坚定责任意识、刻刻保持修养意识。

二、从严治党是法律实施的价值导向

周永康、奚晓明等贪腐违纪案例的主人公本身曾经就是法的实施者，还曾是法律实施的领导者，他们党性堕落，不仅将法律实施事业带入歧途，还破坏了公正廉洁的司法环境。孟子提出“徒善不足以为政，徒法不足以自行”，解释了善与法的辩证关系，其中后一句指出，法律不是万能的，法律的实施者需要由“贤者”担任，提出了“惟仁者宜在高位”的重要性。[1] 固然法律实施是一项专业化、职业化的工作，但是法律实施却不是一项机械化的简单劳动，法律实施的过程也是一个复杂的心智过程。因此其中，内心的价值

〔1〕参见武树臣：《中国法律思想史》，法律出版社2004年版，第116页。

导向起到了关键性作用。其专业水平无法成为法律实施效果的保障，从严治党才是法律实施效果的政治保障。前段时间涌现出来了“时代楷模”黄志丽，她的先进事迹都是以党性修养为精神支撑的。她的先进事迹以先进的工作方法为主线，展现了“调查研究贯穿始终、亲和调解贯穿始终、释法析理贯穿始终”的鲜明特点，闪烁着党性修养。笔者按照从严治党的要求，探索出“为民、利民、惠民”三位一体的群众工作路线。

（一）为民之情怀——四字真言

法官，即可以理解为“法＋官”，是司法之官。法官的职业定位具有法律人和国家公职人员双重属性，处于两种职业共同体的交集。一方面，法官是国家公职人员，必须具备政治意识、大局意识、核心意识、看齐意识，区别于律师、法律学者等其他法律职业；另一方面，法官属于法律职业群体，具备特有法律逻辑思维，区别于其他公职人员。

“法＋官”，既要以“公平正义”为法律职业之价值追求，又要以“服务人民”为国家公职之宗旨操守。此二者是一个先进法官形象的两个基石。从黄志丽处理的一个个案件中汲取智慧，结合自己处理案件中的得与失，可以将先进法官在个案中传递的形象概括为“为民情怀”的四字真谛。

情，动人心性。黄志丽办理过一起离婚案。调解离婚，约定孩子由女方抚养，男方每月支付600元抚养费，可探视两次。但孩子外婆拒绝探望，男方因此拒绝支付抚养费。外婆找到黄志丽要求修改协议。经黄志丽释法析理，外婆还是固执己见。黄志丽劝导说：“您最疼孩子，得为孩子考虑。离婚已经对他造成伤害，没有爸爸关爱，在同学面前抬不起头，多可怜啊。”外婆有所触动，同意男方探视孩子，男方也主动支付了抚养费。黄志丽寓情于理，让冰冷的法律有了温度。笔者也回想起自己处理过的一个案件，至今牵挂于心。一位老太太因家庭矛盾起诉到法院，欲将儿子赶出家门。原本简单的案件却难于处理，为什么？源于情，只能以情化解。笔者来到当事人家中，左耳倾听老太的唠叨，右耳倾听大叔的抱怨。磨破嘴皮帮两方消除家庭琐事的误解后，引导大叔向老母亲认错并表示好好孝敬老人。以母子亲情化解母子矛盾。可是，心里还是觉得不踏实，案子结了事了了吗？过了段时间，笔者又到老太太家里回访，看到母子和睦才放心了。

善，释人恩怨。中华民族的很多古话传承着“善”的正能量。一句“十年修得同船渡，百年修得共枕眠”也许会挽救一个家庭。一位妻子因丈夫私卖房屋将其与买房人告上法庭，却在一审中败诉，家庭因此濒于破裂。如果处理不当，必定人财两空。承办案件的法官了解这对夫妻本意不想离婚，遂引导他们在房产与情感之间权衡；另一面，法官又引导买房人加些钱给他们些安慰，自己还可以顺利入住新房。通过多轮调解，终于以一份调解书续写了一个故事的完美结局。一份和解保卫了一桩姻缘，善莫大焉？

德，令人诚服。笔者时常回想起来一幅由法院收藏的书法作品。某日，一位台湾同胞向二中院送来一幅书法，写着“德孚众望”四个大字。原来他是笔者已结案件的当事人。台胞欧某有意在京购房，高高兴兴签订了合同，却因办理贷款受阻，未能如约付款。卖房人因此起诉解除合同，一审胜诉。欧某提出上诉。笔者感受到法律与道德碰撞的纠结。欧某败给了契约严守原则，却没有败给道德。法未必服人，德必服人。调解中，笔者既言法律又谈道德，说服卖房人继续履行合同，而欧某对其进行补偿。一份调解书化解了法律与道德的冲突，承载了两岸同胞的情谊。

实，使人明辨。如果争议焦点发生在田间地头，那么“马锡五精神”就是灵丹妙药，其中体现做人谋事的“实”字诀。黄志丽曾审理了一起建设工程案。施工队因桩基款争议起诉建筑公司。原告在施工中，比合同约定多打了200多根桩基，价值92万，建筑公司不承认。桩基是隐蔽工程，施工队收集证据有困难，申请法院调查取证。黄志丽四处奔走，在设计院的档案中，找到桩基施工图；在桩基检测公司的文件中，找到检测报告；在监理公司的内业资料中，找到施工监理记录，形成完整的证据链。建筑公司无可辩驳。黄志丽每年走访近千名群众，足迹遍布乡村社区的每个角落。功到自然成，她办的案件服判息诉率达99%以上。

上述“为民情怀”的四字真谛融合了黄志丽同志“调查研究”“亲和调解”“释法析理”的工作特点，让法律既讲原则，又讲温情。这四字真谛，架起法律案件与生活事件的桥梁，弥合了法律世界与生活世界的沟壑。

（二）利民之方法

法官当有为民之心。然，徒有为民之心，为何有时会有心无力？为民之心须以利民之道来实现。“天下熙熙，皆为利来，天下攘攘，皆为利往。”[1] 笔者注意到，民事案件中大部分的争议焦点都是围绕经济利益展开。“上善若水，水利万物而不争。”[2] 调和经济冲突，亦须如水之因势利导。黄志丽曾经巧用经济思维解决一起经济纠纷。有家外资企业，曾经是创汇纳税大户，因经营不善，产品滞销，工厂停产，发不出工资，被工人告到法院。黄志丽看完卷宗发现，如果就案办案，虽然工资能解决，但工厂可能倒闭。她一方面联系厂里负责人的父亲，说服他垫付了工资；另一方面劝导工人留下，与企业共渡难关。还积极与外经部门多方协调，通过广交会打开产品销路。负责人改进管理，工人齐心协力，工厂重新焕发生机。黄志丽以经济思维引导工厂与工人的博弈走向帕累托最优；也就是说，相对于就案办案的结果，黄志丽的处理方式使得工厂与工

〔1〕 司马迁：《史记·货殖列传》。
〔2〕 老聃：《道德经》第八章。

人双方均受益。

笔者主动研究民事纠纷中的经济学规律，将博弈论运用于调解过程，将帕累托最优标准运用于调解目标。笔者曾在北京广播电台讲了个故事：有位西班牙名厨卡洛斯与中国人许某结婚。许某将共有房产卖与白某。卡洛斯以其妻擅自售房为由起诉买卖无效，一审败诉。经思考发现，不同人对同样财产感受的效用大小不同。卡洛斯夫妇没有在京购房资格但财力雄厚，为了保住房子，愿意多出钱；白某经济条件一般但有购房资格。相比之下，房子对于卡洛斯夫妇效用更大；而金钱由于经济学上的边际效用递减规律，穷人会比富人感觉钱更值钱。据此，卡洛斯夫妇给白某补偿114万元，白某同意解除合同。相对一审的结果，双方均觉得没有吃亏。这个双赢的结果就实现了帕累托最优。

调解，是黄志丽工作方法的突出特点。通过笔者的研究，调解的过程就是寻找“帕累托最优”方案的过程，否则，谁愿意调解呢？调解中的“帕累托最优”方案，是指所有当事人均认可该方案优于或至少不劣于其他方案。具体操作可按三步进行：一是全面、深入了解案内信息与案外信息；二是归纳可行性冲突解决路径；三是寻求帕累托最优方案。有些案件无法实现“帕累托最优”，那么“卡尔多—希克斯标准”就解决无法直接寻求“帕累托最优”而进行“潜在的帕累托改进”的情况，如果某一方案中获利者补偿受损者后其获益仍有剩余，则该方案优于前一方案。法官在考虑补偿问题上，须特别注意边际效用问题。

黄志丽工作方法强调调研研究，如何调查？庭审查明事实的过程也是两造博弈的过程。当事人均希望对己方有利之事实被查清，而不利之事实反之，甚至以各种手段干扰法官查清事实。固然，诉讼过程不如影像回放之再现，但即使调解，亦不应放弃“客观真实”之追求，否则“裁判的艺术家”将沦为“和稀泥的工匠”。经当事人举证或陈述、对方质证或回应、法官追加询问、当事人解释、法官认证与释法、当事人调整策略完成一轮完整的博弈过程。

笔者通过实践总结得出，当事人的胜诉概率的预期制约着调解的达成。这种预期有合理的，也有不合理的。法官通过调动双方的博弈，降低当事人的不合理的预期胜诉率。调解方案可直观计算得出预期胜诉率。当两造预期胜诉率均过高（相加大于100%）时，调解无果。法官须以能动科学之观察，不断通过心证开示与释法诱使当事人改变策略，通过新一轮博弈降低当事人预期胜诉率之不合理部分，直至调解方案水到渠成。另需说明，心证开示与释法未必以说教方式为之，巧妙询问对难以做出合理解释者内心触动更为强烈，更具公信。上面提到了黄志丽审理的桩基工程款案，就是发扬“调查研究贯穿始终”的工作方法，通过深入调查，降低了当事人不合理的预期胜诉率，从而达到“不战而屈人之兵”的效果。

（三）惠民之思维

并非所有的案件都能调解，如何让当事人在案件中感受到公平正义的获得感？如何让公正司法的阳光普惠人民？“释法析理贯穿始终”是黄志丽工作方法的核心。如何做到“释法析理贯穿始终”？不同的案件类型有不同的审理思路，不同的法官也是仁者见仁，智者见智。司法改革中，“让审理者裁判”的目标使庭审和裁判的关系更加紧密；庭审方式改革凸显直接言词和亲历性原则，促使裁判的理由和结果在法庭上形成和呈现。笔者多年来也一直在思考这个问题，通过实践探索与理论研究，将法律逻辑三段论〔1〕的思维规律结合于现行诉讼程序，创新出“庭审＋裁判”一体化的三段式审判方法，并广泛应用于实践。

---

〔1〕法律三段论常被表示为：M→P（具备M的要件时，即适用P的法律效果）；S＝M（特定的案例事实该当于M的要件）；S→P（关于该特定的案例事实，适用P的法律效果）。参见王泽鉴：《法律思维与民法实例——请求权基础理论体系》，中国政法大学出版社2001年版，第201页。

北京高院曾网络直播一起有关土地出让金的合同纠纷案。笔者将法庭调查分两步进行，首先在与双方的意见互动中引导双方明确请求权基础和抗辩基础，从而明确了要件事实；然后针对有争议的要件事实进行证据调查。法庭辩论对应第三步论证说理。这样就分别解决了法律逻辑中的大前提、小前提、结论三项任务，又与庭审流程以及判决结构相契合。庭审之后，裁判结果呼之欲出。双方最后息诉服判，均未上诉。笔者在法官学院讲授了这套方法，受到一线法官好评，同时也受到了媒体的关注和报道。这套方法的三个特点是：

第一，研究“庭审＋裁判”一体化的法律思维。研究理论化、接地气的审判方法，指导审判实践。在工作中十分注重以马克思主义实践论为指引，总结实践经验、研究审判方法，以正确的方法指导审判实践，提升审判质效。在实践中细心总结，深入思考，发现民事审判实践中的三对基本矛盾，即实践主体上经验与逻辑的矛盾、实践客体上法律与事实的矛盾、实践内容上庭审与裁判的矛盾。根据中央司改精神，挖掘“让审理者裁判”的深层要求，探索庭审、裁判一体化的民事审判方法。

第二，将三段论司法逻辑与审判实践相结合，探索“三段式”司法方法。从审判实践中抽象出庭审三阶段（诉辩意见、法庭调查、法庭辩论）、裁判文书三部分（诉称辩称、经审理查明、本院认为）这一能够让广大法官易于接受的“三段式”实践思维，导入“司法三段论”逻辑思维，从而明确三段中分别以确定大前提、查明小前提、推理结论为主要任务；具体操作层面，将法律逻辑、证明责任等理论融会贯通，通俗化为具体的操作方法。

第三，创建“审＋判一体化的法律思维——三段式司法方法”。构建一种简明好用的司法方法。以扎实的审判实践为基础，以三段论法律逻辑为依托，以法律事实的形成为线索，将法律逻辑、证明责任论、眼光在事实与法律间往返流转、请求权方法与历史方法等方法论融会贯通，既有理论深度，又脱胎并反哺于审判实践。

三、从严治党与法律实施统一于群众公共关系

从严治党，以“三严”为基本要求。其中，严以律己是治标，严以修身才是治本，在与法律实施的关系上就是严以用权。严以修身、提升内心的党性修养，是从严治党之根本。党性修养，最关键的是时刻不忘党与人民群众的血肉联系，牢记为人民服务的宗旨。法律实施的效果不仅及于当事人，并能通过法律实施对社会教育、指引等延伸功能作用于社会公众。从严治党与法律实施，统一于群众公共关系。从严治党是群众工作的内在修为，法律实施中的公共关系是群众工作的外在要求。在信息网络时代，法律实施者尤其是法官，不仅要具备专业的法律知识、法律素养，更应当具备与公众的沟通能力和处理公共关系的能力，具备与新时代相应的媒体思维与媒介担当。

（一）顺应时势，勇于担当

当前，中国的司法改革已经拉开序幕。此以司法责任制和人员分类管理为核心的司法改革是新中国成立以来真正意义上的司法改革，具有划时代的伟大意义。员额制改革之后的新法官，将以新的形象走向新的时代。员额的意义不仅仅是一个百分比，更是一个法官精英化的进程。时势造英雄，改革后进入员额的新法官将肩负更重的司法责任，这是时代使然。

新形势决定新任务，赋予了新时代新法官以新的历史担当。在冷静研判中国司法近年来的社会环境可以发现，人民群众对公平正义的司法价值追求没有变化，司法为民、公正司法的主线没有动摇。然而，我们每个人都能深切感受到，人们的交往方式、信息的传播方式却发生着加速式的深刻变化。十五年前，论坛才刚刚兴

起；十年前，微博还仅仅是娱乐的阵地；五年前，微信还仅仅是幼稚而陌生的时尚。随着智能手机走入寻常百姓家，手机网民“低头族”统治了网民大军，“两微一端”成为人们认知与交往的日常媒介，网络空间成为日常生活的另一块领地。

信息网络时代，司法不可能是神秘的围城，法院不可能是封闭的堡垒。近年来，越来越多的司法案件、裁判文书在网络上被公众热议，司法成为网络舆论的热点、焦点。在网络空间里，有失实的案情披露，有偏执的舆论审判，有疯狂的情绪宣泄……面对网络时代的冲击，如何守住公平正义？若仍然仅仅问案于公堂之上、辛劳于案牍之间，即使“白加黑”“五加二”，公平正义、司法权威也可能终将湮没于网络时代的洪流。

有人说，应对这些舆情网事，是新闻部门的事情，不是法官的工作。可是，冲锋在司法审判第一线的是谁呢？每个司法案件，都可能或多或少地隐藏着各种敏感因素。一线法官在执法办案过程的每一个不妥当的行为、每一个不小心的疏忽，都可能点燃舆情的火药桶。新闻部门仅仅是舆情消防队，加强媒体意识，只能依靠法官自己。在新的时代需要发扬“马锡五”精神，社情民意已经从田间地头转移至网络空间。做好网络时代的审判工作，是改革后每一名新法官在新时代理应标配的新担当。

担当，意味着不惧怕、不退缩。近年来，网络舆论对公正司法的消极负面影响突显，网络谣言、“媒体审判”等事件层出不穷。面对网络新媒体的冲击，司法人员“恐媒、防媒、拒媒”心态盛行。不论见与不见，它就在那里。如果你不愿理睬，谣言将成为事实；如果你不肯发声，质疑将成为主流。最高人民法院司法公开三大平台已经上线，以使司法的阳光普照每一寸土地。应对信息网络的冲击，需播撒公正司法的阳光，每一名法官都必须勇于担当，还须乐于担当，更须善于担当。

（二）敏锐洞察，更新思维

改革进入员额的新法官将成为划时代的法律职业精英群体。精英化的法官，不仅是具有法律思维、遵循司法规律的专业化法律人，又是洞悉社会矛盾、把握传播规律的职业化社会人。实现“让当事人在每一个司法案件中感受到公平正义”的目标，除了具备道德修养、法律素养外，更需要具备以传媒视角看待和处理法律问题的能力。以下四种媒体思维将成为法官的新标配。

一是洞察案件敏感因素的媒介思维。每一个司法案件，在网络环境下，都或多或少、或大或小地藏有各种敏感因素。像周永康案、快播案等大案要案，其敏感因素显而易见。更多的敏感因素却隐藏在一个个普通的司法案件中，也许风平浪静，也许暗流涌动。例如邓玉娇案，如果没有淫官烈女形象的热炒，也许就是一件平常的小案；再如彭宇案，如果彭宇没有“求助”于媒体，也许会永远陈列于档案室里不为人知。任何一件普通案件都不能掉以轻心。地雷藏在哪里？舆情引爆于何处？都没有法律的逻辑，只有传媒的视角和大众的心理。

二是庭审裁判可接受性的精品思维。党的十届四中全会决定提出构建开放、动态、透明、便民的阳光司法机制，最高人民法院司法公开三大平台日趋成熟完善。“让当事人在每一个司法案件中感受到公平正义”不仅有制度约束，更有外部监督。公平正义如何感受？获得感如何体现？法官需要换位思考，注重司法过程与结果的“可接受性”与“精品化”。一句失当的说理、一处低级的笔误，都会被网络“蝴蝶效应”无限放大，甚至被无厘头地歪曲附会，让法官百口难辩。

三是与当事人和公众沟通的公关思维。在信息网络时代，司法公开是不可逆转的时代浪潮。审判活动已经从就案办案逐渐演变为处理公共关系的社会治理活动。面对司法公开，需要将审判流程、裁判文书、执行信息公布于网络，并通过网络辐射于社会公众；在自媒体时代，每一名当事人都可能把他所感受的法官形象传播于网络空间。讲法律效果与社会效果的统一，就是讲公共关系。在司法审判中积极构建开放和谐的公共关系，用公共关系的理论和方法服务于审判活动，将打通司法为民的“最后一公里”。

四是网络空间言论边界的形象思维。法官的形象不仅是一身法袍、一个法槌而已，而是通过一言一行向社会传递的公众形象。在现实社会生活中，法官有职业道德和行为规范的约束。在虚拟的网络空间里，法官作为普通人的言论自由应当止于法官形象的边界。王晓法官在审理中发表《我主审的邱兴华杀人案》，引发网络热炒和质疑。联合国《班罗加尔司法行为原则》确定了法官的言论自由应当尊重司法尊严、司法公正和司法独立性的原则。在网络空间言论谨慎，自觉维护法官形象，也是一名合格法官的担当。

（三）把握规律，积极有为

传统的司法公共关系倚重传统媒体，而进入网络信息时代后，信息即时传播、交互共享，新媒体异军突起，话语权不再掌控于传统媒体，而是进入“人人都是麦克风”的自媒体时代。司法审判不再囿于公堂之内，新时代的新法官面临着复杂、艰巨的新考验。

法官应当关注网络时代信息传播的新特点：一是信息源散点化，话语权去中心化，时间上即时传播，空间上高度共享；二是传播方式交互性，网民之间可以零距离互动式地交流意见；三是传播速度裂变性，信息一旦进入网络，就会在网络公共空间立体式传播，舆论就具有原子弹爆炸一样的威力；四是门槛低，草根化，人人都有麦克风，人人都是通讯社，形成完全自发形成的“乌合之众”；五是没有“把关人”，鱼龙混杂，真假难辩。法官还应当洞察大众心理的深层规律。一百多年前诞生的社会心理学名著《乌合之众》提到，群体具有冲动、急躁、易变、非理性、无逻辑、极端化、情绪化等特点。时代变迁，人心依旧。勒庞揭示出来的大众心理在网络时代仍然具有借鉴意义。

守住司法防线，积极消除冲击司法的负效应。摒弃“恐媒、防媒、拒媒”心态，摒弃简单迎合心态，直面司法舆情和网络炒作，愿意说、主动说、及时说、真实说、鲜明说、妥当说。抓住舆论形成前的黄金24小时，主动出击，占领舆论高地。如果无所作为，在大众心理“羊群效应”的作用下，负面的言论就会形成“先见”，引领舆论导向；在强者愈强的“马太效应”作用下，一旦谣言发酵为“真相”、偏激汇聚成“主流”，法院再来迎战就会非常被动。面对网络舆论洪流，新闻部门即便精兵强将也难以招架。一支现代化司法网军是时代之需，广大一线法官组成的网络民兵队更是新的时代担当。

延伸司法功能，主动传播公正司法的正能量。法院已经建立起新闻发言人制度，在信息时代还需向网络空间延伸，打造现代化网军并培养自己的网络大V。伟大的法官的贡献不止于公正的裁判，而在于向社会传递伟大的思想。除了写外宣信息、做新闻发布外，新时代的法官必须善于在网络空间与民沟通，处理公共关系。网络公关应当顺应网络传播规律：一是妥当设置议题、统一口径，引导网民“想什么”；二是发布碎片化、动态化、事实清楚、态度鲜明的信息，满足公众“要什么”；三是及时准确不失语，少吃多餐讲节奏，让网民“能吃饱”又“撑不着”；四是注重沟通效果，不说官话，不讲套话，在道德至高点和情感共鸣处来传递严密的法律逻辑。

随着信息网络与司法审判深度融合，法官如何经得起时代的考验，赢得百姓的赞誉？洞悉信息网络背景下的司法规律与传播规律，与时俱进，积极有为。这是新时代法官的担当。

"以德治国" 与意识形态阵地建设和管理的法治化

莫纪宏*

党的十八大以来，以习近平同志为核心的党中央高度重视意识形态工作，在一系列重要的政策和规范性文件中都把意识形态阵地建设和管理作为今后一段时间内国家治理和社会治理的一项重要任务。其中，将"依法治国与以德治国有机结合"以及"把社会主义核心价值观融入法治建设"这些政策举措，都从意识形态阵地建设和管理的角度，突出了意识形态工作法治化的重要性。

党的十八大报告明确指出："牢牢掌握意识形态工作领导权和主导权，坚持正确导向，提高引导能力，壮大主流思想舆论。"党的十八届三中全会通过的《中共中央关于全面深化改革若干重大问题的决定》（以下简称《全面深化改革决定》）又把坚持马克思主义为指导作为意识形态领域各项工作的指导思想，从文化发展战略的高度突出了马克思主义的重要地位。《全面深化改革决定》规定在"推进文化体制机制创新"一系列改革举措时，明确指出："建设社会主义文化强国，增强国家文化软实力，必须坚持社会主义先进文

* 莫纪宏，中国社会科学院法学研究所研究员。

化前进方向，坚持中国特色社会主义文化发展道路，培育和践行社会主义核心价值观，巩固马克思主义在意识形态领域的指导地位，巩固全党全国各族人民团结奋斗的共同思想基础。”党的十八届四中全会审议通过的《中共中央关于全面推进依法治国若干重大问题的决定》（以下简称《全面推进依法治国决定》）又从依法治国与以德治国有机结合、大力弘扬社会主义核心价值观的角度，为意识形态工作法治化提出了政策和方向上的指引。《全面推进依法治国决定》规定：“国家和社会治理需要法律和道德共同发挥作用。必须坚持一手抓法治、一手抓德治，大力弘扬社会主义核心价值观，弘扬中华传统美德，培育社会公德、职业道德、家庭美德、个人品德，既重视发挥法律的规范作用，又重视发挥道德的教化作用，以法治体现道德理念、强化法律对道德建设的促进作用，以道德滋养法治精神、强化道德对法治文化的支撑作用，实现法律和道德相辅相成、法治和德治相得益彰。”《中华人民共和国国民经济和社会发展第十三个五年规划纲要》（以下简称《十三五规划纲要》）也明确规定，在十三五规划实施期间，“要高度重视做好意识形态领域工作，切实维护意识形态安全”。由此可见，以不断加强依法治国与以德治国的有机结合、把社会主义核心价值观融入法治建设为契机，加强意识形态阵地建设和管理是当前和今后相当长的一段时间内国家治理和社会治理的一项重要任务。特别是《十三五规划纲要》，将意识形态问题上升到“意识形态安全”的高度来强调，充分说明了意识形态领域的阵地建设和管理问题已经相当突出。为此，必须要尽快认真总结我们既往在意识形态领域的管理经验和值得认真吸取的教训，不断改进工作方式，特别是要通过制定与意识形态阵地建设和管理相关的法律法规、党内法规等规范性文件的形式，推动意识形态阵地建设和管理各项工作的制度化和法治化，从而将意识形态阵地建设和管理工作正式纳入法治轨道，继而在全面推进依法治国总体框架下不断加以健全和完善，形成有利于维护意识形态安全的制度环境和工作格局。

当然，意识形态阵地建设和管理的法治化并不仅仅是一项一般性的政策举措，也非制定一两项法律法规就能完成的任务，必须要有科学的理论作为指导，要对意识形态领域的各项工作的性质、任务、目标都要有很好的理论论证和分析，才能把握意识形态工作的一般性规律，从而设计出符合意识形态阵地建设和管理的各项制度规范。本文旨在从理论和实践两个层面对与意识形态阵地建设和管理相关的问题进行较为系统的研究，从而为意识形态阵地建设和管理的法治化提供必要的理论依据。

一、以德治国是加强意识形态阵地建设的重大战略问题

在党的十五大把“依法治国，建设社会主义法治国家”作为治国方略写进党的正式文件之后，围绕着意识形态问题所展开的各项工作基本上都整合在了依法治国的框架内。但是随着法治建设的发展，法治本身的缺陷也逐渐暴露出来，这就需要从理论上寻找法治价值的补充，在国家治理和社会治理现代化的推动下，不断加强包括意识形态建设和管理在内的意识形态工作。就此，就以德治国作为治国理念突显出来，不仅没有削弱依法治国的权威，相反，由于以德治国中的“德”具有高度的意识形态性，将依法治国与以德治国有机结合起来共同作为国家治理和社会治理的价值基准，无疑对于巩固社会主义主流意识形态，维护意识形态安全和文化安全，弘扬社会主义核心价值观，具有非常重要的意义。

2000 年 6 月，江泽民同志《在中央思想政治工作会议上的讲话》中指出：“为了在发展社会主义市场经济的条件下更好地建设有中国特色社会主义，我们必须建立与之相适应的社会主义法律体系，同时也必须在全社会形成与之相适应的社会主义思想道德体

系。法律与道德作为上层建筑的组成部分，都是维护社会秩序、规范人们思想和行为的重要手段，它们互相联系、互相补充。法治以其权威性和强制手段规范社会成员的行为。德治以其说服力和劝导力提高社会成员的思想认识和道德觉悟。道德规范和法律规范应该互相结合，统一发挥作用。"[1] 2001 年 1 月，在全国宣传部长会议上，他明确提出了"把依法治国与以德治国紧密结合起来"的治国方略。江泽民同志非常明确地指出："我们在建设有中国特色社会主义、发展社会主义市场经济的过程中，要坚持不懈地加强社会主义法制建设，依法治国；同时也要坚持不懈地加强社会主义道德建设，以德治国。""对一个国家的治理来说，法治和德治，从来都是相辅相成、相互促进的。二者缺一不可，也不可偏废。法治属于政治建设、属于政治文明，德治属于思想建设、属于精神文明。二者范畴不同，但其地位和功能都是非常重要的。""我们把法制建设与道德建设紧密结合起来，把依法治国与以德治国紧密结合起来。宣传思想战线的同志在宣传教育工作中也要把两者结合起来，都宣传好"。[2] 江泽民同志上述讲话精神至少体现了三层含义：一是抓依法治国不能为法治而法治，不能简单地推崇法律万能论；二是抓以德治国属于思想建设的重要内容，属于意识形态领域的一项重要工作；三是思想政治领域的工作要通过以德治国与依法治国有机结合起来，作为国家治理和社会治理的重要手段。因此，以德治国从一开始提出，其中一项最重要的使命和任务就是弥补法治价值的缺陷，巩固社会主义意识形态主阵地。

党的十八大以后，以习近平同志为核心的党中央高度重视意识形态阵地的建设和管理工作，对意识形态工作从不同角度做了战略部署，其中，从强化以德治国的功效以及将社会主义核心价值观融

---

〔1〕《江泽民文选》第 3 卷，人民出版社 2006 年版，第 91 页。
〔2〕《江泽民文选》第 3 卷，人民出版社 2006 年版，第 200 页。

入法治建设来加强意识形态阵地建设和管理工作，是当下意识形态工作最重要的特色。以德治国也好，社会主义核心价值观融入法治建设也罢，最根本的出发点就是要解决意识形态主阵地建设的问题，通过以德治国和社会主义核心价值观的思想意识阵地平台建设来巩固主流意识形态，维护意识形态领域的安全。为此，中共中央政治局2016年12月9日下午就我国历史上的法治和德治进行了第三十七次集体学习。中共中央总书记习近平在主持学习时强调，法律是准绳，任何时候都必须遵循；道德是基石，任何时候都不可忽视。在新的历史条件下，我们要把依法治国基本方略、依法执政基本方式落实好，把法治中国建设好，必须坚持依法治国和以德治国相结合，使法治和德治在国家治理中相互补充、相互促进、相得益彰，推进国家治理体系和治理能力现代化。要把道德要求贯彻到法治建设中。以法治承载道德理念，道德才有可靠制度支撑。法律法规要树立鲜明道德导向，弘扬美德义行，立法、执法、司法都要体现社会主义道德要求，都要把社会主义核心价值观贯穿其中，使社会主义法治成为良法善治。要把实践中广泛认同、较为成熟、操作性强的道德要求及时上升为法律规范，引导全社会崇德向善。要坚持严格执法，弘扬真善美、打击假恶丑。要坚持公正司法，发挥司法断案的惩恶扬善功能。习近平总书记强调：要发挥领导干部在依法治国和以德治国中的关键作用。领导干部既应该做全面依法治国的重要组织者、推动者，也应该做道德建设的积极倡导者、示范者。要坚持把领导干部带头学法、模范守法作为全面依法治国的关键，推动领导干部学法经常化、制度化。以德修身、以德立威、以德服众，是干部成长成才的重要因素。领导干部要努力成为全社会的道德楷模，带头践行社会主义核心价值观，讲党性、重品行、作表率，带头注重家庭、家教、家风，保持共产党人的高尚品格和廉洁操守，以实际行动带动全社会崇德向善、尊法守法。[1] 习近平总书记的上述讲话，不仅突出了以德治国的重要性，还强调了要把社会主义核心价值观融入法治建设，要使得社会主义法治成为“良法善治”，这可以说从政策上为加强社会主义意识形态阵地建设打下了牢固的基础。

2016年12月初，为深入贯彻习近平总书记系列重要讲话精神，大力培育和践行社会主义核心价值观，运用法律法规和公共政策向社会传导正确价值取向，把社会主义核心价值观融入法治建设，中共中央办公厅、国务院办公厅印发了《关于进一步把社会主义核心价值观融入法治建设的指导意见》（以下简称《指导意见》）。《指导意见》指出：社会主义核心价值观是社会主义法治建设的灵魂。把社会主义核心价值观融入法治建设，是坚持依法治国和以德治国相结合的必然要求，是加强社会主义核心价值观建设的重要途径。《指导意见》还进一步强调：进一步把社会主义核心价值观融入法治建设，必须全面贯彻党的十八大和十八届三中、四中、五中、六中全会精神，深入贯彻习近平总书记系列重要讲话精神和治国理政新理念新思想新战略，全面落实依法治国基本方略，坚持依法治国和以德治国相结合，把社会主义核心价值观融入法治国家、法治政府、法治社会建设全过程，融入科学立法、严格执法、公正司法、全民守法各环节，以法治体现道德理念、强化法律对道德建设的促进作用，推动社会主义核心价值观更加深入人心，为实现“两个一百年”奋斗目标、实现中华民族伟大复兴的中国梦提供强大价值引导力、文化凝聚力和精神推动力。

至此，从以德治国与依法治国有机结合出发，通过确立社会主义核心价值观，集中体现以德治国的要求，并把社会主义核心价值

〔1〕《习近平主持中共中央政治向第三十七次集体学习》，载中央人民政府网站，http：//www.gov.cn/xinwen/2016－12/10/content_5146257.htm，最后访问时间：2017年5月22日。

观融入法治建设，从而为社会主义主流意识形态阵地建设构建了坚固的法律平台，通过法律制度的手段来为意识形态阵地建设和管理提供最基本的制度依据，切实提升了意识形态阵地建设的力度和管理水平。

二、意识形态阵地建设和管理政策上的一般要求

意识形态阵地如何"建设"、怎样"管理"，这个问题需要有明确的政策引导。党的十八大以来，习近平总书记站在战略和全局高度，就抓好意识形态工作作出了一系列重要论述，除了通过政策上指明方向，提出以德治国的要求和将社会主义核心价值观融入法治建设，提升意识形态阵地建设和管理的能力和水平之外，通过要求各级党委对意识形态工作负总责，切实负起政治责任和领导责任，以意识形态工作责任和意识形态安全为主线，也是当下意识形态工作的重要特色。这是以习近平同志为核心的党中央着眼加强党对意识形态工作的领导、维护意识形态安全作出的重大决策部署和重要制度安排，也是抓好意识形态阵地建设和加强意识形态阵地管理的重要指导思想，更是在意识形态阵地建设和管理的总体框架下有序和有效推进以德治国和大力弘扬社会主义核心价值观的重要措施。

2013 年 8 月 19 日，习近平总书记在中央宣传思想工作会议上对"意识形态"工作作出了一系列明确的指示[1]。这一系列指示包含以下几个方面的核心精神：

一是强调了意识形态工作的重要性。习近平指出：意识形态工作是党的一项极端重要的工作。宣传思想工作就是要巩固马克思主义在意识形态领域的指导地位，巩固全党全国人民团结奋斗的共同思想基础。党员、干部要坚定马克思主义、共产主义信仰，脚踏实

---

〔1〕《习近平：意识形态工作是党的一项极端重要的工作》，载新华网，http://news.xinhuanet.com/politics/2013－08/20/c_117021464.htm，最后访问时间：2017 年 5 月 22 日。

地为实现党在现阶段的基本纲领而不懈努力，扎扎实实做好每一项工作，取得“接力赛”中我们这一棒的优异成绩。习近平总书记特别强调：领导干部特别是高级干部要把系统掌握马克思主义基本理论作为看家本领，老老实实、原原本本学习马克思列宁主义、毛泽东思想特别是邓小平理论、“三个代表”重要思想、科学发展观。党校、干部学院、社会科学院、高校、理论学习中心组等都要把马克思主义作为必修课，成为马克思主义学习、研究、宣传的重要阵地。新干部、年轻干部尤其要抓好理论学习，通过坚持不懈学习，学会运用马克思主义立场、观点、方法去观察和解决问题，坚定理想信念。要深入开展中国特色社会主义宣传教育，把全国各族人民团结和凝聚在中国特色社会主义伟大旗帜之下。要加强社会主义核心价值体系建设，积极培育和践行社会主义核心价值观，全面提高公民道德素质，培育知荣辱、讲正气、作奉献、促和谐的良好风尚。

二是意识形态问题与“讲党性”密切相关。习近平强调，党性和人民性从来都是一致的、统一的。坚持党性，核心就是坚持正确的政治方向，站稳政治立场，坚定宣传党的理论和路线方针政策，坚定宣传中央重大工作部署，坚定宣传中央关于形势的重大分析判断，坚决同党中央保持高度一致，坚决维护中央权威。所有宣传思想部门和单位，所有宣传思想战线上的党员、干部都要旗帜鲜明地坚持党性原则。坚持人民性，就是要把实现好、维护好、发展好最广大人民根本利益作为出发点和落脚点，坚持以民为本、以人为本。要树立以人民为中心的工作导向，把服务群众同教育引导群众结合起来，把满足需求同提高素养结合起来，多宣传报道人民群众的伟大奋斗和火热生活，多宣传报道人民群众中涌现出来的先进典型和感人事迹，丰富人民精神世界，增强人民精神力量，满足人民精神需求。坚持团结稳定鼓劲、正面宣传为主，是宣传思想工作必须遵循的重要方针。

三是意识形态工作的中心就是要抓好主流意识形态。习近平指出，我们正在进行具有许多新的历史特点的伟大斗争，面临的挑战和困难前所未有，必须坚持巩固壮大主流思想舆论，弘扬主旋律，传播正能量，激发全社会团结奋进的强大力量。关键是要提高质量和水平，把握好时、度、效，增强吸引力和感染力，让群众爱听爱看、产生共鸣，充分发挥正面宣传鼓舞人、激励人的作用。在事关大是大非和政治原则问题上，必须增强主动性、掌握主动权、打好主动仗，帮助干部群众划清是非界限、澄清模糊认识。

四是宣传思想部门在意识形态阵地管理领域负有重要职责。习近平指出，宣传思想部门承担着十分重要的职责，必须守土有责、守土负责、守土尽责。宣传思想部门工作要强起来，首先是领导干部要强起来，班子要强起来。各级宣传部门领导同志要加强学习、加强实践，真正成为让人信服的行家里手。

五是意识形态工作涉及全局，必须要动员一切力量抓好意识形态阵地建设与管理。习近平强调，做好宣传思想工作必须全党动手。各级党委要负起政治责任和领导责任，加强对宣传思想领域重大问题的分析研判和重大战略性任务的统筹指导，不断提高领导宣传思想工作能力和水平。要树立大宣传的工作理念，动员各条战线各个部门一起来做，把宣传思想工作同各个领域的行政管理、行业管理、社会管理更加紧密地结合起来。

习近平总书记的上述讲话提纲挈领地阐明了意识形态问题的重要性以及意识形态工作如何抓的具体要求，为意识形态阵地建设和管理提供了明确的政策指引，解决了意识形态阵地如何"建"、怎么"管"的方向和前提问题。正如中宣部刘奇葆部长概括习近平总书记关于意识形态工作讲话精神所指出的那样：要深入开展中国特色社会主义和中国梦宣传教育，加强意识形态的引导和管理，巩固发展健康向上的主流舆论，培育和践行社会主义核心价值观，积极稳妥推进文化改革发展，推动文化走出去、提高文化软实力，不断巩固马克思主义在意识形态领域的指导地位，巩固全党全国人民团结奋斗的共同思想基础。宣传思想文化战线要有守有为、敢于担当、改革创新、虚功实做、建强队伍，以奋发有为的精神状态开创工作新局面。刘奇葆部长的讲话归纳起来有第三个要点：一是要加强对意识形态的“管理”；二是要培育社会主义核心价值观，正面主动建设社会主义主流意识形态阵地；三是要不断巩固马克思主义在意识形态领域的指导思想地位，充分发挥马克思主义在构建中国特色的社会主义主流意识形态中的核心作用〔1〕。由此可见，加强对意识形态阵地建设和管理完全符合当下我国现实政治发展的需要，同时，坚持以马克思主义为指导，以弘扬社会主义核心价值观为依托，走出一条维护中国特色的意识形态安全之路。

2014 年 10 月 15 日，习近平总书记在文艺工作座谈会上的讲话〔2〕中，围绕着文艺工作的指导思想、发展方向等重大理论和实际问题，从维护意识形态安全的高度，强调了文艺工作必须充分体现社会主义核心价值观的各项要求。习近平总书记指出：“文艺事业是党和人民的重要事业，文艺战线是党和人民的重要战线。”因此，“广大文艺工作者要高扬社会主义核心价值观的旗帜，充分认识肩上的责任，把社会主义核心价值观生动活泼、活灵活现地体现在文艺创作之中，用栩栩如生的作品形象告诉人们什么是应该肯定和赞扬的，什么是必须反对和否定的，做到春风化雨、润物无声。同时，文艺界知名人士很多，社会影响力不小，大家不仅要在文艺创作上追求卓越，而且要在思想道德修养上追求卓越，更应身体力行

〔1〕《全国宣传思想工作会议在京召开》，载中国文明网，http：//www.wenming.cn/xj_pd/ssrd/201308/t20130820_1422721.shtml，最后访问时间：2017 年 5 月 22 日。

〔2〕《习近平在文艺工作座谈会上的讲话》，载新华网，http：//news.xinhuanet.com/politics/2015-10/14/c_1116825558.htm，最后访问时间：2017 年 5 月 22 日。

践行社会主义核心价值观，努力做到言为士则、行为世范。”“当然，我们强调弘扬社会主义核心价值观，继承和发扬中华民族优秀传统文化，坚持和弘扬中国精神，并不排斥学习借鉴世界优秀文化成果。我们社会主义文艺要繁荣发展起来，必须认真学习借鉴世界各国人民创造的优秀文艺。只有坚持洋为中用、开拓创新，做到中西合璧、融会贯通，我国文艺才能更好发展繁荣起来。”习近平总书记还进一步指出，文艺工作要牢牢把握住正确的政治方向，必须要始终不渝地坚持党对文艺工作的领导，也就是说：“党的领导是社会主义文艺发展的根本保证。党的根本宗旨是全心全意为人民服务，文艺的根本宗旨也是为人民创作。把握了这个立足点，党和文艺的关系就能得到正确处理，就能准确把握党性和人民性的关系、政治立场和创作自由的关系。”为此，习近平总书记在讲话中勉励广大作家艺术家“要敢于面对批评自己作品短处的批评家，以敬重之心待之，乐于接受批评。要以马克思主义文艺理论为指导，继承创新中国古代文艺批评理论优秀遗产，批判借鉴现代西方文艺理论，打磨好批评这把‘利器’，把好文艺批评的方向盘，运用历史的、人民的、艺术的、美学的观点评判和鉴赏作品，在艺术质量和水平上敢于实事求是，对各种不良文艺作品、现象、思潮敢于表明态度，在大是大非问题上敢于表明立场，倡导说真话、讲道理，营造开展文艺批评的良好氛围。”

2016 年 2 月 19 日在党的新闻舆论工作座谈会上，习近平总书记着眼党的工作全局，为新形势下做好党的新闻舆论工作，提出了新闻舆论工作必须要牢牢把握意识形态的正确方向，坚持党的领导。习近平总书记指出：“要承担起这个职责和使命，必须把政治方向摆在第一位，牢牢坚持党性原则，牢牢坚持马克思主义新闻观，牢牢坚持正确舆论导向，牢牢坚持正面宣传为主。”“党的新闻舆论工作坚持党性原则，最根本的是坚持党对新闻舆论工作的领导。”习近平总书记在讲话中提出，“党的新闻舆论媒体的所有工作，都要体现党的意志、反映党的主张，维护党中央权威、维护党的团结，做到爱党、护党、为党。”〔1〕

2016 年 4 月 25 日，习近平总书记在网络安全和信息化工作座谈会上的讲话〔2〕中，从维护网络安全的高度进一步重申了网络信息工作必须要抓好意识形态阵地建设和管理的重要性。习近平总书记指出：“网信事业要发展，必须贯彻以人民为中心的发展思想。”“网络安全和信息化是相辅相成的。安全是发展的前提，发展是安全的保障，安全和发展要同步推进。”“网络安全为人民，网络安全靠人民，维护网络安全是全社会共同责任，需要政府、企业、社会组织、广大网民共同参与，共筑网络安全防线。”

2016 年 5 月 17 日，习近平总书记在哲学社会科学工作座谈会上的讲话〔3〕中，对具有意识形态主阵地功能的哲学社会科学工作的指导思想作出了明确的阐述，指出：“坚持以马克思主义为指导，是当代中国哲学社会科学区别于其他哲学社会科学的根本标志，必须旗帜鲜明加以坚持。”关于如何坚持马克思主义为指导，习近平总书记在讲话中强调：“坚持以马克思主义为指导，核心要解决好为什么人的问题。为什么人的问题是哲学社会科学研究的根本性、原则性问题。我国哲学社会科学为谁著书、为谁立说，是为少数人服务还是为绝大多数人服务，是必须搞清楚的问题。世界上没有纯而又纯的哲学社会科学。世界上伟大的哲学社会科学成果都是在回答和解决人与社会面临的重大问题中创造出来的。研究者生活在现

---

〔1〕《习近平总书记在党的新闻舆论工作座谈会上的重要讲话引起强烈反响》，载新华网，http://politics.people.com.cn/n1/2016/0220/c1001－28136846.html，最后访问时间：2017 年 5 月 22 日。

〔2〕《习近平在网络安全和信息化工作座谈会上的讲话》，载新华网，http://news.xinhuanet.com/politics/2016－04/25/c_1118731175.htm，最后访问时间：2017 年 5 月 22 日。

〔3〕《习近平在哲学社会科学工作座谈会上的讲话》，载新华网，http://politics.people.com.cn/n1/2016/0518/c1024－28361421.html，最后访问时间：2017 年 5 月 22 日。

实社会中，研究什么，主张什么，都会打下社会烙印。我们的党是全心全意为人民服务的党，我们的国家是人民当家作主的国家，党和国家一切工作的出发点和落脚点是实现好、维护好、发展好最广大人民根本利益。我国哲学社会科学要有所作为，就必须坚持以人民为中心的研究导向。脱离了人民，哲学社会科学就不会有吸引力、感染力、影响力、生命力。我国广大哲学社会科学工作者要坚持人民是历史创造者的观点，树立为人民做学问的理想，尊重人民主体地位，聚焦人民实践创造，自觉把个人学术追求同国家和民族发展紧紧联系在一起，努力多出经得起实践、人民、历史检验的研究成果。"习近平总书记在讲话中还对我国哲学社会科学界把自身建设成传播马克思主义的坚强阵地的具体路径作出了明确的要求，强调："要按照立足中国、借鉴国外，挖掘历史、把握当代，关怀人类、面向未来的思路，着力构建中国特色哲学社会科学，在指导思想、学科体系、学术体系、话语体系等方面充分体现中国特色、中国风格、中国气派。"

党的十八届六中全会从全面从严治党的高度提出了加强意识形态阵地建设和管理的各项具体要求[1]。首先，全会肯定了党的十八大以来以习近平同志为核心的党中央在思想建党方面取得的成就，指出"党的十八大以来，以习近平同志为核心的党中央身体力行、率先垂范，坚定推进全面从严治党，坚持思想建党和制度治党紧密结合，集中整饬党风，严厉惩治腐败，净化党内政治生态，党内政治生活展现新气象，赢得了党心民心，为开创党和国家事业新局面提供了重要保证。"其次，进一步明确了我们党的指导思想和意识形态工作的出发点。全会强调"坚持以马克思列宁主义、毛泽东思想、邓小平理论、'三个代表'重要思想、科学发展观为指导，全

---

〔1〕《中国共产党第十八届中央委员会第六次全体会议公报》(2016 年 10 月 27 日中国共产党第十八届中央委员会第六次全体会议通过)，载新华网，http：//news. xinhuanet. com/politics/2016－10/27/c _ 1119801528. htm，最后访问时间：2017 年 5 月 22 日。

面贯彻党的十八大和十八届三中、四中、五中全会精神，深入贯彻习近平总书记系列重要讲话精神和治国理政新理念新思想新战略，把握时代大势，回应实践要求，团结带领全党全国各族人民同心协力、苦干实干，统筹推进‘五位一体’总体布局和协调推进‘四个全面’战略布局，开展‘两学一做’学习教育，推动全面深化改革、供给侧结构性改革、国防和军队改革迈出重大步伐，党和国家各项工作取得新的重大进展。”第三，全会从“四个自信”的高度出发，强调了党的各级组织和党员干部坚持共产主义理想的重要意义。全会提出，共产主义远大理想和中国特色社会主义共同理想，是中国共产党人的精神支柱和政治灵魂，也是保持党的团结统一的思想基础。必须把坚定理想信念作为开展党内政治生活的首要任务。全党同志必须把对马克思主义的信仰、对社会主义和共产主义的信念作为毕生追求，坚定对中国特色社会主义的道路自信、理论自信、制度自信、文化自信。领导干部特别是高级干部要以实际行动让党员和群众感受到理想信念的强大力量。全党必须毫不动摇坚持马克思主义指导思想，党的各级组织必须坚持不懈抓好理论武装，广大党员、干部特别是高级干部必须自觉抓好学习、增强党性修养。第四，全会号召党的各级组织和广大党员，特别是党的主要领导干部要带头践行社会主义核心价值观。全会指出：领导干部特别是高级干部必须带头践行社会主义核心价值观，讲修养、讲道德、讲诚信、讲廉耻。

近日，中共中央办公厅、国务院办公厅印发了《关于进一步把社会主义核心价值观融入法治建设的指导意见》，该指导意见对立法、社会治理、司法等领域如何贯彻落实社会主义核心价值观提出了具体和明确的措施要求。该指导意见规定：在立法实践中，必须坚持以社会主义核心价值观为引领，把核心价值观的要求体现到宪法法律、行政法规、部门规章和公共政策之中，转化为具有刚性约束力的法律规定。在强化社会治理的价值导向方面，该指导意见提出社会治理要承担起倡导社会主义核心价值观的责任，注重在日常管理中体现鲜明的价值导向。该指导意见还指出：提出要全面深化司法体制改革，加快建立健全公正高效权威的社会主义司法制度，确保审判机关、检察机关依法独立公正行使审判权、检察权，提供优质高效的司法服务和保障，努力让人民群众在每一个司法案件中都感受到公平正义，推动社会主义核心价值观落地生根。对于如何把社会主义核心价值观全面纳入依法治国的全过程，该指导意见给出了具体的方案，意见指出：各级党委要高度重视把社会主义核心价值观融入法治建设工作，加强组织领导，加大工作力度。人大、政府、政协、审判机关、检察机关要认真履职尽责，各领域各部门要充分发挥各自优势，积极主动开展工作。党委宣传部和政法委要加强工作指导，统筹各方力量、协调各方职能，形成齐抓共管的工作合力，为社会主义核心价值观建设创造良好法治环境。加强法治工作队伍建设，努力建设一支信念坚定、执法为民、敢于担当、清正廉洁的政法队伍。加强律师队伍和法律服务志愿者队伍建设。推动中国特色社会主义法治理论进教材进课堂进头脑，培养造就熟悉和坚持社会主义法治理念和社会主义核心价值观的法治人才及后备力量。坚持改革创新，积极探索有效途径和办法，让社会主义核心价值观和社会主义法治建设相互促进、相得益彰。坚持人民主体地位，调动人民群众投身依法治国实践的积极性和主动性。注重总结推广新创造新经验，依靠教育引导、实践养成和良法善治，开创社会主义核心价值观建设新局面。〔1〕

总之，加强意识形态阵地建设和管理、做好意识形态工作对于维护执政党的执政安全，保证国家长治久安和顺利地实现"两个一

---

〔1〕 参见中宣部负责人就《关于进一步把社会主义核心价值观融入法治建设的指导意见》答记者问（人民日报记者彭波），载《人民日报》2016年12月26日。

百年”奋斗目标具有非常重要的意义，抓住了“意识形态”这个阵地，就是抓住中国特色社会主义的本质特征。只有从指导思想上、实际行动、制度建设等各个方面上下协力，共同推进，才能真正牢固地树立起意识形态阵地管理这根弦，才能在大风大浪面前经受得住任何考验，才能紧密地团结在以习近平同志为核心的党中央周围，坚定不移地走中国特色社会主义道路。

三、意识形态阵地建设和管理的法治化若干理论与实践问题探讨

（一）意识形态阵地建设和管理的制度化依据

意识形态问题是关乎中国特色社会主义道路的关键问题，也是中国特色社会主义各项制度的思想基础。加强意识形态阵地建设，坚持以德治国与依法治国有机结合的治国方略，建立弘扬社会主义核心价值观的主阵地，并且强化对意识形态阵地的管理，都需要通过制度化的途径，尤其是要通过纳入法治建设的轨道来建立意识形态阵地管理机制，维护意识形态领域的安全。

对于意识形态阵地建设和管理，尽管迄今为止我们尚未有专门的制度规定，但是，作为具有最高效力的党内法规《中国共产党章程》以及具有最高法律效力的《中华人民共和国宪法》，都为加强意识形态阵地建设和管理提供了最基本的制度化和法治化依据。

2012年最新修订的《中国共产党章程》规定，中国共产党领导人民发展社会主义先进文化。建设社会主义精神文明，实行依法治国和以德治国相结合，提高全民族的思想道德素质和科学文化素质，为改革开放和社会主义现代化建设提供强大的思想保证、精神动力和智力支持，建设社会主义文化强国。加强社会主义核心价值体系建设，坚持马克思主义指导思想，树立中国特色社会主义共同理想，弘扬以爱国主义为核心的民族精神和以改革创新为核心的时

代精神，倡导社会主义荣辱观，增强民族自尊、自信和自强精神，抵御资本主义和封建主义腐朽思想的侵蚀，扫除各种社会丑恶现象，努力使我国人民成为有理想、有道德、有文化、有纪律的人民。对党员还要进行共产主义远大理想教育。大力发展教育、科学、文化事业，弘扬民族优秀传统文化，繁荣和发展社会主义文化。上述规定突出了意识形态阵地建设与管理的关系，强调了阵地建设是意识形态阵地管理的制度基础。其中“加强社会主义核心价值体系建设，坚持马克思主义指导思想，树立中国特色社会主义共同理想”是意识形态阵地建设的基本原则，也是指导意识形态阵地管理各项工作的行动指南。意识形态阵地管理落实在制度上就是要抓重点领域的意识形态工作，弘扬主流意识形态，抵制外来不良的意识形态影响，形成有利于主流意识形态传播的良好的制度环境。

同样，我国现行《宪法》作为社会主义类型的宪法，在规范意识形态问题上也是旗帜鲜明。首先，现行《宪法》在序言中明确规定了四项基本原则的指导思想地位，规定：中国各族人民将继续在中国共产党领导下，在马克思列宁主义、毛泽东思想、邓小平理论和“三个代表”重要思想指引下，坚持人民民主专政，坚持社会主义道路，坚持改革开放，不断完善社会主义的各项制度，发展社会主义市场经济，发展社会主义民主，健全社会主义法制，自力更生，艰苦奋斗，逐步实现工业、农业、国防和科学技术的现代化，推动物质文明、政治文明和精神文明协调发展，把我国建设成为富强、民主、文明的社会主义国家。其次，现行《宪法》在总纲中多处规定了要旗帜鲜明地坚持社会主义的主流意识形态，抵制各种非主流的不利于主流意识形态传播的腐朽和错误的思潮。例如，《宪法》第 24 条规定：“国家通过普及理想教育、道德教育、文化教育、纪律和法制教育，通过在城乡不同范围的群众中制定和执行各种守则、公约，加强社会主义精神文明的建设”。“国家提倡爱祖国、爱人民、爱劳动、爱科学、爱社会主义的公德，在人民中进行爱国主义、集体主义和国际主义、共产主义的教育，进行辩证唯物主义和历史唯物主义的教育，反对资本主义的、封建主义的和其他的腐朽思想。”三是现行《宪法》在第二章“公民的基本权利和义务”中，通过规定公民行使基本权利的方式以及应当受到的法律限制，为意识形态阵地管理提供了具体可以制度化的标准。《宪法》第53条规定：“中华人民共和国公民必须遵守宪法和法律，保守国家秘密，爱护公共财产，遵守劳动纪律，遵守公共秩序，尊重社会公德。”第51条又规定：“中华人民共和国公民在行使自由和权利的时候，不得损害国家的、社会的、集体的利益和其他公民的合法的自由和权利。”由此可见，现行《宪法》以加强社会主义精神文明为契机，对社会主义精神文明建设提出各项要求，对意识形态阵地建设与管理作出了明确的宪法规范，体现了作为社会主义类型宪法的“意识形态”特征。

（二）意识形态阵地建设和管理关键是要抓住重点领域的意识形态工作

意识形态阵地建设和管理主要是涉及人们的主观思想领域，在制度上涉及政治和文化事业两个方面的内涵，从广义上看，意识形态安全构成了一个国家文化安全的一部分。因此，抓意识形态阵地建设和管理、维护意识形态安全首先要从基本道德规范入手，也就是说，要抓好以德治国的具体措施落实工作。《关于进一步把社会主义核心价值观融入法治建设的指导意见》强调指出：要从巩固全体人民团结奋斗的共同思想道德基础的战略高度，充分认识把社会主义核心价值观融入法治建设的重要性紧迫性，切实发挥法治的规范和保障作用，推动社会主义核心价值观内化于心、外化于行。抓好、抓实了以德治国各项制度的落实工作，特别将社会主义核心价值观融入法治建设并对国家的立法、执法、司法和各个领域的法治工作起到指导和约束作用，就是牵住了意识形态工作的牛鼻子，找到了意识形态工作的制度抓手。其次要从保障文化安全的角度入手。2015年新通过的《国家安全法》对维护文化安全的具体任务做了明确规定。新的《国家安全法》第23条根据"总体国家安全观"的要求，明确规定"国家坚持社会主义先进文化前进方向，继承和弘扬中华民族优秀传统文化，培育和践行社会主义核心价值观，防范和抵制不良文化的影响，掌握意识形态领域主导权，增强文化整体实力和竞争力"。

因此，抓住意识形态领域主导权是意识形态阵地建设和管理中的中心任务、核心之核心。为此，要从以德治国的要求出发，坚持以社会主义核心价值观为指导，一是要抓意识形态阵地管理的体制机制建设，特别是要确立有关宣传管理部门在意识形态阵地管理中的核心作用，其他相关党政机关应当做好本领域本部门工作职责范围内与意识形态阵地管理相关的工作；二是意识形态阵地管理主要是抓诸如高等教育、党建、新闻与传媒、哲学社会科学研究等领域的意识形态工作，这些领域是意识形态的主阵地，对于弘扬社会主义核心价值观，传播马克思主义意识形态起到了举足轻重的作用；三是意识形态阵地管理要依托阵地建设，对于各种有害的外来思想和意识形态应通过执法机制、惩戒处罚机制来防范有害于主流意识形态传播的各种形形色色的腐朽思想的侵害，与此同时，可以建立与意识形态阵地建设相关的许可和审查制度，做到"防患于未然"；四是要建立带有一定对抗性质的意识形态外宣阵地，意识形态阵地不仅要立足于国内，还要放眼世界，要有"四个自信"的理论定力，要在当今世界形形色色的意识形态中崭露头角，要敢于在与各种非马克思主义思潮的思想和理论斗争中巩固中国特色社会主义理论阵地，形成强大的国家发展"软实力"，用精神文明建设的成果去主动引领国际社会，推进人类命运共同体的建设。上述这些重点领域都有形成稳固和强有力的阵地意识和捍卫主阵地的能力，必须依靠制度化和法治化的手段来保障有利于意识形态阵地建设和管理的外部法治环境。

（三）当下可重点考虑制定《意识形态阵地建设和管理规定》来规范意识形态领域的基本秩序

虽然我国目前无论从党内法规还是从国家立法的角度都没有制定有关意识形态阵地建设和管理的集中和统一规定，但在意识形态阵地建设和管理领域已经有一些可以借鉴的规范性文件，特别是在新的《国家安全法》出台之后，文化安全方面的立法得到了加强，这也为强化意识形态阵地建设和管理工作提供了比较好的制度依据。就目前意识形态阵地建设和管理的法治化来看，主要应当抓好以下几个方面的工作：

1. 必须牢牢把握正确的政治方向，坚持依法治国与以德治国的有机结合，以社会主义道德引领各项意识形态阵地建设和管理的具体工作，大力进行社会主义核心价值体系建设，把社会主义核心价值观融入法治建设，树立“文化国防”“文化边疆”意识，提高国家文化软实力。中共中央办公厅、国务院办公厅近日印发的《关于进一步把社会主义核心价值观融入法治建设的指导意见》指出，与推进国家治理体系和治理能力现代化建设的要求相比，把社会主义核心价值观融入法治建设还存在不小差距。有的法规和政策价值导向不鲜明，针对性、可操作性不强，保障不够有力；一些地方和部门在执法司法过程中存在与社会主义核心价值观要求不符的现象；部分社会成员尊法学法守法用法意识不强，全民法治观念需要进一步提高，等等。要从巩固全体人民团结奋斗的共同思想道德基础的战略高度，充分认识把社会主义核心价值观融入法治建设的重要性紧迫性，切实发挥法治的规范和保障作用，推动社会主义核心价值观内化于心、外化于行。

2. 坚持马克思主义中国化的理论自信，建立马克思主义理论宣传阵地，用马克思主义中国化的理论学说占领文化思想领域。党的十八大以来，习近平同志以马克思主义政治家和战略家的巨大政治勇气和理论勇气，高举实事求是的伟大旗帜，全局在胸，高瞻远瞩，审时度势，举重若轻，准确把握国内国际大局的深刻变化，准确把握我国经济、政治、文化、社会、生态以及党的建设面临的新情况、新问题，准确把握广大人民群众的新要求、新期待，深刻总结我国和世界各国国家治理的经验教训，提出和确立了"四个全面"的战略布局和战略思想；在进一步回答什么是社会主义、怎样建设社会主义，建设一个什么样的党、怎样建设党，实现什么样的发展、怎样发展的基本问题的过程中，集中而系统地阐述了我国国家治理面临的一系列重大理论和实践问题，提出了一系列新思想新观点新论断，初步形成了习近平治国理政思想，从理论和实践的结合上，初步回答了什么是社会主义现代化强国、怎样建设社会主义现代化强国的基本问题，从而在毛泽东思想和中国特色社会主义理论体系的基础上，把马克思主义中国化提高到新境界、新水平。党的十八届六中全会一致认为，面对复杂的国际国内形势，中央政治局高举中国特色社会主义伟大旗帜，坚持以马克思列宁主义、毛泽东思想、邓小平理论、"三个代表"重要思想、科学发展观为指导，全面贯彻党的十八大和十八届三中、四中、五中全会精神，深入贯彻习近平总书记系列重要讲话精神和治国理政新理念新思想新战略，把握时代大势，回应实践要求，团结带领全党全国各族人民同心协力、苦干实干，统筹推进"五位一体"总体布局和协调推进"四个全面"战略布局，开展"两学一做"学习教育，推动全面深化改革、供给侧结构性改革、国防和军队改革迈出重大步伐，党和国家各项工作取得新的重大进展。因此，深入贯彻习近平总书记系列重要讲话精神和治国理政新理念新思想新战略，是当前和今后一段时间内加强意识形态阵地建设的重要任务。党的十八大以来，以习近平同志为核心的党中央提出的一系列治国理政新理念新思想新战略，特别是在全面依法治国领域提出的一系列重要法治思想，构成了马克思主义中国化的理论基石，是我们党高举马克思主义理论大旗的重要思想武器，必须要用心守护、坚定信念，真正使意识形态阵地建设和管理工作找准基点、落到实处。

3. 对境外敌对势力开展的文化领域渗透活动开展有针对性的反渗透工作，确立“文化走出去”战略，在海外建立中国传统优秀文化思想宣传阵地。2013 年 5 月 17 日，中共中央政治局委员、中央书记处书记、中宣部部长刘奇葆在出席由中宣部、商务部主办的文化贸易工作座谈会上的讲话中指出：强调要全面贯彻落实党的十八大精神，统筹国际国内两个市场、两种资源，统筹政府推动与市场运作，扩大文化领域对外开放，突出文化产品和服务的思想内涵和文化内核，真正把那些思想深刻、艺术性强，具有中国特色、中国风格、中国气派的优秀文化产品推向世界，不断增强中华文化的国际影响力，提升国家文化软实力。“文化走出去”战略是加强意识形态阵地建设的重要举措，要守得住意识形态阵地既要“防御”，又要“进攻”，只有主动走出去，才能从根本上改变各种非马克思主义思潮肆意入侵的被动局面，增强“四个自信”，讲好“中国故事”。要推动以“孔子学院”为载体的中国传统文化在海外的传播，不断提升维护本国文化安全的反制能力。

4. 通过现代通讯技术和互联网技术，占领全球范围内有效的新闻宣传平台，全面和系统地推介中华民族悠久和优秀的文化。习近平总书记在网络安全和信息化工作座谈会上的讲话中明确指出：互联网让世界变成了地球村，推动国际社会越来越成为你中有我、我中有你的命运共同体。中国开放的大门不能关上，也不会关上。我们要鼓励和支持我国网信企业走出去，深化互联网国际交流合作，积极参与"一带一路"建设，做到"国家利益在哪里，信息化就覆盖到哪里"。要善于运用现代通讯技术和互联网技术，向海外积极推介中国优秀的文化以及中国特色社会主义道路的理论基础和成功实践，要形成与西方新闻媒介相抗衡的强大的信息传播网络，努力主动地占领全球范围内意识形态传播的高地。建立全球范围内的中国先进文化的国际传播体系，构建宣传中国声音的国际电视新闻传播网络，支持中国文化企业到境外开拓国际文化市场，参与国际文化传播领域的竞争，加强国际电影节在传播中国主流意识形态方面的积极影响力等。2016 年 11 月 7 日十二届全国人大常委会第 24 次会议审议通过的《中华人民共和国网络安全法》第 12 条第 2 款也明确规定："任何个人和组织使用网络应当遵守宪法法律，遵守公共秩序，尊重社会公德，不得危害网络安全，不得利用网络从事危害国家安全、荣誉和利益，煽动颠覆国家政权、推翻社会主义制度，煽动分裂国家、破坏国家统一，宣扬恐怖主义、极端主义，宣扬民族仇恨、民族歧视，传播暴力、淫秽色情信息，编造、传播虚假信息扰乱经济秩序和社会秩序，以及侵害他人名誉、隐私、知识产权和其他合法权益等活动"。把网络作为意识形态阵地建设和管理的主要载体，严格地按照法律来规范网上言论，建立有利于传播主流意识形态的网络平台，是意识形态阵地建设制度化和法治化应当关注的重点领域。

5. 加强对文化市场的有效执法，严格查处各种危及文化安全的文化产品非法流入市场或流入境内。建立外资进入境内文化领域的国家安全事项审查制度，防止国际社会各种反华性质的资金盲目流入境内。可以在立法或者党内法规中对意识形态主阵地、主渠道建立严格的审查和许可制度，特别是对新闻传播、网络媒体、高校教育、大众传媒等，要建立意识形态阵地管理的审查审核制度，突出意识形态阵地管理工作的重点。

总的来说，意识形态工作要有全局观念，要以“建”促“管”，在“管理”基础上建立起牢固地以弘扬马克思主义主流意识形态为重要任务的意识形态阵地。要落实好习近平总书记关于意识形态工作的重要指示和党中央部署，牢牢把握意识形态阵地建设和管理的正确方向，以党章为根本依据，切实体现党的意志主张，体现全面从严治党要求，强化“四个意识”特别是核心意识、看齐意识，以宪法为统帅，通过宪法和法律构筑起捍卫主流意识形态的制度防火墙，坚持依法治国与制度治党、依规治党统筹推进、一体建设，推动意识形态阵地建设优势更好地转化为治国理政的实际效能，把意识形态阵地建设和管理制度化、法治化作为保障意识形态各项工作有序开展的制度支撑点，扎扎实实、稳步推进、力争实效。

从 2015 年中央巡视组第一轮专项巡视反馈情况来看，12 个巡视组所巡视的几十家单位普遍都存在“党建”工作薄弱的问题，特别是“意识形态阵地管理”放松。例如，中央第二巡视组对中石油的巡视发现的问题是：“管党治党不严，党风廉政建设主体责任落实不力，一些领导人员纪律意识和规矩意识淡薄，违规违纪问题时有发生，党风廉政建设和反腐败斗争形势依然严峻复杂；执行八项规定不严格，小金库屡禁不止，公款旅游、购买购物卡、违规发放津补贴等问题依然存在，公车管理混乱；选人用人风气不正，‘小圈子’问题突出，对领导人员管理监督不够严格，‘带病上岗’‘带病提拔’时有发生，存在违反回避原则‘近亲繁殖’现象；一些领导干部以权谋私，帮助亲友承揽项目，甚至与私企老板绑定；海外投资决策不规范，管理不到位，存在廉洁风险”。针对上述问题，中央巡视组提出了比较有针对性的建议，包括：“一是落实全面从严治党要求，强化党组织的政治核心作用。深刻吸取教训，全面清除蒋洁敏、廖永远等人的恶劣影响，减少腐败存量，遏制腐败增量。二是切实增强各级领导人员守纪律、讲规矩的政治意识。严格落实八项规定，严肃查处顶风违纪问题。三是坚持正确的用人导向，严格执行干部工作有关制度规定，清理整顿违反回避原则'近亲繁殖'问题，落实领导人员任职回避制度。四是完善企业内控机制。规范一把手权力运行。开展领导人员子女亲属利用集团资源经商办企业、承揽工程项目等问题的专项治理。加强海外资产监管，开展海外投资项目审计和巡查"[1]。由此可见，通过制定《意识形态阵地建设和管理规定》，把从严治党问题作为意识形态阵地建设和管理的一项重要法治原则，特别要从抓好"党建"这个阵地出发，提高各级党组织在捍卫主流意识形态方面的核心作用，全面从严治党，加强党的战斗力，特别是抵御各种腐朽和有害思想的侵害，维护党的纯洁性。拟制定出台的《意识形态阵地建设和管理规定》既可以是党内法规和国家法律法规同时并行，也可以先行出台党内法规，在条件成熟的时候，依据宪法所确立的社会主义原则和各项指导思想，就意识形态安全、文化安全等建设和保障问题作出全面和系统的规定，从而为意识形态阵地建设和管理的法治化提供坚实的制度依据。

---

〔1〕《2015年中央巡视组第一轮专项巡视反馈情况》，载中国共产党新闻网，http://fanfu.people.com.cn/n/2015/0617/c64371－27168583.html，最后访问时间：2017年5月22日。

我国监察制度改革的两点思考

陈光中*

一、我国监察制度改革中的党与政的有机统一问题

我国监察制度的改革是一次反腐败体制的重大改革，也是一次国家机构、政治体制的重要改革，这次监察体制改革实际上是向国家治理现代化、反腐败体制法治化的道路上迈出了新步伐。主要体现在以下两个方面。

一是更好地实现党政不分家与党政要分工的有机统一。我国目前的反腐败体制，纪委走在反腐败的第一线，干部往往是由各级纪委宣布对其双规调查，然后过一段时间宣布移送检察机关侦查，检察机关也有权直接自行侦查职务犯罪案件。这样便形成由党内纪委和检察院合作进行反腐败，党内纪委是一条线，检察机关是另一条线，是一种二元反腐败模式。

目前，监察体制改革向着一元化方向发展。在纪委领导下，反腐败资源统一归于监察委员会。试点的各级监察委员会，既受纪委

* 陈光中，中国政法大学终身教授。

直接领导，同时将检察院负责反腐败工作的贪污贿赂、渎职、预防3个机构合并在一起，统一转隶于监察委员会，形成了国家反腐败机构的一体化。转隶后的监察委员会以国家机构的名义对公职人员实行全方位监督，对职务犯罪实行统一调查追究，使党的活动和国家活动形成了有机的统一。这种有机的统一是法治的进步，以监察委员会名义来体现和以纪委名义来体现，两者密切联系而又有所区别。

二是更好地实现党规与国法的统一。1994年开始规定的“双规”是在特定的历史条件下形成的，是现实的需要，对于反腐败工作起了重大的作用。但“双规”毕竟是党内的规定，只凭双规限制人身自由合法性不足，而且只能用于党内，不能扩大到整个公务员群体。如今，试点规定了“留置”措施并准备规定于国家监察法之中。“留置”实际上就是限制剥夺涉事官员的人身自由的一项强制措施，这实际上就是取代了党内的“双规”。我认为，“双规”被“留置”取代，将党的意志转化为国家意志，这意味着党规国法的有机统一，是反腐败工作法治化的体现。

二、监察委犯罪调查职权的性质问题

在监察委员会3个职权“监察、调查、处置”中，调查处于中心地位。明确调查职权的性质，不仅关系到监察委员会调查权的正确立法设计，还关系到被调查人合法权益的保障。

监察调查工作分为两大部分：涉嫌一般性违纪违规的调查和涉嫌职务犯罪的调查。我认为，涉嫌职务犯罪（包括贪污贿赂犯罪和渎职失职犯罪）的调查，其性质相当于刑事诉讼程序中的侦查。主要理由如下：

第一，从涉嫌职务犯罪的监察调查权来源来看，监察委员会对职务犯罪的调查权来源于检察机关职务犯罪侦查部门及其侦查职权的转隶。转隶就是改变隶属关系，检察机关的侦查职权不能因为转隶到监察委员会，把名称改侦查为调查，便发生了性质上的变化。

第二，从监察委员会有权采取的12项调查措施来看，这些权力大部分是《刑事诉讼法》规定的侦查措施，包括讯问、询问、冻结、查封、扣押、搜查、勘验检查、鉴定等。至于留置，它是对涉嫌犯罪人的人身自由的严格限制，实际上近似监禁。另外，全国人大常委会的试点决定没有涉及技术侦查权行使问题，这实际上也应当转隶，改称为技术调查，由监察委员会决定，由公安机关执行。因此，监察委员会有必要在一定情况下向检察院提请批准逮捕。

第三，从调查后的处置来看，试点决定称，监察委员会在调查后“对涉嫌职务犯罪的，依法移送检察机关提起公诉”，说明涉嫌职务犯罪调查与提起公诉之间没有也没有必要再设置侦查程序，即《刑事诉讼法》规定的刑事案件的侦查程序在办理职务犯罪案件中被监察调查所代替。当然涉嫌职务犯罪的监察调查与刑事侦查不可能一模一样，但两者在办案中承担的任务、职责大体上是一样的。

第二单元：全面从严治党与法律实施的实践探索

从法律基准论 “从严治党”

陈雄飞[*]

本文在此谈三个问题：“从严治党”是相对于什么从严？相对于法律怎样从严？在“从严”中如何处理与法律的关系。

一、“从严治党”是相对于什么从严

我们不能泛泛地谈“从严”。从基本的语文释义上讲，“从严”是一个相对概念，即必须是相对于某个比较基准才能谈及从严。如果没有比较基准，那么“从严”就无从谈起。换句话说，我们只有在比较基准的基础上，才能对“从严”进行设计和执行，才能将“从严治党”具体化和有形化，才能让党员和群众有直观比较。因此，谈“从严治党”，必须明确是想对于什么比较基准“从严”

“从严”的比较基准是一维还是多维，即从严的比较基准是一个还是多个，这本身也是一个问题。从目前中央文件和实际落实看，“从严治党”中的“从严”应该具有多个比较维度：第一，相

* 陈雄飞，北京德恒律师事务所，博士，研究员。

对于以往从严；第二，相对于群众从严；第三，相对于现有规定的义务和惩戒从严；第四，相对于法律从严。

相当于以往从严，是指以往处理较轻的现在要处理较重，以前不处理的现在要处理。“八项规定”“反腐风暴”等都是相对于以往从严。

相对于群众从严，是指对群众和对党员有两种不同要求，对党员的要求和约束要高于群众。比如，群众可以出入一些高消费场所，但是党员不可以。

相对于现有规定的义务和惩戒从严，是指在现有规定下，针对已有的义务和惩戒在适用中从严掌握。如以往只是通报批评的，现在可能要开除党籍。

相对于法律从严，不是说处罚的手段要重于法律（法律上的刑罚是最为严重的处罚手段），而是说党纪的义务和约束范围要比法律宽、适用标准要比法律低。

二、“从严治党”相对于法律怎样从严

以法律为比较基准的“从严治党”，我们认为无外乎包括以下几个方面：第一，起点要低；第二，处罚要重；第三，规矩要多；第四，查处要严。

起点要低，是指党纪相对于法律而言，它的设定标准要低，不能已经构成违法，甚至构成犯罪还不构成违纪。反过来说，很多不足以或者不应上升到法律规制的行为，党纪都可以规制。比如道德领域的行为，一般因危害较低以及不适宜法律介入等原因，无法进入到法律规制层面。但这并不妨碍党纪可以约束到道德层面。

处罚要重，并不是说党纪的处罚手段要重于法律手段，而是指一旦违反了相关的法律，那么作为一个党员不仅要遭受法律上相关的不利后果，同时在党内也要遭受相关相应的处分。比如说我们目

前的一些刑事案件当中，涉及很多款项，这些款项不属于刑法上的赃款、赃物及其孳息，因此不能把它作为赃款赃物追缴。但是这些款项有很多是明显违纪所得，因此他们除了承担刑事责任外，他还要承担我们党纪上的责任，可以对违纪所得进行追缴。

规矩要多，是指党纪规制的范围要大于法律。法律上可能仅仅是对一部分的行为有所规范，但对另外一部分行为没有予以规范，比如说我们的生活作风问题、组织纪律问题等，法律上都没有规制（也不适宜规制），但是在我们党内生活当中要予以规定。

查处要严，涉及到党纪问题的时候绝不手软也绝不姑息。人们在形容法网是不是严密的时候往往用一句俗语：“网小眼大，一个剩不下；网大眼小，一个跑不了。”从严治党，就必须坚持坚持后者，坚持“网大眼小，一个跑不了”。

三、在“从严”中如何处理与法律的关系

以法律为比较基准，“从严治党”必须对以下几个问题在实践和理论当中给予重视。

第一，从法律视角来看，从严治党要求所有的党员必须严格遵守法律。一些文章当中把党纪和国法做了相应的区分，笔者个人认为国法是党纪当中应有之意。我们党的相关内部规定中很明确，党员必须要模范遵守宪法和法律，因此遵守党纪，或者说从严治党，首当其冲就要求各个党员必须要严格遵守法律。这种遵守，大家通常意义理解为说我们不违法，比如说不违反《治安管理处罚法》、不违反《刑法》等，但是这可能还不够。对于党员而言，真正意义上的守法，不仅是不违法，而是要求模范守法。举个简单的例子，一名党员干部，进行一项民事交易，把自己的房子出售，买方已经付款，同时也已经实际入住。但是当买方要求他去办过户的时候，房价上涨，这种情况下他提出来违约，这实际上是一种民事的违法

行为，这种行为在我们党纪当中是不是要处理？我们认为如果坚持这种模范遵守宪法法律，这种不守诚信，不遵照民法的行为，我们认为也应当有所规制。

第二，从法律视角来看，坚持“从严治党”，意味着我们的相关党纪或者是党规在很多领域可以超越法律的范围，或者说在法律没有规制的范围内党纪应该有所介入。比如说我们的生活作风问题，日常的行为规范问题，以及一些组织纪律、政治纪律、群众纪律等。这些行为其实都是在法律上没有规范，这些范围要从严治党这些行为有必要规范。我们要求党员在思想上、政治上、组织上、作风上，都要起到模范先锋作用，要求通过他自身的行为带领全社会实现风清气正，因此在这些领域上我们应当也采取从严，虽然法律上没有规制，但是在相关的党纪党规上可以有所规制。

第三，提到从严的时候我们是否有界限？从法律视角来看，从严也应当在法律范围之内。这个法律范围，我们理解为从源头来看不能超越《宪法》，从结尾来看不能够超越刑事法（《刑法》《刑事诉讼法》等），从中间来看还要适当考虑《立法法》。为什么这么讲？我们现在提出党内法规，有人把党内法规理解成就是法规，也有人理解为是软法，但不管怎样，既然涉及到对行为进行规制，那就应该遵从法的基本原理。《宪法》是一国的立国之本，任何法律、法规以及所谓软法都必须遵从宪法，不得违背《宪法》。作为执政党，我们必须要模范守法，在制定和执行党规的时候模范守法是毋庸置疑之事。在这个意义上说从严在源头上不能违反宪法。刑事法（《刑法》《刑事诉讼法》等）是所有法律背后的法，国家用它来强化其它法律，所有的法律责任特别严重的都构成刑事责任，都涉及刑事法。说的直白一点，刑事法类似于各种法律后面的“督战队”。所以我们说，只有对最严重的行为才能采取刑事手段。如果仅仅涉及一个党内行为的话，在相应的侦查手段上以及对相应的人身限制等侦查手段等最终也不能超越刑事法。在谈及“从严”的时候，我们还必须考虑《立法法》，因为《立法法》当中对相关的法律法规，在什么权限内有权力做出自己的规定也有明确的说法。

国家监察体制改革与宪法再造

李 忠*

监察是我国现行《宪法》确立的一项行政监督制度。2016 年 12 月 25 日，十二届全国人大常委会二十五次会议作出《关于在北京市、山西省、浙江省开展国家监察体制改革试点工作的决定》，提出将试点地区人民政府的监察厅（局）、预防腐败局及人民检察院查处贪污贿赂、失职渎职以及预防职务犯罪等部门的相关职能整合至监察委员会，正式揭开了国家监察体制改革的序幕。这项改革涉及监察职能的整合重组，势必对宪法产生影响。本文重点就此问题以及宪法如何因应作一初步探讨。

一、宪法有关监察制度的规定

我国《宪法》有关监察制度的规定共有 3 处。《宪法》第 41 条赋予公民对于国家机关和国家工作人员的违法失职行为提出申诉、控告或者检举的权利，并规定有关国家机关必须查清事实，负责处理。第 89 条、第 107 条把领导和管理监察列为国务院、地方人民

* 李忠，中国社会科学院法学研究所副研究员。

政府的职权之一。根据上述规定，我国 1997 年制定《行政监察法》，建立了行政监察法律制度。

我国《宪法》上监察制度的思想源流可追溯至马克思主义代议制理论。这一理论建立在对资产阶级议会制的批判基础之上。马克思主义经典作家认为，资产阶级议会由有产者占据，是清谈馆，发挥不了民意机关的作用。但他们不否认人民是国家权力的终极来源，同样清醒认识到从古至今所有国家机关的社会公仆都有可能变为社会主宰。恩格斯在为马克思《法兰西内战》所写的导言中指出，国家再好也不过是在争取阶级统治的斗争中获胜的无产阶级所继承下来的一个祸害，公权力往往“为了追求自己的特殊利益，从社会的公仆变成了社会的主人”。[1] 为防止政权蜕变，一切职位应交由普选选出的人担任，选举者可以随时撤换被选举者。[2] 列宁进一步发展了代议制理论，提出一切权力归苏维埃，而代表机关的代表必须接受人民的监督，人民可以随时罢免和撤换他们。[3] 代议制可以简单归纳为：一切权力集中于代议机关，人民选举产生代议机关，其他国家机关由代议机关产生并受其监督，由此形成一个以人民为出发点和落脚点的闭合环路，保证人民当家作主管理国家的权利。民主与监督构成代议制的两大支柱。

毛泽东继承了马克思主义代议制理论，并结合中国实际创造性地提出了人民代表大会制度理论。1940 年他在《新民主主义论》中分析中国革命的前途时提出：“中国现在可以采取全国人民代表大会、省人民代表大会、县人民代表大会、区人民代表大会直到乡人民代表大会的系统，并由各级代表大会选举政府。”[4] 在 1945 年 7 月著名的“窑洞对”中，毛泽东回应黄炎培如何避免历史周期律

---

[1] 《马克思恩格斯选集》第 3 卷，人民出版社 1995 年版，第 12、13 页。

[2] 《马克思恩格斯全集》第 22 卷，人民出版社 1965 年版，第 228 页。

[3] 参见蔡定剑：《中国人民代表大会制度》，法律出版社 2003 年版，第 13 页。

[4] 《毛泽东选集》第 2 卷，人民出版社 1991 年版，第 676～677 页。

的问题时表示，我们已经找到新路，就是民主。只有让人民来监督政府，政府才不敢松懈。只有人人起来负责，才不会人亡政息。

我国宪法是按照马克思主义代议制原理制定的，比较重视监督制度的构建。具体到监察制度而言，1949 年 9 月 29 日中国人民政治协商会议第一届全体会议通过的起临时宪法作用的共同纲领就有所体现。《共同纲领》第 19 条规定，在县市以上的各级人民政府内，设人民监察机关，以监督各级国家机关和各种公务人员是否履行其职责，并纠举其中之违法失职的机关和人员。1954 年宪法没有规定监察制度，主要是考虑到政府组成部门变化较大，不宜在宪法中规定，以免频繁修改宪法。第 48 条规定，国务院的组织由法律规定。实践中监察制度仍然保留下来，随着政务院更名为国务院，人民监察委员会更名为监察部。1959 年国家管理体制调整时，监察部被取消，直到 1986 年才恢复。这是 1975 年宪法和 1978 年宪法没有规定监察制度的重要原因。

人们可能会问，为什么 1982 年宪法制定时，也没有监察机构，却规定了监察制度？笔者认为，原因主要有三个：一是回归马克思主义代议制。1981 年 6 月 27 日，党的十一届六中全会通过的《关于建国以来党的若干历史问题的决议》提出，把建设高度民主的社会主义制度作为根本目标；必须根据民主集中制的原则加强各级国家机关的建设，提高人民代表大会及其常委会的权威；实现基层政权和社会生活的直接民主。这些思想成为 1982 年修宪的重要理论依据。二是应对炙手可热的政府权力。我国的国家机构主要由立法机关、行政机关、司法机关组成。在三个国家机关中，行政机关工作人员最多，管理的领域最广泛，管理的事务最具体，管理的对象最庞大，管理的方式最直接，自然成为监督防范的重中之重。因此，1982 年《宪法》除了规定人大有权监督行政机关外，还给行政机关加上监察监督一把锁。三是鉴于“文化大革命”时期权力过于集中给党和国家带来深重灾难的深刻教训[1]，1982 年《宪法》增加了监督的分量[2]，增写了有关监察制度的规定[3]。

实践中，我国监督体制大体可分为党内监督和国家监督两大类。改革开放后的很长一段时间，党内监督机关与国家监督机关分立。1977 年 8 月，党的十一大恢复设置党的纪律检查委员会。1986 年 12 月，六届全国人大常委会十八次会议决定设立监察部，1987 年 7 月监察部正式挂牌办公。为加强党对国家机关中党员的监督，纪委向政府部门派驻纪检组。由于纪委与行政监察机关在监督对象上有相当大的重合，在查办案件等工作中难免出现职责不清、办事重复、相互脱节、协调不够等问题。为强化党政监督机关的整体效能，避免工作上的交叉重复，提高工作质量和效率，从 1992 年年底开始，党政监督机关合署办公，这一模式延续至今。总的来看，合署办公模式比较成功，取得了显著成绩，但也存在一定的局限性。

笔者认为，国家作出推进国家监察体制改革的战略部署，正是综合考虑上述各方面因素的结果。

第一，推进国家监察体制改革是完善人民代表大会制度的客观要求。监督是人类政治社会的永恒主题。为确保权力不被滥用，西方国家奉行三权分立原则，主张立法、行政、司法分立，三者互为

---

〔1〕 1980 年 8 月 18 日，邓小平在中央政治局扩大会议上提出，关于不允许权力过分集中的原则，也将在宪法上表现出来。参见《邓小平文选》第 2 卷，人民出版社 2008 年版，第 339 页。

〔2〕 这是 1982 年《宪法》修改的一个重要特点。增加的监督制度主要包括：赋予全国人大常委会监督宪法实施的权力，在全国人大之下设立专门委员会，增设审计机关，县级以上地方各级人大设常委会，规定上下级人民检察院之间的关系为领导关系，规定公检法三机关之间在办理刑事案件时的分工负责、互相配合、互相制约关系，等等。参见韩大元主编：《新中国宪法发展史》，河北人民出版社 2000 年版，第 220～221 页。

〔3〕 党的十一大党章恢复了设置党的纪律检查委员会的条款，党的十一届三中全会选举产生了新的中央纪委，对违反党纪政纪的党员干部和国家工作人员进行监督。1982 年《宪法》修改时，人们普遍认识到，仅靠党的纪律检查委员会会出现以党代政问题。不少人主张恢复设立国家监察机关。彭真同志提出设立国家监察委员会并写入宪法，还起草了条文，由于有的领导同志不同意，宪法没有写入。作为折中，《宪法》第 89 条关于国务院的职权中写入“领导和管理民政、公安、司法行政和监察等工作”。参见蔡定剑：《宪法精释》，法律出版社 2006 年版，第 98 页。

监督主客体，联邦制国家中央与各成员单位互相监督，你中有我、我中有你，构成纵横交错的监督网络。与西方国家不同，我国国家机构实行民主集中制原则，人大对“一府两院”实行监督，原选举单位和选民对他们选出的代表实行监督。但实践中后一个监督不够严密、有力，成为我国监督体制的一大短板。推进国家监察体制改革，建立专责监督机关监察委员会，代表人民对所有行使公权力的公职人员实施监察，符合马克思主义代议制原理，有助于弥补监督短板，保证国家权力始终掌握在人民手中。

第二，推进国家监察体制改革是适应日益严峻的反腐败斗争形势的需要。改革开放以来，我国实行以市场为导向的经济体制改革，在促进经济社会快速发展的同时，也造成大量腐败问题。贪污受贿不仅立案数量和涉案金额与日俱增，而且涉案部门日趋广泛，工程建设、医疗卫生、文化教育、国家机关等成为行贿人的重点目标，涉案人员中既有国家干部，也有普通公务员、企业事业单位人员，职级涵盖各个层次。《宪法》确立的行政监察仅对行政机关及其公务员、行政机关任命的其他人员进行监督，没有覆盖人大机关、政协机关、人民团体和民主党派、工商联机关等的工作人员，监察对象范围过窄。为适应党风廉政建设和反腐败工作新形势，有必要改革国家监察体制，对所有行使公权力的公职人员实施监察。

第三，推进国家监察体制改革是解决合署办公模式问题的基本途径。当前，国家监督职能分散于各级纪检监察机关、政府的预防腐败局、各级检察机关的查办和预防职务犯罪机构，这些机构职能重叠、边界不清，难以形成监督合力；监察机关隶属地方和部门，独立性有待加强；纪委的反腐利器“双规”，因实施隐秘且缺乏制度约束而备受争议，等等。对此，必须推进国家监察体制改革，整合相关资源力量，建立集中统一、相对独立、权威高效的监察体系，切实增强监督的合法性和实效性。

第四，推进国家监察体制改革是促进公职人员依法办事的重要保证。公职人员是一个特殊群体，虽然数量不多，但影响巨大。实践中一旦涉及对他们的调查、取证，往往受到多方掣肘。有必要建立专门监督机关，对其进行特别授权，规定特别程序，确保监督成效。

总的来看，宪法规定的监察制度还存在漏洞，确立的监督体系严密性、闭合性、有效性还不够强，还不能完全适应当前反腐败斗争的需要，亟需从推进国家治理体系和治理能力现代化的高度予以修改完善。

二、国家监察体制改革对宪法的影响

国家监察体制改革是事关全局的重大政治改革，是国家监察制度的顶层设计，旨在通过整合重组监察职能，建立全新监察体系。这必然会对《宪法》产生重要影响。

1. 对人大制度的影响。人民代表大会制度是我国的根本政治制度，是按照马克思主义代议制原理建立起来的。我国《宪法》第2条、第3条规定，中华人民共和国的一切权力属于人民；人民行使国家权力的机关是全国人民代表大会和地方各级人民代表大会；全国人民代表大会和地方各级人民代表大会都由民主选举产生，对人民负责，受人民监督；国家行政机关、审判机关、检察机关都由人民代表大会产生，对它负责，受它监督。

全国人大常委会试点决定提出，试点地区监察委员会由本级人民代表大会产生，对本级人民代表大会及其常务委员会和上一级监察委员会负责，并接受监督。这一规定体现了民主和监督并重的思想。如前所述，设立监察委员会，主要是解决监督职能分散、监督范围过窄、监督独立性公信力不足等问题，是对人民代表大会制度监督功能的强化，是完善和发展人民代表大会制度的重大举措，没有偏离人民代表大会制度的轨道，没有动摇人民代表大会制度的根基。

同时也要看到，监察委员会的设立在很大程度上改变了人民代表大会制度的内容。

（1）国家机构。新中国成立以来，除1975年《宪法》、1978年《宪法》把地方人民政府规定为地方革命委员会[1]外，我国国家机构基本保持了人大、“一府两院”格局。党的十八届六中全会将监察机关与人大、“一府两院”并列，在党和国家历史上还是第一次。这意味着，我国国家机构将出现一个与行政机关和司法机关平行、专门履行监督职能的全新监察机关，相应地，我国国家机构将由人大、“一府两院”格局变为人大、“一府一委两院”格局。

（2）国家权力。我国国家权力主要由立法权、行政权、司法权构成。根据全国人大常委会的试点决定，监察委员会的职权是权力重组后析出的，相对独立于立法权、行政权、司法权之外的第四权力——监督权。这就是说，未来我国国家权力将由立法、行政、监察、司法四项权力构成。

（3）监督范围。宪法规定的监督，无论是人大的监督，还是行政机关、司法机关的监督，都以国家机关和国家工作人员为监督对象。根据全国人大常委会的试点决定，监察委员会对本地区所有行使公权力的公职人员依法实施监察，监督对象不仅包括国家工作人员，而且包括国家机关以外的人民团体和民主党派、工商联机关等的工作人员。这是我国法制史上的一个重大突破，切合我国实际，发展了人民代表大会制度，有利于更好地保证公权力不被滥用。

2. 对监督体制的影响。我国宪法重视监督，规定的各类监督构成一个监督体系。在这个体系中，人大通过听取和审议工作报

---

〔1〕 1975年《宪法》第22条规定，地方各级革命委员会是地方各级人民代表大会的常设机关，同时又是地方各级人民政府。1978年《宪法》把地方各级革命委员会规定为各级人民地方政府。

告、质询、组织特定问题调查委员会、罢免等方式，对其产生的“一府两院”进行监督，手段丰富，最具权威，构成监督体系的第一个层级。行政机关通过上级机关对下级机关的层级监督、行政监察、审计监督等内部监督方式，加强对自身的监督，信息便捷、手段有效；司法机关的监督包括审判监督和检察监督，上述两方面监督构成监督体系的第二个层级。公检法在办理刑事案件中，分工负责、互相配合、互相制约，构成监督体系的第三个层级。实行国家监察体制改革后，行政监察从行政机关内部独立出来，对包括人大机关工作人员在内的所有公职人员实施监察，其自身要接受人大监督，但也高于行政机关和司法机关的监督，因而跃居监督体系的第二个层级。

监察从行政机关内部独立出来，对于进一步完善宪法规定的监督体系具有重要意义。第一，丰富了监督理论。此次改革表明，独立于监督对象之外的监督外部性和监督主体的独立性，是监督发挥作用的前提条件。这为我国正在推进的健全宪法实施和监督制度等重大举措提供了镜鉴。第二，增强了监督实效。我国宪法上规定了比较严密的监督制度，但长期以来发挥作用不够理想。此次改革整合相关资源力量，建立集中统一、权威高效的监察体系，把所有行使公权力的公职人员置于监督的探灯之下，扫除了监督的盲区和死角，极大增强了监督的有效性。第三，创新了监督格局。从宪法规定的监督体系看，各种监督方式之间界限不分明，互补性不强。国家监察体制改革实际上提出了一种重构监督体系的新思路，即以公职人员为监督对象的个体监督和以法律法规为主要监督对象的抽象监督。照此思路完善《宪法》规定的监督体系，有利于改进监督制度，形成监督合力，完善民主体制，推进国家治理体系和治理能力现代化。

3. 对公民权利的影响。公民基本权利是《宪法》不可或缺的重要内容。应当看到，监察委员会的监督对象不是普通公民，而是行使公权力的公职人员这一特殊群体。他们执掌党的执政权和国家公权力，在推进中国特色社会主义事业中担负重要责任，对其他社会群体起着形象塑造和榜样引领作用。无论公职人员身处哪个组织或行业，他们都有一个共同身份——公民。这就是说，不论他们承担何种职责，他们都应当享有作为个人的基本权利。但公职人员的双重身份表明，他们除了须同公民一样遵守国家法律外，还应当遵守所在组织或行业的纪律，如党员须遵守党纪、政府工作人员须遵守政纪。为达成该组织或行业的特定目标，根据组织或行业纪律对他们进行一定的限制和约束也是合情合理的。

全国人大常委会试点决定提出，试点地区监察委员会履行监督、调查、处置职责，可以采取谈话、讯问、询问、查询、冻结、调取、查封、扣押、搜查、勘验检查、鉴定、留置等措施。其中，留置在此前的监察体制和行政监察法、刑事诉讼法中是没有的。追踪溯源，留置是警察法规定的一种行政强制措施，经公安机关批准，对有违法犯罪嫌疑的人员进行盘问，留置时间一般不超过24小时，特殊情况下经县级以上公安机关批准，可以延长至48小时。与警察法中的留置不同，全国人大常委会试点决定中的留置本质上是一种调查措施，期限上可能长一些。根据行政监察法，监察机关的调查期限一般是六个月，因特殊原因可以延长至一年。如果留置在这种意义上使用，可以取代纪委的“双规”措施，化解有关争议。

《宪法》第37条规定，公民的人身自由不受侵犯。任何公民，非经人民检察院批准或者决定或者人民法院决定，并由公安机关执行，不受逮捕。禁止非法拘禁和以其他方法非法剥夺或者限制公民的人身自由。这是在总结“文化大革命”惨痛教训基础上作出的规定，绝不能动摇。

应当看到，监督是一柄双刃剑，具有制约权力和强化权力双重功能。打破权力配置与权利保障的平衡，可能收获南辕北辙的后果。留置是对公民人身自由的限制，必须建立相应的权利保障措施。考虑到公职人员拥有普通公民无法拥有的权力、资源和影响力，且受贿手段日趋隐蔽化、智能化，在制定国家监察法时，规定留置措施并规定不同于刑事诉讼法的程序和做法是可以的，但同时要严格控制期限，严格审批程序，留置实施过程中要全程录音录像，并明确规定由于监察机关工作人员侵犯公民权利而受到损失的，公民有依照法律规定取得赔偿的权利，以保持留置措施与权利保障的平衡，避免出现留置被不规范使用或滥用的现象。

4. 对国家机关的影响。根据全国人大常委会的试点决定，监察机关对所有行使公权力的公职人员实施监察，这必然会对国家机关产生影响。

监察机关对人大的影响主要包括：一是监察监督与人大监督的协调问题。人大监督中有一项最严厉的监督方式，即罢免，对有关国家机关领导人包括廉洁问题在内的严重问题进行审查。监察监督只审查廉洁问题，范围窄一些，但监察对象广得多，不仅对领导人实施监察，还对其他国家工作人员实施监察。两者存在交叉，可能同时适用，并不矛盾冲突。比如，人大可以根据监察机关对某一国家机关领导人的监察结论，罢免有关领导人。二是监察对象问题。在各级人大，主要由人大代表和人大机关工作人员依法开展活动。从近年来出现的湖南衡阳贿选案、辽宁拉票贿选案、四川南充拉票贿选案来看，人大代表选举中出现了公款拉票、收受财物等不正之风和违纪违法问题，人大机关工作人员也参与其中。对人大机关工作人员实施监察，促使其依法履职，维护宪法法律权威，是极其必要的。鉴于人大代表的特殊身份和使命职责，能否对人大代表实施监察，值得认真研究。首先，为保证人大代表不受威胁和干扰行使民主权利，人大代表享有特别人身保护权。我国宪法和代表法规定，人大代表非经人大会议主席团许可，在人大闭会期间非经人大常委会许可，不受逮捕或刑事审判。其次，人大代表成分多样，可能来自于农村、私营企业等，不一定是公职人员。再次，罢免人大代表是原选举单位和选民的法定权利。一旦发生人大代表贿选事件，可以根据宪法和代表法的有关规定，通过法定程序罢免代表。基于上述原因，似以不对人大代表实施监察为宜。

监察机关对政府的影响主要包括：一是监察对象问题。根据行政监察法的规定，监察机关不仅要对公务员和行政机关任命的其他人员实施监察，而且要对政府各部门实施监察。由于改革后政府监察部门已整合至监察委员会，而监察委员会仅对公职人员实施监察，是否填补对政府各部门的监察空白，需要进一步研究。二是监察内容问题。行政监察法规定，监察机关对监察对象的执法、廉政、效能情况实施监察，而根据全国人大常委会试点决定，监察委员会主要实施廉洁监察，是否填补执法监察、效能监察的空白，也需进一步研究。三是同审计监督的协调问题。审计机关是 1982 年《宪法》专门设立的，其职责是对财政、经济管理活动进行监督，以发现财经活动中的问题，防范和查处违反国家财经纪律的行为。对行政机关实施监察，离不开审计机关的支持和配合，应妥善处理好监察委员会和审计机关的关系。

监察机关对司法机关的影响主要包括两方面：一方面是对审判监督的影响。《宪法》第 127 条规定，最高人民法院监督地方各级人民法院和专门人民法院的审判工作，上级人民法院监督下级人民法院的审判工作。实践中，各级人民法院主要通过审判机关的内部监督，促使法官公正司法、依法办案，避免和减少审判过程中的徇私枉法。根据全国人大常委会试点决定，监察委员会对法官在内的所有公职人员实施监察，必然对审判机关的内部监督产生影响。监察委员会如何在依法履职的同时，保证法官依法独立公正办案，需要认真研究。另一方面是对检察监督的影响。此次改革受影响最大的当属检察监督。《宪法》第129条规定，人民检察院是国家的法律监督机关。它通过对国家工作人员违法犯罪行为的侦查、起诉和提交检察建议书等方式，对监督对象进行监督。根据全国人大常委会试点决定，将人民检察院查处贪污贿赂、失职渎职以及预防职务犯罪等部门的相关职能整合至监察委员会。这一规定化解了长期困扰检察院的自侦案件自查自纠、缺乏公正性问题，但也在相当程度上削弱了检察机关监督国家工作人员的能力。在深化司法改革的背景下，检察机关职能划转、人员转隶后如何发挥好法律监督职能，需要深入研究。

此外，改革本身的合宪性问题值得高度关注。当前，我国改革已进入攻坚期和深水区，改革举措数目众多、影响深远。《宪法》序言规定，宪法是国家的根本法，具有最高的法律效力。全国各族人民、一切国家机关和武装力量、各政党和各社会团体、各企业事业组织，都必须以宪法为根本的活动准则，并且负有维护宪法尊严、保证宪法实施的职责。习近平总书记强调，凡属重大改革都要于法有据。改革举措的合宪性合法性问题须引起高度重视。

国家监察体制改革中有三次涉及宪法问题。一是2016年10月27日，党的十八届六中全会通过的《党内监督条例》第37条规定，各级党委应当支持和保证同级人大、政府、监察机关、司法机关等对国家机关及公职人员依法进行监督。二是2016年11月，中央办公厅印发的《关于在北京市、山西省、浙江省开展国家监察体制改革试点方案》提出，在北京市、山西省、浙江省开展国家监察体制改革试点工作，由省（市）人民代表大会产生省（市）监察委员会，作为行使国家监察职能的专责机关。三是2016年12月25日，十二届全国人大常委会二十五次会议作出《关于在北京市、山西省、浙江省开展国家监察体制改革试点工作的决定》，规定了试点地区监察委员会的产生、组成、职权等内容，并规定在北京市、山西省、浙江省暂时调整或者暂时停止适用《中华人民共和国行政监察法》《中华人民共和国刑事诉讼法》第 3 条、第 18 条、第 148 条以及第二编第二章第十一节关于检察机关对直接受理的案件进行侦查的有关规定。《中华人民共和国人民检察院组织法》第 5 条第（2）项、《中华人民共和国检察官法》第 6 条第（3）项、《中华人民共和国地方各级人民代表大会和地方各级人民政府组织法》第 59 条第（5）项关于县级以上的地方各级人民政府管理本行政区域内的监察工作的规定。其他法律中规定由行政监察机关行使的监察职责，一并调整由监察委员会行使。

《宪法》第 62 条第（3）项规定，制定和修改国家机构的基本法律，属于全国人大的权力。六中全会通过的党内监督条例、中央办公厅试点方案和全国人大常委会试点决定，都程度不同地涉及监察机关的产生、组成、职权等问题，实际上触碰到了全国人大的职权。就党的中央委员会而言，在党的全国代表大会闭会期间领导党的全部工作，有权对党和国家重大事务作出战略部署，包括提出监察机关的政策设计。但六中全会通过的党内监督条例属于党内法规，把监察机关与“一府两院”并列，实际上确认了监察机关的法律地位。由于党内监督条例自发布之日起生效，而监察机关还没有成立，党内监督条例的这一规定似有不妥。如果把成立监察委员会作为将来实施的政策规定于中央全会的决定、决议中，就不涉及合法性问题。中央办公厅代表党中央发布文件，其印发的试点方案如作为政策，不进入操作层面，也不会发生合法性问题。就全国人大常委会而言，虽然《宪法》第 67 条第（3）项规定，在全国人大闭会期间，全国人大常委会有权对全国人大制定的法律进行部分补充和修改，但全国人大没有制定过有关监察委员会的法律，也就不会修改更谈不上制定有关监察委员会的法律。因而全国人大常委会规定监察机关的产生、组成和职权等事项，其合法性是可斟酌的。全国人大常委会暂停全国人大通过的《刑事诉讼法》部分条款，把《宪法》规定政府行使的监察职责交由监察委员会行使，同样带来合法性问题。从理论上说，立法机关只能对自己和下一级立法机关通过的立法进行调整和处置，暂停上级立法机关的立法显然超越权限，更不用说暂停宪法的部分规定了。但是，在我国当前改革任务繁重、时限要求紧迫，《宪法》修改周期长、《宪法》解释制度不健全的情况下，这种做法似可理解。最佳办法可能是，试点决定在今年 3 月的全国人大会上作出，既合理合法，更有助于维护宪法权威。须知国家机关遵守宪法和法律，是宪法和法律拥有权威的最可靠保证。

三、宪法的适应与调整

从上述分析可以看出，国家监察体制改革对宪法的影响是多方面的、深刻的。经验表明，宪法与社会现实保持一致是宪法准确有效发挥作用的基本前提。为适应国家监察体制改革，宪法必须作出必要而适当的回应。

1. 更新宪法观念。推进国家监察体制改革，在以下三方面提升了人们的宪法观念。一是监督是防范权力异化的必要方式。有人认为，领导干部能力素质高、宗旨意识强，不会腐化变质，更不会违法犯罪。这种观点显然不符合实际，新中国成立以来党的高级干部蜕化变质甚至违法犯罪的现象不胜枚举。历史反复证明：信任不能代替监督，权力具有腐蚀性，社会主义国家没有天然免疫力，即便是以人民利益为奋斗目标的无产阶级政党，如果执掌权力后缺乏制约和监督，同样可能搞特权，走向人民反面，失去执政根基。二是监督并不同人民代表大会制度抵触。有人认为，以人大为监督对象的监督，不符合人民代表大会一元化体制。[1] 这种观点是站不住脚的。监督权依附监督对象而存在，不是一项独立权力，并未凌驾于人民代表大会之上。况且这里只是对人大机关工作人员实施监察。监督相当于汽车的刹车，汽车的安全行驶离不开刹车，国家的长治久安离不开监督。三是外部监督最有效。俗话说：再好的刀也削不了自己的把。把监察职能从政府内部独立出来，组建专责监督的监察委员会，从外部对公职人员进行超然、中立、公正监督，是此次改革取得成功的重要保证。

2. 适时修改宪法。近代宪法诞生以来，为适应变动不居的社会现实，实践中主要发展出三种方式，即宪法解释、宪法修改、宪法惯例。[2] 宪法解释通常出现在违宪审查个案中，其优点是简便快捷，不需要改动宪法文本，对宪法影响较小，有助于维护宪法权威。宪法修改通常是在社会现实的发展突破宪法规定、通过宪法解释无法协调二者关系的条件下采用，其优点是修改内容一目了然、解决问题彻底，但由于修宪时间漫长、程序复杂，需要改动宪法文本，削弱宪法权威，故而不宜经常使用。宪法惯例是宪法中没有明文规定，在政治生活中长期演变形成、并得到国家认可的习惯或传统，其优点是适应性强，可以弥补宪法不足，缓解某些宪法条款与社会现实的紧张关系。

从全国人大常委会试点决定看，国家监察体制改革涉及监察委员会的产生、组成、职权及其与其他国家机关的关系，通过宪法解释无法有效推进，也不属于宪法惯例，只能通过宪法修改的方式促成宪法与改革的协调一致。

3. 明确宪法修改内容。由于监察委员会由人大产生，对包括人大、政府、司法机关工作人员在内的所有公职人员实施监察，涉

---

〔1〕 1982 年修宪时，反对设立宪法委员会或宪法法院的人就持这种观点。参见前引蔡定剑：《宪法精释》，法律出版社 2006 年版，第 95 页。

〔2〕 张庆福主编：《宪法学基本理论》，社科文献出版社 1994 年版，第 160 页。

及面广，宪法修改时要统筹考虑，避免挂一漏万和前后不一。

一要确立监察机关的宪法地位。现行《宪法》第三章按照国家机构的类别对国家机构作出规定。监察委员会是与“一府两院”并列的新的国家机构，建议在第三章第五节“地方各级人民代表大会和地方各级人民政府”后增写一节“监察委员会”，对监察委员会的性质、组成、任期、职权和监察的对象、范围以及工作原则、上下级监察委员会的关系等作出规定，明确中央监察委员会是最高国家监督机关，负责对所有行使公权力的公职人员实施监察，对全国人民代表大会负责并报告工作；中央监察委员会主任由国家主席提名，由全国人民代表大会选举产生，每届任期同全国人民代表大会每届任期相同，连续任职不得超过两届。

二是规定监察机关与其他国家机关的关系。(1) 完善国家机构的民主集中制原则。建议在第 3 条第 3 款中增写“监察机关”，修改为：“国家行政机关、监察机关、审判机关、检察机关都由人民代表大会产生，对它负责，受它监督。”(2) 完善人大及其常委会职权的规定。建议第 62 条第 (6) 项后增写一项“选举中央监察委员会主任”，作为全国人大的一项职权；第 63 条第 (3) 项后增写一项“中央监察委员会主任”，将其纳入全国人大有权罢免人员的范围；在第 67 条第 (6) 项中增写“中央监察委员会”，明确全国人大常委会有权监督中央监察委员会的工作，同样，在第 104 条中增写“监察委员会”；在同条第十项后增写一项，“在全国人民代表大会闭会期间，根据中央监察委员会主任的提名，决定中央监察委员会其他组成人员的人选”；在第 101 条第 2 款中增写“本级监察委员会”，修改为：“县级以上的地方各级人民代表大会选举并且有权罢免本级监察委员会主任、本级人民法院院长和本级人民检察院检察长。选出或者罢免监察委员会主任、人民检察院检察长，须报上级监察委员会主任、人民检察院检察长提请该级人民代表大会常务委员会批准。”（3）完善不得兼职规定，为保证监察的独立性和公正性，建议在第 65 条第 4 款、第 103 条第 3 款中增写“监察机关”，明确人大常委会组成人员不得担任监察机关的职务。

三是建议删除第 89 条、第 107 条中有关监察制度的规定，因为政府相关部门已调整至新成立的监察委员会。

4. 正确处理党政关系：改革之外的话题。现代政治是政党政治。政党在各国政治生活中异军突起，是二十世纪政治领域的一道亮丽风景。二战后一些主要资本主义国家在宪法中对政党组织和政党活动加以规定。同一时期社会主义国家大量出现，也在各自宪法中确立无产阶级政党在国家政治生活中的领导地位。

我国宪法是社会主义宪法，对政党的规定经历了一个反复过程。1954 年《宪法》只在序言中确立了党的领导地位，正文规定国家机构和公民权利。但在“左”的错误指导思想下制定的 1975 年《宪法》，正文中规定中国共产党是全中国人民的领导核心，工人阶级经过自己的先锋队中国共产党实现对国家的领导，马克思主义、列宁主义、毛泽东思想是我国指导思想的理论基础，全国人民代表大会是在中国共产党领导下的最高国家权力机关，中国共产党中央委员会主席统率全国武装力量，等等，没有处理好宪法上的党政关系问题。1982 年《宪法》恢复了 1954 年《宪法》仅在序言中确立党的领导地位的做法，主要内容包括：确立中国共产党的历史作用和历史地位，规定四项基本原则，肯定中国共产党领导的多党合作和政治协商制度，明确党在宪法和法律的范围内活动。上述规定相比于 1954 年《宪法》，更加全面、科学、合理。

因此，1982 年《宪法》正文中规定的都是国家机构，没有出现党的机构名称。实践中，党对国家机关的领导主要表现为两种方式：一是通过党组实现，即在中央和地方国家机关、人民团体、经济组织、文化组织、社会组织和其他组织领导机关中设立党组，确保党的理论和路线方针政策得到贯彻落实；二是对于重要特殊机构，如中央军事委员会，实行党政合一。

从中央办公厅试点方案看，党的纪委与监察委员会合署办公，也就是说，监察委员会是一个机构、两块牌子，沿用的是党政合一模式。这一处理方式切合我国实际，体现了依规治党与依法治国的有机统一，体现了我国政治制度的鲜明特质。与此前不同的是，监察机关要受到宪法及将来制定的国家监察法的限制，这意味着党的纪律检查机关要按照国家法律办事，受国家法律约束。这在新中国法制史上尚属首次，无疑是值得关注的新动向和有益尝试。鉴于我们党是执政党，起着总揽全局、协调各方的领导核心作用，如何正确处理党政关系，并在宪法中作出适当规定，使宪法与我国国情更加切合，是一个需要深入探讨的重大课题。

论国家监察体制改革的几个问题

吴建雄*

在深入贯彻落实党的十八届六中全会精神之际，中央办公厅印发《关于在北京市、山西省、浙江省开展国家监察体制改革试点方案》，全国人大常委会通过了《关于在北京市、山西省、浙江省开展国家监察体制改革试点的决定》。这是以习近平同志为核心的党中央着眼于“四个全面”战略布局协调推进的重大举措，是中国特色反腐败体制改革的重大创新，对构建不敢腐、不能腐、不想腐的有效机制，推进国家治理体系和治理能力现代化，有着重大现实意义和战略意义。

一、监察体制改革的时代背景

改革国家监察体制，是在“四个全面”战略布局协调推进，反腐败取得压倒性胜利的背景下，党中央做出的重大决策。是以党的十八届六中全会为标志，全面从严治党的再动员、再出发。我国反腐模式从传统反腐向法治反腐转变，反腐策略正从零散型应急反腐

* 吴建雄，中国行为法学会常务理事，中国反腐败司法研究中心主任、教授。

向整体型系统反腐转化。党中央充分认识到，彻底根除腐败是一个世界性难题，也是中国共产党的执政使命。面对盘根错节的利益链条和错综复杂的利益调整，必须健全和完善反腐败领导体制和工作机制，为反腐败斗争永远在路上提供坚强的组织保障。

党对腐败的治理不仅体现在从严治党依规治党、把纪律挺在前面，而且必须体现在反腐败国家治理的组织载体与执法活动之中。改革反腐败体制机构，组建国家监察委员会，既加强党内监督，又加强国家监察，实现反腐败斗争的执纪权和执法权有机衔接，是打赢反腐攻坚战、持久战的必然选择。这一改革涉及政府和检察两大国家机构权力分割和调整，涉及反贪、反渎、预防等部门检察干警的成建制转隶，必须牢固树立政治意识、大局意识、核心意识、看齐意识，自觉地在思想上政治上行动上同以习近平同志为核心的党中央保持一致。在实践探索中，确保思想不乱、工作不断、队伍不散，推动人员融合和工作流程磨合。坚决摒弃狭隘的利益观和部门观，以出自忠诚的真担当，牢记使命的大担当，直面问题的铁担当完成国家监察体制改革试点任务，为完善相关法律和改革全面铺开创造经验。

二、国家监察机构的职能定位

王岐山同志在北京、山西、浙江调研时指出：监察委员会实质上是反腐败机构，是监督执法机关。这是对监察委员会基本属性和机构如何整合的权威性定论。长期以来，在我国党风廉政建设和反腐败斗争话语中，执纪执法的专责主体并不是十分清晰，党的纪检、行政监察、检察侦查、腐败预防、行政审计乃至公安、税务、海关、工商等行政执法机构都负有廉政和反腐职责。国家监察作为反腐败专责机构地位的确立，与党的纪律检查作为党风廉政建设专责机构地位相对应，形成了党风廉政建设与反腐败工作两个专门责任支撑点。这就改变了长期以来，党风廉政建设和反腐败责任主体分散的状况。可以预见，一个在党的领导下，以党的纪检和国家监察为主导，以相关执法、司法机关为配合的反腐败体制机制的新格局呼之欲出。

三、监察体制改革的主要任务

王岐山同志指出，“监察体制改革的任务是整合行政监察、预防腐败和检察机关查处贪污贿赂、失职渎职以及预防职务犯罪等工作力量，成立监察委员会”这是党中央着眼于建设廉洁政治、坚决反对腐败，推进国家治理体系和治理能力现代化重大战略决策。当下，政府之下的监察职能，其监督对象、手段、方式均不适应反腐败工作需要，加上现行纪检监察合署办公模式，行政监察职能很容易被遮蔽是不争的事实。检察机关查处贪污贿赂、失职渎职以及预防职务犯罪等工作力量的转隶，理论界早就有人主张。在香港，由廉政公署来行使职务犯罪侦查权就是经实践证明了的非常成功的做法。现行政府的预防腐败机构基本上名不符实，主要从事有关协调、转办工作；而检察机关预防机构长期以来也是职能定位不准，职责权限不清。改革监察体制，将政府监察、预防和检察反贪、反渎、预防等力量整合，有利于推进惩治和预防腐败的一体化、程序化和法治化，破解反腐权力分散、惩治腐败不力、预防腐败虚化的困局，为深入推进反腐败斗争提供有力的体制机制和组织保障。

四、监察体制改革的法律依据

王岐山同志指出，监察体制改革试点工作要在全国人大常委会就试点工作做出有关决定后先完成检察机关反贪等部门的转隶；要联系本地区实际，发现问题、解决问题，为改革全面铺开和制定国家监察法提供实践基础。既阐明了监察体制改革试点作为立法实践探索的必要性，又表明了监察体制改革的法定程序。即由最高权力机关依法授权试点地区开展改革探索，待取得实践经验后修改法律，在此基础上再在全国铺开。全国人大常委会对试点地区的机构整合等体制性问题做出决定，就是试点工作的法律依据。监察体制改革试点，是一种局部性的实践性探索，这是符合我国宪法的精神和原则的，是在中国特色社会主义国体政体框架内的制度创新。未来的国家监察委员会，同行政机关、人民法院、人民检察院一样，由人民代表大会产生，对它负责并受它监督。这样我国的权力架构将由人民代表大会制度下的“一府两院”变为“一府一委两院”，这就需要在总结试点地区经验的基础上，制定《国家监察法》，修改《宪法》。这样，监察委员会与政府和法院、检察院具有了同等的法律地位。

五、国家监察机构的运行机制

现在的纪检监察合署办公机制主要突出党内执纪问责监督，行政监察职能难以充分发挥。国家监察机构的升格，监察职能的强化，意味着既有的纪检监察合署办公体制的优化。监察内设机构需从现有的纪检监察室分离出来，设置衔接紧密、制约有效的监察内设机构。形成党纪检查、国家监察并行的内设机构格局。新型的纪检监察合署办公体制，是符合从“破纪”到“破法”、从违法到犯罪的腐败滋生规律的，也是符合中国共产党执政的政权运行机理的。习近平总书记在十八届中央纪委六次全会上指出：“我国公务员队伍中党员比例超过80%，县处级以上领导干部中党员比例超过95%。因此，监督国家公务员正确用权、廉洁用权是党内监督的题中应有之义。”这正是党的自身监督与国家机器监督合署运行的制度基础和现实基础。

合署办公是执纪与执法的双管齐下，但不是职责权限的错位和混用。执纪与执法要严格实行手段措施的分开。由于党内纪律检查和行政监察的对象属于违纪违规性质，尚未触犯国家刑事法律，处于“四种形态”中的前三种状态，因而只能采取一般调查手段，不能使用限制或者剥夺被调查人人身自由、财产自由、通讯自由等刑事诉讼法规定的强制措施和侦查措施。只有进入第四种形态即立案审查，并按程序进入刑事调查环节后，才能采取刑事拘留、监视居住、取保候审、依法逮捕等法律规定的强制措施。与之相应，现行纪委的“双规”措施将会取消。这是监察执法与纪检执纪在性质、手段上的重要区别。只有实现执法与执纪的严格分离，才能充分发挥把纪律挺在前面的腐败防控优势，防止出现违法违规办案甚至冤假错案，保证办案的质量和效果，维护党的执政形象和国家法治形象。

“严于治吏”的法文化传统及其现代意义

崔永东*

一、“严于治吏”的法文化传统

早在2000余年前，法家的代表人物韩非子就曾说过“明主治吏不治民”的名言，“明主”指英明的君主，“治吏”指治官，“治民”指管理老百姓。这句话的意思是：英明的君主将治国理政的重点放在治官而不是治民方面。换言之，治官甚于治民，因为官员是民众的带头人。

法家的这种强调治官的理念直接催生了御史制度，御史制度产生于秦代，其旨在监控各级官员，为“治吏”提供制度保障。

汉代设御史台，为中央监察机关。自魏晋南北朝时期开始，御史台完全独立于行政机关之外，监察活动不受任何行政机关的干预，成为皇帝直接领导的独立监察机关。唐宋时期，御史台仍为中央监察机关，宋代又设谏院，负责规谏皇帝，后来御史也兼负规谏

* 崔永东，中国行为法学会常务理事，华东政法大学司法学研究院院长、科学研究院副院长、教授。

之责，导致“台谏合一”。明清时期，中央监察机关为都察院。

御史是专门负责监察百官的，其权甚大。具体说，御史的监察权包括如下权力：弹劾权、谏诤权、封驳权、司法权、处置权、检查权、审计权等。御史监察的内容包括决策活动、政务活动、司法活动、人事活动、军事活动、经济活动、礼仪活动、教育和文化活动等。

御史监察系统独立建制，独立于行政机关之外，由皇帝直接领导，代表皇权监察与控制百官，但同时又对皇权有所制约，如对皇帝具有规谏权、批评权、封驳权（驳回皇帝的不当诏令）等。

可以说，御史监察制度关乎封建政权的长治久安，有作为的皇帝往往很重视御史监察工作。史籍记载：“自贞观初，以法理天下，尤重宪官，故御史复为雄要。”“尤重宪官”说明唐代统治者对监察机关的活动特别关注。元代皇帝忽必烈也曾说：“中书朕左手，枢密朕右手，御史台是朕医两手的。此其重台之旨，历世遵其道不变。”

（一）御史监察制度的特点

中国古代的御史监察制度具有如下特点：

一是御史“位卑权重”。历代统治者在御史的任用方面均奉行以小制大、位卑权重的原则，可谓“匠心独具”。例如，唐代监察御史的品级往往在正八品以下，明代监察御史、六科给事中的品级不过正七品，然其却具有抗衡朝廷权贵和地方封疆大吏的权能。监察官员“位卑”则不会患得患失，“权重”则有以小制大之力。

二是奉行监察权法定原则。秦国颁行的《语书》（见《睡虎地秦墓竹简》一书），是秦统一前具有监察法规性质的重要文献，而当时的《为吏之道》也涉及对官员考核监督的内容。汉惠帝时期出台了专门的单行监察法规——《监御史九条》，汉武帝时期又出台了《刺史察举六条》（“六条问事”）。唐玄宗时期还出台了专门的监察法规——《六察法》，规定主要从六个方面进行监察：（1）察官人善恶；（2）察户口流散；（3）察农桑不勤；（4）察妖猾盗贼；（5）察德行孝悌；（6）察黠吏豪宗。唐代的《唐六典》《唐律·职制律》等也包含了监察立法的内容。宋代有专门的监察法规——《考课令》，元代的监察法规大部分被编入《元典章》之中，另外还有《宪台格例》等专门的监察法规。明代监察法规《宪纲》明确规定了监察权的界限，要求监察官不得越权行事。

三是御史犯罪加重处罚。《明史·职官二》载：“凡御史犯罪，加三等，有赃从重论。”《大明律》还规定：“凡风宪官吏受财，及于所按治去处求索借贷人财物，若买卖多取价利及受馈送之类，各加其余官吏二等。”作为“风宪官”的御史，负责纠弹百官，在操行上理应成为百官的表率，若其执法犯法自然要被加重处罚。

四是互监互纠。监察官由谁来监察？明代给出的答案是：让两个平行的监察机构——都察院与六科进行互监互纠，甚至六科之间也可互相监督，中央监察官与地方监察官（按察司）之间也可互相监督。其实，这并非明代独创，早在宋代就已实行互监互纠之制了。宋朝还有《监司互察法》，规定各监司互相考核、互相监督。

五是监察回避。如御史办理案件与本人或其亲属之间有利害关系，则实行回避。《明史·职官一》有文：“大臣之族不得任科道，僚属同族则以下避上。”对监察御史出巡的回避更加严格，如《万历会典·出巡事宜》规定：“凡分巡地面，果系原籍并先曾历仕、寓居处所，并须回避。”

六是垂直领导。历代监察机构都由皇帝直接领导，监察官员要直接向皇帝负责。监察机关在编制和地位上完全独立，不依附于任何机关。中央与地方各级监察官员全由皇帝任免。明代地方的最高检监察官是都督和巡抚，督抚制度乃明代首创的一种监察制度。督抚有权节制一省或数省的行政、司法和军事等，其名义上虽为地方的最高官员，但实质上在组织上却隶属于中央都察院，因而督抚领有御史衔。明代省级监察机构设十三道巡按史与提刑按察司，巡按御史属于都察院的派出机关，与地方政府并无从属关系。在省级三大机构中，提刑按察司与承宣布政司、都指挥司并列，互不统属。提刑按察司官员实际上是驻扎在地方上的中央监察官，对府、州、县进行监察，完全不受中央与地方行政机构的干涉。

七是监察区与行政区适度分离。如汉武帝时将全国划分为十三部州，作为监察区，每一监察区派刺史一人为监察官。但刺史并非郡守之上的行政官员，“部州”亦非一级政权组织。监察区划（部州）与行政区划（郡县）并不重合，实际上监察区大于行政区，一个监察区往往管辖数郡。唐太宗时期，将全国划分为十道（后改为十五道）监察区，每道由皇帝派巡按使巡察州县，后来巡按使又改称观察使。此时的监察区亦非一级政权组织，一道的监察辖区远远超过一州的行政辖区。

八是注重对监察官员的任用考核。宋代政治家司马光认为选拔台谏官员“当以三事为先：第一不爱富贵，次则重视名节，次则晓知治体”，又强调监察官相当于“古方伯、州牧之任，系一路休戚，当慎择天下贤才”。欧阳修也认为监察官“非材且贤者不能为”，并称士人的理想是“不得为宰相，必为谏官。谏官虽卑，与宰相等”。明代在监察官选任方面也奉行严于普通官员的标准，强调德才兼备、表率百僚。

九是“代天子巡狩”，即代表皇帝巡察地方、监督官员。如汉代将全国划分为十三部州，中央向每部派刺史一名监察各级官员。唐代由皇帝临时派遣巡按使，考察每“道”（监察区）所辖州县，称为“道察”。宋代在地方设置“路”一级监察机构，全国有十五路（后增至二十三路），各路直接向朝廷负责，代表中央监察州县。路一级监察机构又被称为监司。宋代实行监司巡检制，也是另一形式的“代天子巡狩”。巡检即巡按检查之意。监司巡检制的主要内容是监司机关在一定期限内巡遍所部州县，点检辖区内兵民、钱谷、刑狱等各类职责完成情况，据实上报朝廷，以对州县官实行奖惩黜陟。明代的巡按御史是直接代表中央来监察地方的，具有钦差大臣的性质。

（二）对御史监察制度的反思

通过观察和探索中国古代的御史监察制度，也启发了学界对中国现代监察制度的反思，并对其中存在的问题加以揭示分析，进而提出了改进对策。一般的观点认为，当前我国监察制度存在的问题主要是：（1）管理体制上存在依附性，监察机构一般实行双重领导，既受同级党委或政府的领导，又受上一级监察机关的领导；（2）监察主体缺乏权威性，监察机构只是一种普通的行政机构，人事任免受行政机关左右；（3）法律法规过于简单化，缺乏系统性；（4）监察监督的方式存在消极性，监察机构往往不能对同级或上级行政机关行使有效的监督。因此，有必要借鉴古代的监察制度，对我国目前的监察制度加以改革：（1）在体制上建立独立的监察机关，保障监察官员能独立行使监察权；（2）在管理上建立严格的监察责任制、完善的考核奖惩制、分工明确的互察互纠制；（3）重视监察法制建设，依法规范监察活动等。

笔者认为，中国古代御史监察制度不仅为今天的监察制度改革提供了有益的借鉴，也对今天的司法改革提供了有益的启示。考虑到中国古代监察机关的一个重要任务是实行法律监督，此种职能类似于当今检察院的职能。在今日新一轮司法体制改革中，“去地方化”已成为一个重要目标，去地方化的实质在于让检察院摆脱地方势力的干预和影响，其操作方式是建立与地方行政区划适度分离的司法辖区（对检察院来说也可称为检察区），实行检察院系统的人财物归省级检察院（或司法委员会）统管。这是初期目标，其最终目标是由中央统管，实行垂直管理。这与中国古代的做法正相“暗合”。自汉代以来，监察机构基本上都是由中央（皇帝）垂直管理，魏晋以后更是独立于行政机构之外，为监察官独立行使监察权（也包含今日所谓检察权）提供了组织保障。

其次，所谓“代天子巡狩”的巡按御史制度也与今天的“中央巡视组”制度类似，对抑制和打击腐败发挥了重要作用。再次，中国古代很重视监察法制建设，从汉代的“六条问事”、唐代的《六察法》到明代的《宪纲》等，无不体现了统治者欲将监察活动纳入法制轨道的愿望，使监察活动有法可依，不得超越法律边界。这对我们有借鉴意义。复次，中国古代允许监察机关之间互监互纠、注重对监察官员进行考核、监察官员犯罪加重处罚等措施也值得我们借鉴，有助于我们完善对监察官员的管理。

鉴古可以知今。中国古代御史监察制度中的部分内容即使在今天仍有积极的启示作用，它不仅对我们完善监察制度有借鉴价值，而且对我们深化司法体制改革也有借鉴意义。在中国古代，监察机关曾是反击腐败的利器，其正面功能有助于政权的长治久安。今天，在我国腐败形势严峻、国家长治久安遭遇挑战的情况下，重温中国古代御史监察的历史，吸收其经验教训，成为摆在执政者面前的紧迫课题。

二、“严于治吏”的法文化传统之现代借鉴

如上所述，法家的“明主治吏不治民”的理念及其伴生的监察百官的御史制度成为中国传统法律文化的一个重要组成部分。此传统在中国历史上一致传承不辍，时至今日，它又得到了新的转化、新的张扬。自党的十八大以来，从严治党、从严治官已经成为新时期政治文化、法律文化的主旋律，并与“三严三实”等教育活动结合起来，对改善官场政治生态起了激浊扬清的作用。

早在2014年12月，习近平总书记就曾指出："从严治党要贯穿于改革开放和现代化建设全过程，贯穿于党的建设和党内生活各方面，真正做到要求严、措施严，对上严、对下严，对事严、对人严。""从严治党的重点，在于从严管理干部。""在反腐败斗争上，我还是那句话，零容忍的态度不变，猛药去疴的决心不减，刮骨疗毒的勇气不泄，严厉惩处的尺度不松，凡腐必反，除恶务尽。"[1] 2015年9月，习近平总书记又在政治局第26次集体学习时发表讲话，指出："在县处级以上领导干部中开展'三严三实'专题教育，是推进党的思想政治建设和作风建设的重要举措，是严肃党内政治生活、严明党的政治纪律和政治规矩的重要举措。"并重点阐释了严以修身、严以律己、严以用权的道理。[2]

为了防止腐败，贯彻从严治党、从严治官的方针，我国监察体制的改革也被提上了议程。2016年1月，习近平总书记在十八届中央纪委六次全会上指出："要完善监督制度，做好监督体系顶层设计，既加强党的自我监督，又加强对国家机器的监督"，"形成全面覆盖国家机关及其公务员的国家监察体系"。党的十八届六中全会也发出了推动国家监察体制改革的号召，自此拉开了改革的序幕。应当看到，目前改革监察体制是加强对权力监督制约的迫切需要，是推进全面从严治党的内在要求。

我国监察体制存在如下一些问题：(1) 监察机关定位不准，监察对象范围过窄；(2) 监察机关的独立性保障不够；(3) 监察手段有限等。因此，应当从以下几个方面对国家监察体制进行改革：一是设立国家监察委员会，负责对所有国家机关和公务人员进行监察监督，整合现有监督机构和监督力量，将监察机关的贪污受贿、渎

---

[1] 习近平：《从严治党必须从严管理干部》，载《习近平总书记重要讲话文章选编》，中央文献出版社2016年版。

[2] 习近平：《党员、干部要按照"三严三实"要求鞭策自己》，载《习近平总书记重要讲话文章选编》，中央文献出版社2016年版。

职等职务犯罪侦查机构和审计机关并入国家监察机关；二是扩大监察对象，实现监察全覆盖；三是扩大监察范围；四是赋予监察机关更加有效的监督方式；五是修改和制定配套法律法规。[1]

上述改革方案突出了对国家监察体制的一种“顶层设计”，这一设计旨在建立党统一领导下的国家反腐败工作机构，将监察权从行政权中剥离，有利于对政府权力的监督，有利于整合反腐败资源，扩大监察范围，丰富监察手段，建立集中统一、权威高效的监察体制，构建不敢腐、不能腐、不想腐的长效机制。应该指出，对监察体制的上述设计，与中国传统的御史监察制度也存在一定的契合性，如监察机构由中央垂直统一领导，监察权独立于行政权之外等，在目标取向上都体现了从严治官、防止腐败的特点。这说明，“严于治吏”的法文化传统对现代中国监察体制的改革仍有一定的借鉴意义。

从严治党、从严治官与法律实施也有密切关系。法律实施包括执法、司法等，只有严格执法、严格司法才能确保法律的正确实施。2014 年 10 月，党的十八届四中全会出台的《中共中央关于全面推进依法治国若干重大问题的决定》提出了“推进严格司法”的要求：“坚持以事实为根据、以法律为准绳，健全事实认定符合客观真相、办案结果符合实体公正、办案过程符合程序公正的法律制度。加强和规范司法解释和案例指导，统一法律适用标准。推进以审判为中心的诉讼制度改革，确保侦查、审查起诉的案件事实证据经得起法律的检验。全面贯彻证据裁判规则，严格依法收集、固定、保存、审查、运用证据，完善证人、鉴定人出庭制度，保证庭审在查明事实、认定证据、保护诉权、公正裁判中发挥决定性作用。明确各类司法人员工作职责、工作流程、工作标准，实行办案质量终身负责制和错案责任倒查问责制，确保案件处理经得起法律

---

〔1〕 马怀德：《全面从严治党亟待改革国家监察体制》，载《光明日报》2016 年 11 月 12 日。

和历史检验。”

显然，严格司法有助于法律的实施，有助于司法改革的推进。严格司法也要求法官、检察官必须具备优良的业务素质和道德素质，确保其严格依法办案。“打铁还要自身硬!”。近10余年来，最高人民法院本着“严于治官”的原则，先后出台了一系列有关法官职业纪律和职业道德的规定，如2000年《关于审判人员严格执行回避制度的若干规定》、2001年《法官职业道德基本准则》、2003年《关于严格执行法官法有关惩戒制度的若干规定》、2004年与司法部联合发布的《关于规范法官和律师相互关系维护司法公正的若干规定》、2011年《关于对配偶子女从事律师职业的法院领导干部和审判执行岗位法官实行任职回避的规定》等。上述规定在实践中在从严管理法官队伍方面起到了积极作用，今后应当进一步加强监督和惩戒。今后，在员额制改革已经全面铺开的前提下，入额法官自应是法官队伍的精英，对其当然应有更高的要求，即不但要求其在遵守国法方面成为表率，在遵守党纪党规方面也应当是模范。只有如此，他们才能肩负起司法改革的使命，才能出色完成法律实施的重任。

执法也是法律实施的重要方面之一。行政机关是实施法律法规的重要主体，行政执法者必须忠实于法律，既不能以权压法、以身试法，更不能徇私枉法。严格执法的含义主要包括：(1) 执法活动必须在法定的职权范围内；(2) 执法活动必须依照法定程序；(3) 执法活动是将法律的一般规定适用到具体案件中去，适用法律要一律平等。良好的执法模式应该是：有法必依、执法必严、违法必究。

十八届四中全会《关于全面推进依法治国若干重大问题的决定》指出：“全面落实行政执法责任制，严格确定不同部门及机构、岗位执法人员执法责任和责任追究机制，加强执法监督，坚决排除对执法活动的干预，防止和克服地方和部门保护主义，惩治执法腐败现象。”又指出：“完善政府内部层级监督和专门监督，改进上级机关对下级机关的监督，建立常态化监督制度。完善纠错问责机制，健全责令公开道歉、停职检查、引咎辞职、责令辞职、罢免等问责方式和程序。”

各级行政机关的官员和公务员都是执法人员，他们都肩负着法律实施的重任，“法治政府”的目标能否实现，关键是看他们能否做到依法行政、严格执法。因此，国家法治建设的事业对他们提出了更高的素质要求，不但要求其品行端正，而且还要求其具备优良的业务素质、法律素质和道德素质。由此之故，严于治官也是必须的，它是建立一支优良的行政队伍的重要保障，也是确保法律实施的前提。

党政主导下的地方法治评估实践研究

——以湖北法治评估模式为例

徐汉明* 郭川阳**

习近平同志强调“党和法治的关系是法治建设的核心问题”，“处理得好，则法治兴、党兴、国家兴；处理得不好，则法治衰、党衰、国家衰”。这一论断指明了全面从严治党与全面依法治国之间的辩证统一关系。全面从严治党是全面依法治国的根本要求，全面依法治国为全面从严治党提供制度保障，二者相辅相成。全面依法治国的成效需要科学严谨的评估。国内法治评估理论研究与实践探索在党的十八大以来特别是十八届三中、四中全会之后呈现“法治思想风暴”之势，法治指数、法治建设指标体系、法治评估方法等理论研究成果丰富，“法治实践学派”〔1〕“法治评估学”〔2〕“法学

* 徐汉明，中国行为法学会常务理事，中南财经政法大学法治发展与司法改革研究中心主任暨湖北法治发展战略研究院院长、教授、博士生导师。

** 郭川阳，中南财经政法大学博士研究生，中南财经政法大学法治发展与司法改革研究中心研究人员。

〔1〕 钱弘道：《中国法治实践学派的兴起与使命》，载《浙江大学学报（人文社会科学版）》2013年第5期。

〔2〕 钱弘道、王朝霞：《论中国法治评估的转型》，载《中国社会科学》2015年第5期。

会法治评估专业研究会"[1]等应运而生，中国法治发展报告、中国法律发展报告、中国法治政府评估报告[2]等各类法治评估报告的出炉对法治中国建设进程产生着积极影响。由党政主导[3]或支持的法治评估实践为法治评估理论研究提供了丰富的素材，法治评估进入了理论研究与地方实践的"盛世"。然而从当前研究成果来看，几乎一致的声音是对党政主导下的法治评估持否定态度。其主要观点是：政府以工作绩效考核为目的的法治评估是"既当裁判员又当运动员"，"自己搭台自己唱戏"，没有社会公众参与，缺乏中立性，评估结果不可信；还有的学者从评估的方法、指标设计、利益动机等方面提出否定性意见。[4]而由党政主导下的以绩效考核为目的的法治评估探索与实践则呈现蓬勃发展之势，与理论界之否定立场渐行渐远。实践是检验真理的唯一标准。地方党政主导的法治建设绩效考核到底是否属于法治评估的范畴？如果回答是肯定的，那么党政主导的法治评估制度的局限性在哪里，又如何完善之？这需要理论界以法治评估参与者、建设者、推动者的视角，主动与实务界互动合作，秉持问题导向的立场，对真实的法治评估实例进行深入调查，客观评价，准确判断，由表及里地得出正确的结论。笔者对目前法治评估实践考察发现，无论是香港法治指数[5]、余杭法治指

---

[1] 《浙江成立全国首个法治评估专业研究会》，载 http：//e. mzyfz. com/paper/paper _ 8149 _ 2878. html，最后访问时间：2016 年 11 月 20 日。

[2] 中国社会科学院法学研究所自 2003 年起每年发布《中国法治发展报告》，中国人民大学自 2007 年起每年发布《中国法律发展报告》，中国政法大学法治政府研究院自 2013 年起每年发布《中国法治政府评估报告》，展现了法治评估实证研究成果。

[3] 本文所称"党委主导"指广义上的上层建筑的"政府"，不是狭义上的行政机关。

[4] 对法治评估代表性研究主要包括：钱弘道等：《法治评估及其中国应用》，载《中国社会科学》2012 年第 4 期；张保生、郑飞：《世界法治指数对中国法治评估的借鉴意义》，载《法制与社会发展》2013 年第 6 期；付子堂、张善根：《地方法治建设及其评估机制探析》，载《中国社会科学》2014 年第 11 期；朱景文：《论法治评估的类型化》，载《中国社会科学》2015 年第 7 期；孟涛：《论法治评估的三种类型》，载《法学家》2015 年第 3 期。

[5] 戴耀廷：《香港的法治指数》，载《环球法律评论》2007 年第 6 期。

数[1]，还是上海法治评估实例[2]、四川省依法行政第三方评估实例[3]等，从质性上看都属于第三方评估。而在省际区域内全面开展法治建设绩效考核的省份为数不多；尽管江苏、四川等省率先发布了法治建设指标体系，但有关法治建设评估标准及考核模式等后续配套工作并未跟上一并启动运行；即便已经实施法治建设绩效考核的省份如安徽[4]等地，也仅仅是对法治政府或者法治宣传等领域法治建设的绩效考核，而开展综合性全局性的法治建设绩效考核尚未在省际区域内形成规模，国内可供研究的范例更少。直至2015年，湖北在全省范围内建立并实施全面的综合性的法治建设绩效考核制度，为理论研究提供了一种新类型模式。本文试以湖北省法治建设绩效考核为例（以下简称“湖北模式”），以法治评估理论研究的“理想模式”[5] 作参照，对地方法治评估的实践与困惑进行分析，为理论界、实务界研究地方法治评估提供一种新思路。

一、党政主导下的地方法治建设绩效考核模式类型分析

党的十八届三中全会提出“建立科学的法治建设指标体系和考核标准”，十八届四中全会提出“把法治建设成效作为衡量各级领导班子和领导干部工作实绩的重要内容，纳入政绩考核指标体系”。十八届三中全会从顶层设计上提出了构建科学的法治建设指标体系和考核标准的目标，十八届四中全会又做出了开展领导班子和领导干部法治建设绩效考核的工作部署。此后，全国各地加快了以党政主导的法治建设指标体系及考核制度、评价标准与结果应用的探索

---

〔1〕 钱弘道：《余杭法治指数的实验》，载《中国司法》2008年第9期。

〔2〕 姚颉靖、彭辉：《上海法治评估的实证分析》，载《行政法学研究》2015年第2期。

〔3〕 韩旭、钟凯：《地方法治量化评估若干理论与实践问题研究》，载《河南大学学报（社会科学版）》2016年第2期。

〔4〕 尹军：《关于法治安徽建设指标体系和考核标准的实证研究——以安徽省政府法治建设（法制宣传）目标管理绩效考核为例》，载《中国司法》2014年第8期。

〔5〕 “理想模式”系笔者综合主要理论研究成果对国内法治评估的建议提出的一种假想，用以指代。

和实践。[1] 那么，这种模式是否属于法治评估的范畴？主流观点认为这是不证自明的命题，有的学者将其归类为法治建设评估[2]，有的学者将其归类为公共行政管理理论中的法治评估[3]，有的学者将其归类为法治评估中的“工作绩效评估”[4]，等等。这些研究的共同取向与着力点在于质疑、批判甚至否定这类评估方式，并试图从各自视角提出建构法治评估的“理想模式”。但观察分析这些质疑、批判乃至否定的声音，其并未有合乎逻辑的理性论证、科学划分，并以一定质的规定性标准将这类考核归入法治评估范畴。这从一定层面成为对“理想模式”特点、“湖北模式”特点以及“湖北模式”类型分析的缘起，笔者试展开以下讨论。

（一）“理想模式”特点

1. 评估主体完全独立。“理想模式”系借鉴世界正义工程（WJB）、香港法治指数等做法，由独立的第三方主要是非政府组织实施评估。独立的第三方对法治的理解更全面、更深入，更具专业性，有专门的评估人员、更加科学的评估方法和技术，能够保证评估结果的客观与公正。[5] 法治评估的主体是评估的发起者、实施者和结果承担者，由独立的第三方来组织实施法治评估，完全摆脱政府的影响；评估结果与社会公众的感受一致性，能够在社会中树立公信力，形成权威性，可以从源头上保证其评估的中立性。

2. 评估对象涵盖广泛。“理想模式”将一个区域内与法治相关的所有人和事均纳入评估范围，不仅包括地方党委的依法执政、人大的科学立法与监督、政府的依法行政、司法机关的公正司法，还

---

〔1〕 中央国家机关层面，除了司法部开展的法治创建考核外，无综合性、全国性的法治考核或者评估。

〔2〕 孟涛：《论法治评估的三种类型》，载《法学家》2015年第3期。

〔3〕 钱弘道、杜维超：《法治评估模式辨异》，载《法学研究》2015年第6期。

〔4〕 付子堂、张善根：《地方法治建设及其评估机制探析》，载《中国社会科学》2014年第11期。

〔5〕 汪全胜：《法治评估主体的模式探析》，载《法治研究》2015年第2期。

包括所有的社会组织及公众的守法，其涵盖了法治可以运行的所有领域。相对意义而言，只有评估对象越全面，才能越接近本地区法治运行的真实状态。

3. 评估指标系统完整。“理想模式”的评估指标是由法治评估主体通过对法治的理解和本地区法治的具体情况，采用多种方法反复比较、排序、探讨、筛选而确定的法治指标及其权重，有的甚至要长期探讨才能确定。评估指标符合法治的基本原则，涵盖法治的基本要素，与本地区法治建设实践相符，并形成逻辑严密、内容自洽的完整指标体系，且保持稳定性，横向与纵向均具有可比性。

4. 评估方法多样性。“理想模式”按照确定的评估指标选取一定数量的样本，综合运用均分法、德尔菲法、层次分析法等定量评估方法和专家评价等定性评估方法确定指标权重，通过采集法律数据、专家问卷、一般公众调查、面对面深度访谈、个案调查等方式收集数据，按照一定的评估规则，借助评估软件计算等方式，对一个地区实施法治评估。

5. 评估结果公开可检验。“理想模式”下，法治评估的数据和结果应当公开，评估报告不仅能客观真实地反映一个地区法治的基本特征和主要内容，与社会公众对该地区的评价基本保持一致，还可以被复核检验，即用相同的评估指标、评估方法，对该地区实施评估，可以得出基本相同的评估结果。[1]

“理想模式”的建构作为法治评估的一种理论范式，在观察、监测、评价、反思、矫正党政主导下法治建设绩效考核实践场域中的诸多错综复杂的现象，尤其是对背离法治建设规律的一些非理性或扭曲现象无疑具有“清醒剂”的作用，对党政主导下的法治建设绩效考核模式科学建构方面的影响也是毋容置疑的。

---

〔1〕张德森：《法治评估的实践反思与理论建构——以中国法治评估指标体系的本土化建设为进路》，载《法学评论》2016年第1期。

(二)“湖北模式”特点

伴随“法治评估思想风暴”的兴起,湖北率先出台了系列推进法治建设的制度措施,委托中南财经政法大学法治发展与司法改革研究中心、中国法学会法治研究基地和湖北法治发展战略研究院起草了《法治湖北建设指标体系》和《法治湖北建设考评办法》专家建议稿,形成了法治建设绩效考核制度框架、指标体系、运行机制[1],初步建立起了法治建设绩效考核的“湖北模式”。该模式具有以下特点。

1. 考核主体与考核实施主体特定。“湖北模式”中,法治建设绩效考核的主体是中共湖北省委。从管理学的角度看,工作绩效考核是以具有领导关系或者隶属关系为基础,按照一定的标准,采取科学的方法,对下级完成既定目标任务或者要求进行衡量与测评的管理方法。[2] 就法治建设绩效考核制度而言,考核主体只能是地方党委。党的十八届四中全会指出,“必须加强和改进党对法治工作的领导,把党的领导贯彻到全面推进依法治国全过程”。地方党委作为本地落实全面推进依法治国的责任主体,负有领导、推动本地法治建设职责,对本地下级党委(党组)履行法治建设职责考核具有合宪性、合法性及正当性。考核实施主体作为贯彻落实考核主体有关法治建设绩效考核的预设目标、实施路径以及其实现状况的责任主体,其正当理由在于层级组织体系运行的规范性必然秉赋给地方党委相关职能部门,其职能的不可移转性、程序运行的不可失范

---

〔1〕 自2010年开始,湖北省第十次党代会提出建设法治湖北以来,该省开始了法治建设实践路径,出台了系列推进法治建设的制度措施,欲将“文本中的法治”推向为“行动中的法治”。2013年该省委托高校和科研机构起草了《法治湖北建设指标体系》和《法治湖北建设考评办法》专家建议稿,形成了法治建设绩效考核制度的初步设想。党的十八届四中全会后,湖北省委决定建立领导班子和领导干部法治建设绩效考核制度,2015年1月在全国率先出台党内规范性文件以确立该项制度,并于当年开始在全省范围内实施。

〔2〕 赵君、廖建桥、文鹏:《绩效考核目的的维度与影响效果》,载《中南财经政法大学学报》2013年第1期。

性增加了地方党委作为考核主体的权重。相对于区域的省（自治区、直辖市）而言，其职能的规定性、统一性要求省级党委必须肩负起领导、统筹、协调推进省域内的法治建设责任，创新推动法治建设的决策、执行、监督（考核评价）的运行机制，按照问题导向、精简机构、整合职能、协同创新的思路，设置相应的领导小组及其办公室，与省级政法委员会合署，破解机构林立、考核多头等难题，将依法行政考核、普法依法治理考核等统一纳入法治建设绩效考核之内，作为政绩考核评价的重中之重，使长期以来“以GDP论英雄”的评价模式转变到按照“四个全面”考核的科学评价模式。[1]

2. 考核对象仅限于省辖内层级公权力机关领导集体及其成员的推进法治建设绩效。我们党提出“把法治建设成效作为衡量各级领导班子和领导干部工作实绩的重要内容，纳入政绩考核指标体系”；习近平同志强调“全面依法治国必须抓住领导干部这个‘关键少数’”。管理学“木桶理论”揭示了最短的那块木板决定木桶蓄水的容量大小，启示法治建设绩效考核必须抓住“关键少数”不放。为此湖北省把贯彻中央高层决策与当地实际结合，创造性地将省内“各级党政机关的领导班子和领导干部”纳入考核范围，旨在压实领导干部的法治建设责任，增强“关键少数”在推进法治建设中的表率、示范、凝聚、担当的效应。

3. 考核指标导向的“波浪式”效应。法治建设指标体系是法治建设内生性发展与外生性建构的有机统一，其年度法治建设考核指标的确定，是法治建设年度进程与法治建设预设性目标的阶段性与整体性的有机统一。中国特色社会主义法治建设及其实践表明，对域外法治模式及其评估机制全盘移植借鉴是难能奏效的；而运用

〔1〕湖北省将地方党政领导班子政绩考核按照“全面建成小康社会”“全面深化改革”“全面依法治国”“全面从严治党”建构政绩考核指标体系，其中“全面依法治国”指标根据法治建设绩效考核结果按比例计入。

“少数人主观评价样本”[1] 作为第三方评估推动党政主导下的法治建设及其评估，或者一步跨越法治现代化也是缺乏国情、社情、民情基础及法治文化本土资源的。唯有采取渐进式的推进法治建设和“增量式”[2] 法治评估方法，才可能产生推进法治建设的“波浪式”效果。为此，湖北省在制定法治考核指标及评估过程中，根据法治建设预设总目标、法治建设指标体系，每年有计划有序衔接性地确定若干个左右考核指标。通过这样年复一年、锲而不舍、循序渐进的“工匠精神”，使法治建设指标体系的实施状况做到“根根柱子落地”，既破解了法治建设的诸多难题[3]，又一步步地接近和实现了构筑“法治大厦”的目标。

4. 考核方式简便易行。法治建设考核方式作为法治建设的实施机制，其法律实施机制的创新驱动力、中国式“善治”的助推器、中国法学新型学术流派的孕育体、中国特色法治评估体系话语表达的新声音[4]的作用是有目共睹的。而法治建设绩效考核方式的便利性、可操作性及其规范性是该模式能被考核主体、社会组织及公众认同及支持的关键。“湖北模式”简便易行的启示在于：一是必须吸收、借鉴和采用管理学中绩效考核的通常做法，关照到各种考核关系的协调平衡，删繁就简，比如被考核对象的自我检查总结，由考核主体检查抽查及评价，尽可能减少环节，防止增设层级，增加被考核对象的过重负担，防止法治建设的悖论效应。二是注意增加法治建设牵头单位平时考核评价，作为考核实施主体的考核权重，防止和避免年终重复考核、突击考核、繁琐考核、疲于应付的现象，增强法治建设绩效考核的实效。三是对于难以准确掌握

---

〔1〕 徐汉明：《论法治建设指标体系的特性与功能》，载《法学评论》2016 年第 1 期。

〔2〕 “增量式”系法治湖北建设绩效考核的一个特点，即每年确定一定数量的可以完成的考核指标，次年再增加新的考核指标，以此推进法治建设不断向前的考核方式。

〔3〕 法治建设实践中存在法治建设喊口号现象、法治建设发展不平衡、上热下冷等难题，阻碍了法治建设进程。

〔4〕 徐汉明：《论法治建设指标体系的特性与功能》，载《法学评论》2016 年第 1 期。

的职能指标完成情况的考核，注意听取多个省级职能部门根据工作职责提供的相关数据，作为对被考核对象的考核内容。比如考核“党政机关及其工作人员依法执行人民法院生效裁判的情况”，则由省高级人民法院提供具体的案件数据，既保证了考核指标数据来源的可靠性、准确性，增强对考核对象考核评价的可信度，又不额外增加考核成本。四是注意吸取内部民主测评意见和社会公众评价意见。结合被考核对象年终考核时召开干部民主测评大会、党政主要负责人对履行法治建设职责情况进行述职、参会人员对领导班子和领导干部无记名评价所得出的民主测评分值，作为对被考核对象评价的客观依据之一；针对社会公众对法治建设的认知度、满意度、支持度难以准确掌握的状况，湖北委托省统计局开展调查，将社会公众对法治建设成效的满意度主观评价纳入计分标准中。

5. 考核结果的实用导向。法治建设绩效考核结果应用是破解众多考核模式“破窗效应”难题的重大创新。唯有考核结果被实际运用，才会产生法治考核“指挥棒”的效应。考察“湖北模式”的考核结果应用，其特点有：一是设置救济程序，即被考核对象若对考核结果有异议，可以在一定时间内提出复核申请，由考核主体根据核实情况答复。这既能纠正和防止考核实施主体因多种因素导致信息不对称，而对考核对象做出不恰当不公允的评价，又有利于保护考核对象推进法治建设的积极性。二是按照“四个全面”战略布局设置了政绩考核指标，将考核结果纳入党政领导班子政绩考核指标体系，将法治建设绩效考核结果按此比例计入总分，从考核评价模式层面实现了考核评价导向的转型，使之科学化与体系化。三是明确考核结果作为领导干部选拔任用的重要依据，将同等条件下法治素养高、依法办事能力强的领导干部作为优先提拔的硬指标，并建立领导干部的法治考核档案，形成了教育、培养、使用、选拔执掌经济社会文化事务、行政执法、司法、法律监督大权领导干部的科学管理机制和选人用人激励约束公平公正的导向。四是将考核结果在全省范围内通报，增强考核结果的公开性、严肃性及其权威性。

湖北作为学者视域下的“自我考核”模式，其最大特点在于凸显法治建设主体“自觉式”“自我加压式”推动法治建设，其考核评价的制度模式及运行机制的优势是不能忽略的。对其理论上的证成自不待言。而与“世界正义工程指数”模式，亦或有的学者所推崇的“理想模式”比较，由第三方评估所获取的“少数人样本”对党政主导下考核模式运行存在的若干弊端矫正意见这种外生性制约力量，仍然需要通过转化为政府内生性自觉行动所形成的“增量式”的法治建设绩效考核。相对于党政主导下的法治评估“波浪式”发展的状况而言，这种“少数人样本”的影响力难以避免经济学视域内通常发生的“边际效用递减”[1] 则是客观存在的。

（三）“湖北模式”评析

从前文分析来看，以法治评估理论为基础，“湖北模式”与法治评估的“理想模式”在各个方面均表现出差异性，如下表：

内容	理想模式	湖北模式	异同度
评估主体	独立第三方，主要是非政府组织	政府	完全不同
评估对象	一个地区整体法治状况	公权力机关、人民团体领导班子和领导干部法治建设绩效	湖北模式评估对象特定明确
评估指标	逻辑严密、系统完整的体系	根据法治建设目标确定考核指标	湖北模式总体目标与实施增量目标结合

〔1〕“边际效用递减”是经济学中的一个概念，指在一定时间内，同一个消费者随着消费品使用量的增加，同一消费品产生的效用则在减少。

续上表

评估方法	方法多样，侧重点是公众的意见，强调扁平性	方法多样，侧重点是职权机关自我评价与上级评价	湖北模式方法强调规范性与层级性结合
评估结果	与公众评价一致性，可检验	上级评价为主，公众评价为辅，不当评价的救济性	湖北模式强调一体性、实用性与自我加压结合

因其与法治评估的“理想模式”差异很大，似乎“湖北模式”不能被归入法治评估的范畴。仔细分析发现，“湖北模式”实际上具有法治评估的结构，除了评估主体不同外，在评估对象、评估指标、评估方法、评估结果方面更像一个“理想模式微缩版”的法治评估。结构相似并不能说明其就属于法治评估的范畴，还需要从质性方面阐释。

1.“湖北模式”体现了法治评估的功能。理论研究一般认为，法治评估的主要功能是依据评价指标对一个地方的法治进程、法治现状进行准确的描述，揭示存在的问题，引导实现法治目标。比如中南财经政法大学法治发展与司法改革研究中心课题组研究认为，其具有法律实施机制创新的驱动力、中国式“善治”的助推器、中国法学新型学术流派的孕育体、中国特色法治评估体系话语表达的新声音等功能。[1] 从“湖北模式”实施两年的效果来看，基本达到了制度设计的目标，即基本掌握全省法治建设的实际状态，能够发现某些方面的优势，找出存在的短板和不足，同时为第二年部署法治建设工作提供依据，基本体现了法治评估的主要功能。

2.“湖北模式”体现了法治评估的目标要求。法治评估主要目的是对一个地区法治运行的整体状态进行评价。比如立法方面，“地方立法是否符合国家法的精神，是否能够引领本地经济社会发

〔1〕 徐汉明：《论法治建设指标体系的特性与功能》，载《法学评论》2016 年第 1 期。

展，国家法律和地方性法规、规章是否得到有效实施，与民族习惯、乡规民约的衔接是否顺畅”等，是一种站在第三方的角度进行的评价。“湖北模式”将考核对象范围确定为党政机关的领导班子和领导干部，其观察、跟踪、预警、评价、矫正基于领导班子和领导干部推动法治建设的全过程、全环节，使法治建设处于动态的评估监督与推进之中。仍以立法方面为例，对“地方立法是否符合国家法的精神”的评价，从考核的角度需要转换为“所有地方性立法是否依法报上级机关备案”这一指标的设定及考核。这个指标实际上隐含了这样一个过程：地方立法应当报上级机关备案，由上级机关对地方性立法进行合法性审查；同样“是否能够引领本地经济社会发展”则需要转换为“是否制定了地方立法规划与年度计划”的指标设定及考核，而地方立法规划一般需要经过征求公众意见、人民代表大会审议等严格程序才能获得通过，设定“立法规划”指标并进行考核则可以实现这个目标。虽然“湖北模式”与“理想模式”的视角不同，但两者的目标要求一致，无论是推行湖北模式还是建构“理想模式”，检验其功效的基本标准在于能否准确掌握本地区法治运行的实际状况，是否有利于助推法治建设。

3.“湖北模式”吸收了法治评估的理论内核。理论是实践的先导。同理，法治湖北建设绩效考核指标体系设计、考核模式的构建等均贯穿了法治评估的理论与方法。法治指标体系和考核标准是检验法律制度制定“实施”监督成效的配套制度安排。[1] 其理论范式的核心要素是法治建设指标体系及其评估模式的遵循与先导。考量其理论核心要素不仅仅在于构建范畴体系、逻辑结构等，而且在于其理论价值的逻辑力量，并集中体现在其具有协调平衡利益冲突、提供修复受损秩序的载体、优化法治资源配置、搭建创新制度安排

〔1〕 徐汉明、林必恒、张孜仪：《论法治建设指标体系和考核标准的科学构建》，载《法制与社会发展》2014年第1期。

的平台、实现公平正义的重要渠道的价值功能。[1] 这种价值功能的作用在于，引导法治指标体系的设计者评估实施主体自觉地遵循这些理念原则，使法治指标体系符合体现其理论的模型、结构体系，这些理论价值“内嵌”于法治指标体系及其评估方法的结构之中，使之形成具有体系结构的科学性，反映法治建设规律性，体现中国法治建设本土的特色性、民族性、时代性特点的法治建设指标体系及评估模式。比如，对于法治政府指标体系及其对依法行政的考核评价，“湖北模式”就“深入推进行政审批制度改革”层面把“清理取消非行政许可事项审批、精简审批程序、新设行政许可审查、相对集中行政许可改革试点、建立政府权力清单责任清单动态管理制度、推进商事制度改革、完善行政执法程序、推进行政综合执法改革、加大对行政权力监督制约”等纳入指标体系和考核评价的重中之重，并且按照“整体推进方案化、目标任务项目化、实施主体责任化、成效考核指标化、落实时间节点化”[2] 的要求，建立纵到底、横到边加快建成法治政府的“五化评价”新机制。对于考核评价建成“职能科学、权责法定、执法严明、公开公正、廉洁高效、守法诚信”法治政府，防止政府及其工作人员权力滥用，有效监督和防范行政机关及其工作人员在行政活动、行政执法活动中越位、错位、不到位等情形，对于发挥政府有效管理服务，协调平衡经济社会发展中各利益主体的利益冲突，调解社会矛盾，防止和减少社会对抗，增进人民福祉，创造安定和谐文明的社会环境，既具有现实的针对性急迫性，又充分体现了法治政府指标体系及评价模式的理论逻辑力量。

综上所述，党政主导下的法治建设绩效考核属于法治评估的范

〔1〕 徐汉明、林必恒、张孜仪：《论法治建设指标体系和考核标准的科学构建》，载《法制与社会发展》2014 年第 1 期。

〔2〕 中国法学会法治研究基地课题组承担《湖北省法治政府建设实施纲要（2016—2020）》课题提出“五化”实施方案被采纳。

畴，是一种非典型、微型版式的特殊质性法治评估范式。鉴于作为区域公权力机关的党委政府是评估的唯一主体，其评估质性仍属于层级机关纵向单边式的评估范式，其主要目的是推动法治建设工作，最终目的是推进本地法治建设，实现治理体系和治理能力现代化，那么理论研究就不能强行附加这种类型评估所不能承载的某些功能。[1]

二、党政主导下地方法治评估的现实困境

党政主导下的法治评估主要是部分省（自治区、直辖市）开展的法治政府评估、司法部开展的法治创建评估以及法院系统开展的法官绩效考核等。这些评估实际属于法治评估的某一项，也可以称为专项评估。“湖北模式”系党政主导下的全面性、综合性的地方法治评估，与“理想模式”全面系统评估的理念一致，具有一定可比性。“湖北模式”并非完美无缺，其进入实施评估的第二年，有关评估方式、指标内容仍作了重大修改。其实施中面临以下诸多困境，尚需要理论界深入研究。

（一）评估对象难确定

确定评估对象是“湖北模式”实施遇到的第一个问题。从定义的角度，对党政领导班子和领导干部法治建设绩效考核，其对象应当是党政领导班子和领导干部推进法治建设的实绩和成效，但哪些可以作为考核对象难以确定。从一个省的角度来说，有地级市党政领导班子和省级单位的领导班子。地市级领导班子可以确定就是地市级党委，省级单位的领导班子应该是省级单位的党组（党委）。但在一个省内，省级单位众多，有近200个，既有省直机关，也有中央垂直管理的单位，还有省直单位所属的二级、三级单位。中央

〔1〕 钱弘道、杜维超：《法治评估模式辨异》，载《法学研究》2015年第6期。虽然不能回应社会公众对“中立性”的质疑，但在内部考核中，考核主体对所有被考核对象应保持客观中立的立场。

垂直管理的单位情况更复杂，有的以属地管理为主，有的以上级党组织管理为主，有的完全不受当地的管理。从法治评估的角度来说，应当将一个行政区域内所有党政机关列入评估范围，但以工作绩效考核为目标的法治评估，被列为考核对象的单位应当具有上下级关系或者隶属关系，如何确定是个两难选择。另一个问题是领导干部考核范围的确定，虽然《党政机关领导干部选拔任用工作条例》对领导干部进行了明确界定，但其范围很宽，不仅包括党政机关的领导成员还包括其内设机构的领导成员，更包括参照公务员法管理的党委和政府直属事业单位、人民团体及其内设机构领导成员。是否有必要将上述领导干部全部纳入考核范围？还是只考核一个或者数个领导干部？确定评估对象，无论取舍都需要有充足的依据和理由。

（二）评估指标设计难度大

评估指标是法治评估的关键，也是难点，学者针对评估指标的研究也很深入，要求指标设计体现法治的要素、融入地方要素、体现法治的社会效果等。[1] 在党政主导的地方法治评估中，通常需要的是“身兼数职”的工作考核指标，既能遵循法治的原则、实现法治的价值，又能推动本地法治的发展，还可以量化便于考核。这比“理想模式”的指标设计难度更甚，主要表现在：一是将法治建设目标转化为工作考核指标难。比如，以“推进以审判为中心的诉讼制度改革”为例，根据什么原理如何设计工作考核指标才能体现被评估对象是否落实该项工作、落实的成效如何将成为考评的难点。二是提出大量可以量化的客观性指标难。客观性指标可以直接反映某一客观事实，不易引发争议，但法治本身是一项具有价值判断的评估对象，若大量设置客观性指标都并非易事，更何况还要符合工

---

〔1〕 付子堂、张善根：《地方法治建设及其评估机制探析》，载《中国社会科学》2014 年第 11 期。

作考核的要求。学者批判的一些指标设置比如“犯罪发生率”“律师数量”等因不具有明确肯定的法治价值指引而应舍弃。又如，工作考核指标需设置“行政机关负责人出庭应诉比例”等指标，考核行政机关负责人出庭应诉比例既是落实法律的规定，又能够倒逼行政首长出庭应诉，一方面有助于提高行政首长的法治意识，另一方面又能促进该行政机关依法行政，具有多重功能，且效果明显。湖北将该内容作为考核指标后，根据湖北省高级人民法院的数据统计和报告，行政机关负责人出庭应诉比例大幅提升，行政机关依法行政效果也有了明显改善。三是省级单位的考核指标设置难。市州考核指标因是综合性、整体性的考核，基本可以涵盖法治建设的各方面，考核指标相对容易设置，但省级单位考核指标较难设置。省级单位依法设立，每个单位职责均不一样，为了使考核具有针对性，理论上需要针对每个单位列明考核指标。立法、执法、司法机关等承担法治建设职责的单位指标相对容易设置，对于党委工作部门、群团组织等单位的考核指标则难以设置，对其如果设置不合理，则会出现法治建设职责任务重的单位领导班子和领导干部得分比一些党群部门还低的现象。

（三）评估权重难衡量

指标设计好之后，重点就是对各项指标设置权重，如果指标分为一级、二级甚至三级指标的，不仅要确定一级指标间的权重，还要确定一级之下的二级、三级每项指标权重。对于权重设置的方法，理论上有均分法、德尔菲法、层次分析法、直接赋值法等。在实践操作上，如何运用这些方法来确定权重难以把握。理论研究认为，“均分法”对各项指标平均权重设置最简单但无法体现各项指标之间的差异性，实践中没有采用。“德尔菲法”系通过多位专家在互不联系的情况下对各项指标赋权，多轮征询意见并逐渐达成一致而确定各项指标权重的方法。“层次分析法”是需要运用统计学知识和统计分析软件进行判断的一种方法，较“德尔菲法”难度更大。因其需要一定的专业知识，上述两种方法在第三方评估中有一定的运用，但“湖北模式”没有采用，而是用了“直接赋值法”，在制定评估标准时直接将各项指标权重标明。这种赋权模式虽然简单，但缺乏明确合理的理由。运用何种方法确定各项指标的权重是一个难题，权重分配是否科学合理、是否与本地实际相符又是另一个难题。

（四）主观评价科学实施难

地方党政主导的法治评估是一项工作绩效考核，包括完成法治建设的工作目标和工作效果两个方面。工作目标可以通过设立工作考核指标来评价，工作效果可以通过客观数据数值来判定，而主观评价由于评价主体的涉众性、主观偏好的参差不齐，加之判定标准难以统一，因而其可靠性、采信率难以确定。“湖北模式”设计主观评价模式有内部评价和外部评价两种。内部评价为党政机关内部的民主测评，参加民主测评的干部对本单位的领导班子和领导干部相对熟悉和了解，一般地用无记名的方式进行。外部评价则采用委托省统计局第三方向社会公众随机抽样进行。这两种模式运行的结果时常出现被考核对象对内部主观评价结果或对外部主观评价结果与法治建设实际客观情况差异甚大，甚至造成被评价对象难以接受评价结果，挫伤其积极性的负面效果，这是一方面。另一方面，主观评价实施存在诸多困境，以委托第三方实施的外部主观评价为例，其存在“三难”现象，即：一是调查问卷设计难。一般来说问卷越详细越能反映真实情况，但内容多了被访问的人就不愿意参加，他们普遍可以接受的问题数量是5～8个。如何设计好这数个能够从侧面反映法治建设成效的调查问卷是个难题。二是收集有效评价难。无论是书面调查、电话调查、网络调查还是微信调查等，都需要有效的评价，现实中多数人不愿意接受类似调查访问。从湖北省统计局历年电话访问情况看，每10个电话只有不到2个电话愿意接受访问。此外，愿意接受访问的人对法治建设情况不了解，对法治建设情况了解的人不一定被随机抽中。三是样本比例确定难。一般来说，比例越大，调查的最终结果越接近整体平均值。但对于一个省数千万的常住人口，其中还有一半以上的农村人口，确定什么比例较为合适是个难题。比例越高，所需要的有效样本基数就越大，投入的时间和人力就更多。湖北省目前的有效样本比例暂时确定为万分之二左右，显然较低，但何种比例更适合更符合湖北实际需要依据和理由也值得探究。法治建设成效需要社会公众通过切身感受来评价，但如何科学设计调查问卷和准确实施问卷调查则牵出调查成本分摊、公共财政负担增大、社会热情支持度不确定等新的难题。

（五）专业评估人才缺乏

法治评估是一项专业性、技术性较强的工作，制定再完美的评估指标体系如果没有专业评估人员的实施，其效果也会大打折扣。从湖北实施的情况来看，党政机关内专业法治评估人才极度缺乏，影响了法治评估的效果。一是缺少精通法治评估理论与实践的人才，对本地区的法治建设整体状况把握不够，难以提出符合本地实际、指导本地法治建设的最优评估指标体系。二是缺乏基本掌握法治评估方法的人才。由于被考核对象多，考核时间短，部分考核工作人员甚至系临时从省直相关单位抽调，即便进行了培训，也无法在短时间内掌握法治评估的基本方法，在实施评估过程中既不能提出问题，又不能发现问题，严重影响了评估的效果。三是随着法治评估体系的规范化、程序化及成熟化，需要源源不断的志愿者服务的支撑，这又会带来社会组织培育、志愿者精神塑造、志愿群体法治文化建设面临跨越门槛的新难题。

上述问题既是湖北在实施法治评估中遇到的难题，也可能是今后其他地区会遇到的问题，这是党政主导下地方法治评估绕不开的实施困境，更是理论界研究地方法治评估实践的“窗口”。

三、党政主导下的地方法治评估完善路径

相对于其他法学研究领域来讲，法治评估属于新领域，无论理论研究还是实践操作都是在“摸着石头过河”。地方法治评估的“理想模式”与“湖北模式”分别是法治评估理论与实践的代表。“湖北模式”既是理论研究的“实验田”，又是法治建设的助推器，随着理论研究的深入和实施的广泛开展，二者相互融合程度会越来越高。实践问题理应成为理论研究的重点，政府也应当支持理论研究，才能相互促进，共同推进法治建设健康发展。

（一）未来地方法治评估模式的选项——“湖北模式”

地方法治评估主要包括非政府组织实施的典型意义的法治评估和党政主导下的特殊类型的法治评估两种类型。从法治评估发展的走向看，以“湖北模式”为代表的特殊类型的法治评估将可能是未来地方法治评估的主要形态。

1. “党政主导推进型”是我国现阶段法治建设的典型形态。我国法治发展道路主要有两种形式：一种是“党政主导推进型”的法治发展道路，主要是新中国成立以后通过移植国外的现代法律而形成的法治发展道路；另一种是我国数千年来形成的宗法礼制、乡规民约、自治公约等渐进型的法治发展道路。两种法治发展道路在我国同时存在，并以“党政主导推进型”为主。党政主导下的地方法治评估作为法治建设的重要组成部分，正在日益成为地方政府推进法治建设的抓手。“理想模式”的法治评估目前则主要由高校、科研机构等倡导推动，其公信力建立尚待时日。随着“党政主导推进型”法治评估模式功效释放及其影响力的辐射传递效应，“湖北模式”将可能成为省际之间法治评估模式创新竞争与博弈的一种参

照系。

2.“湖北模式”简便易行可复制的特性，为其效应的对外溢出而提供制度创设模仿成本省俭成为可能。“理想模式”的运行则需要评估主体深入调研，对一个地方的法治状况有比较全面地准确掌握，并且需要严格按照法治评估理论确定评估指标、评估权重，建立符合该地方实情的全方位法治评估模型，采用多种量化方法收集数据、确定运算规则，最后得出评估结果，并且还能通过复核检验。该模式评估的结果虽然面向社会公众，且追求公信力，但其选取“少数人样本”带来法治评估覆盖面的限制性、法治建设真实状况不确定性因素难以有效排除，加之评估主体投入大量的人力、物力和时间所获取数据的有限性，难以保障其结果的客观性全面性，这与其追求公信力的主观目标形成一个“悖论陷阱”现象。党政主导下的“湖北模式”，其评估特定对象的全覆盖，评估信息传导机制的健全与法治建设客观状况防止信息不对称的动员机制、协调机制、监督制约机制以及其他资源较为充足，而其评估所需要经费则纳入公共财政预算，评估的指标体现了法治评估理论的核心要素，遵循了法治评估的一般规律，并且实行灵活多样的评估方式，评估数据的获得既由相关职能部门提供，也可以向社会购买服务的方式采集，因而具有评估运行强大制度惯性，只要指标科学、方法得当，评估模式运行一般不会产生较大偏差，因而具有可复制性。

3.“湖北模式”满足法治评估对结果应用的些许期望。从不少已经发布的按照“理想模式”实施的评估报告来看，该类评估目前尚未形成一定的权威性。法治评估主要功能是客观描述法治现状、指出问题，但因其尚不具有权威性和影响力，所指出的问题能被各级政府采纳并加以改进的几率较小，其所发挥的推动法治建设的作用往往难以得到充分实现。“湖北模式”作为党政主导下的法治评估，其评估过程和结果具有一定的行政强制力，评估结果指出的问题如果得不到纠正，相关责任人将会依法依规依章被问责，甚至直接影响责任人的升迁进退。

（二）理论研究应支持解决法治评估实践问题

法治评估理论自国外引入之后，随着研究的深入和实践探索，逐渐生成了一套本土法治评估的理论体系，虽然目前尚未形成一致意见，但事实上中国化的法治评估理论，已有了丰富的符合国情的研究成果。法治评估的实践性很强，理论研究成果最重要的功能和价值在于将其转化为能够影响决策、影响实践的力量。当前，地方党政主导下的法治评估实践即将普遍展开，包括天津、广东、山西、河南、湖南、海南、安徽、广西、贵州、四川、甘肃等地已经准备实施。理论研究既需要加快对法治评估“理想模式”的再研究、再完善。同时，需要将目光转向以“湖北模式”为代表的法治评估实践，把解决法治实践问题作为理论研究的重要端口，将实践中形成的经验升华为理论，推进我国法治评估理论体系与实践模式。

1. 回应地方法治评估实践可能形成“法治割据”的质疑。当前，由不同层级的政府制定的各类法治考核项目在全面开展，不仅有综合性的还有行业性的，不仅有中央层面的还有县市区的各类法治考核。有的学者将这种现象概括为“法治评估割据”，指出“各级政府‘法治割据’式的法治指数设计和推行将容易导致法治评估统一化的丧失”。[1] 毫无疑问，以“湖北模式”为代表的地方法治评估实践推广将加速消除这一现象。法治评估需要构建统一化的实施路径，需要兼顾法治评估普遍性与地方特殊性的关系，使之相得益彰。

2. 重点解决法治评估实践困境的理论问题。本文仅就“湖北

〔1〕 侯学宾、姚建宗：《中国法治指数设计的思想维度》，载《法律科学》2013 年第 5 期。

模式”实施难题提供学界争鸣与回应。另外理论界需要关注相关难题，比如：通过相关理论范式研究，破解指标设计的数量、党内法规与国家法律在法治指标体系设计中的有效衔接等难题。“湖北模式”的法治评估实施迫切需要法治评估理论的支撑，没有理论的指导与检视，法治评估会走样变形，甚至异化为地方政府装点门面的政绩，成为掩盖低水平法治的外衣，久而久之难免阻碍法治建设的进程。面向实践的理论研究，除了力戒高谈阔论、对策不对号、盲人摸象，注重秉持批判性思维外，更需要的是建设性思维，需要提供符合法治原则和精神、契合国情省情、现实可行的解决方案。

3. 研究培养法治评估人才的可行路径。法治评估人才决定着法治评估的质量，没有高素质的人才支撑，科学的法治评估将是空中楼阁。这场史无前例建设宏大的社会主义法治体系，建设社会主义法治国家的生动场域，必定催生法治理论体系、催生新型法治评估学，锻造学科深度融合、协同创新的新型法治实践学派。这些将为法治评估理论研究提供明确的方向，获得源源不断的智识资源、鲜活法治评估样本，为地方法治评估研究提供强有力的智力支持。而从法治评估实践先行，法治评估学科“跟进式”创建，到法治评估人才的产出将是一个渐进的过程。普遍开展的地方法治评估亟需大量的法治评估人才。需要解决专门人才供需矛盾，深入研究，并提供既能解决当前人才“短板”，又能解决人才后续培养的路径。

（三）培育独立的第三方实施法治评估的生成环境

法治建设不仅仅是地方政府的事情，更需要所有的社会组织和公民共同参与。独立的第三方实施法治评估研究和实验的过程，也是推进法治建设的过程，其评估的数据更多来源于社会大众对当前法治状态的意见和看法，评估的结果更符合社会公众的感受，同时也是政府了解社会对法治建设成效的一个窗口。作为推进法治建设责任主体的政府有必要也有义务培育独立的第三方实施法治评估的生成环境。

1. 制度支持。法治评估理论研究对于研究者来说，其投入的是智识、时间和金钱，收获的是法治评估的理论与方法，研究的结果是政府的运用。通常法治评估理论研究需要长期的投入，从经济学的角度来讲，投资和收益不对等就无法持续。不能持续地研究投入，可能最后什么收获也没有。这就需要政府用法治思维和法治方式建立支持法治评估研究的制度，包括支持建立主要服务本地法治建设的法治智库，支持法治评估研究在辖区开展实验，建立法治评估研究基金，支持第三方独立自主地开展理论研究和实证调查，不受任何不当干扰等。推进法治评估的常态化与制度化，既是为了保证评估的稳定有效开展，又是法治建设的应有之义。

2. 项目委托。以绩效考核为特征的法治评估，除了内部工作目标考核外，对工作成效的评估可以委托第三方，即由专业法治评估研究机构实施。第三方具有专业知识、专业评估人员和专业评估方法，评估结果更客观公正，公信力更高。同时，也可以考虑将工作绩效考核的指标、权重、考核方案委托第三方来提供或者在政府决策前委托第三方提出审查意见等。通过项目委托的方式，既支持了法治评估理论研究，又能满足工作考核需要。

3. 建立评估结果采纳机制。独立的第三方实施的法治评估实践，一方面可以检验法治评估理论研究成果，另一方面更希望评估的结果或者是提出的建议能获得政府决策层采纳，从而产生推进法治建设的效果。政府不应忽视理论研究的价值期望，应当建立一种评估结果采纳机制，按照规范程序审查第三方评估的过程、原始数据的采集、评估的结果等，确定是否采纳并用于决策。该机制既能鼓励第三方坚定法治评估理论研究的信心，又能打破政府推进法治建设落入“只缘身在此山中”的局限，充分发挥第三方法治评估在法治建设中的作用。

结　语

地方法治评估需要与地方法治建设同步。以“湖北模式”为代表的地方法治评估在当前地方法治建设中起着重要的推动作用。以“理想模式”为表征的法治评估理论研究指导、引领、完善着法治评估实践，为地方法治评估提供理论支撑。两种模式的法治评估相互促进与融合，共同推动法治建设进步，但同时也不能超越地方法治建设的实际。社会公众特别是领导干部的法治意识、法律素养一定程度上决定着法治建设的进程，这是一个相对缓慢的过程，如果与地方法治建设不同步，超出地方法治建设实际建立的一套法治评估体系将会成为“海市蜃楼”。地方法治评估应当在坚持全面依法治国和全国法治统一的前提下，积极探索符合本地特点和实际的评估机制，充分发挥法治评估的功能作用，推进地方法治建设健康发展。

行政机关负责人依法出庭应诉制度的构建与完善

王小光*

一、行政机关负责人依法出庭应诉制度概述

行政机关负责人出庭应诉制度主要是指行政相对人认为行政主体的具体行政行为违法或侵犯了其合法权益，以该行政主体为被告向人民法院提起行政诉讼，被诉行政主体的法定代表人，或者是全面主持单位工作的负责人，或者是分管具体工作的负责人出庭参加庭审活动的一项诉讼制度。行政争议发生在行政机关和行政相对人之间，双方当事人地位不平等，这种官民现实地位悬殊让由什么人来代表行政机关应诉具有非常强的形式价值和象征意义。

总的来说，《行政诉讼法》颁布实施二十多年来，行政机关对行政诉讼制度的认识从不理解、不支持，渐渐转变为理解、配合和支持，也反映了行政机关法治理念和我国法治的进步。党的十八届四中全会强调健全行政机关依法出庭应诉制度，显示了中央将该制度深入系统推行的决心。2015 年 5 月 1 日实行的《行政诉讼法》第

* 王小光，华东政法大学诉讼法研究中心博士研究生，浙江省舟山市人民检察院反贪局检察官。

3条第3款规定："被诉行政机关负责人应当出庭应诉。不能出庭的，应当委托行政机关相应的工作人员出庭。"此项规定正式宣告将行政机关负责人出庭应诉制度纳入法律范围，从制度层面上升到法律层面，实现了制度正当性和合法性归位。

此后，各个地方在原有行政机关负责人出庭应诉实践探索基础上，开始积极落实新修订《行政诉讼法》的规定，并出台了地方的实施细则，加快推进行政机关负责人出庭应诉制度。比如浙江省高级人民法院以及杭州市人民政府等单位先后出台了66个规范性文件（详见图一），这66个文件中地方政府发文64个，政府法制办和法院发文各1个，对行政机关负责人出庭应诉进行了规范，在出庭主体、出庭范围、出庭方式、出庭通知书、建议书等方面进行了详细规定，在行政机关负责人出庭应诉方面取得了非常大的进展。

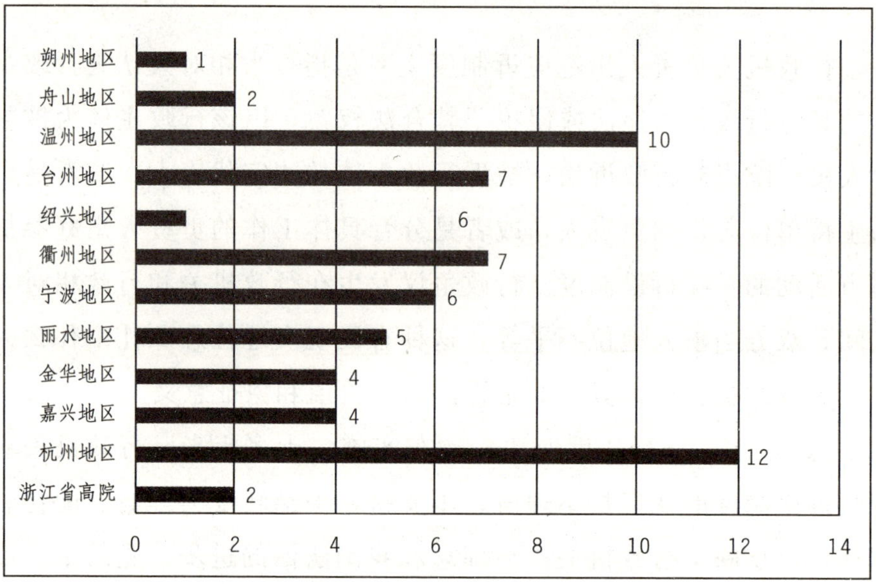

数据来源：浙江省高级人民法院内外公布资料。

图一：浙江地区出台行政首长出庭应诉文件的数量分布

二、行政机关负责人出庭应诉制度存在的问题

(一) 地方出台的“出庭文件”规定出庭案件范围狭窄

2005 年，浙江省余杭区政府出台《余杭区行政诉讼案件应诉办法》(余政发〔2005〕118 号，以下简称《应诉办法》)，成为杭州地区首个以文件形式推行该制度的地方政府。近十年来，余杭区行政机关负责人出庭应诉率一度达到了 100%[1]，行政机关委托工作人员出庭应诉率最高也达到了 75%，尽管大多数行政机关负责人均能按照《应诉办法》的规定到庭应诉，但是由于实行选择性出庭原则，限定的案件类型范围过窄，从案件发生的普遍性来看，应当出庭的案件类型实质上仅为“本单位当年发生的第一起行政诉讼案件”(见表一)。而《应诉办法》关于“案情复杂，对本单位行政执法活动将产生重大影响的案件；在余杭区范围内有重大影响的案件”的规定相对原则，这就导致行政机关负责人出庭人数在行政诉讼案件总数中所占比例偏低。尤其是在案件数量激增的 2014 年度，区法院开庭审理的各类行政诉讼案件 149 件，但行政机关负责人实际出庭案件仅为 14 件，占比仅为 9.4%。

表一：2014 年杭州市余杭区行政机关负责人应出庭案件类型数量

案件类型	出庭数量
请求额在五万元以上的行政赔偿案件	0
本单位当年发生的第一起行政诉讼案件	14
受区政府委托履行职责的案件	0
案情复杂，对本单位行政执法活动将产生重大影响的案件	0
在全区范围内有重大影响的案件	0

〔1〕 目前浙江省许多区县出庭比例均超过 80%，如浙江省舟山市岱山县 2015 年行政机关负责人出庭率达到 82.9%。

（二）出庭比例随着行政级别提高降低，正职实际出庭比例低

据统计，1990至2002年间，浙江省各级人民法院共审理27 097件行政案件，其中，行政机关法定代表人出庭应诉的不到1‰，不少县、市从来没有行政机关法定代表人出庭应诉，仅仅委托律师或普通工作人员出庭应诉。近几年来，随着法治政府建设的推进，政府工作人员法治思维不断进步，在地方人民政府和人民法院的积极推动下，浙江地区行政机关负责人出庭比例在逐步提高，个别县区出庭比例超过80％，有些达到了80％。例如2015年，在舟山市两级法院开庭审理的123件行政案件中，行政机关负责人出庭102件次，达到了82.9％，而同时期舟山市岱山县法院审理的行政案件中，行政机关负责人出庭比例达到100％。

但是浙江省各地区出庭比例非常不均衡，总的趋势是县区行政机关负责人出庭比例高，市级以上行政机关负责人出庭比例低，省级政府单位行政机关负责人出庭比例极低，这种出庭比例随着行政级别提高而降低的趋势非常明显。而且各地出台的行政机关负责人出庭比例规范性文件，考虑到“正职”工作繁忙、行政事务轻重缓急等因素，设置了“行政正职确有特殊原因不能出庭应诉的，可委托分管副职出庭应诉”的例外规定[1]。但是，由于缺乏对行政正职出庭应诉的刚性约束，导致例外条款逐渐成为了惯例，多数行政诉讼案件都是政府部门副职、法制办工作人员、办公室工作人员等代表行政机关出庭，比如舟山市2015年有行政负责人出庭的案件102件，其中正职出庭17件，政府工作人员出庭3件，律师单独出庭3件，其他均为部门副职出庭（见图二）。

---

〔1〕《最高人民法院关于适用〈中华人民共和国行政诉讼法〉若干问题的解释》第5条已经予以明确规定，“行政机关负责人包括行政机关的正职和副职负责人”。

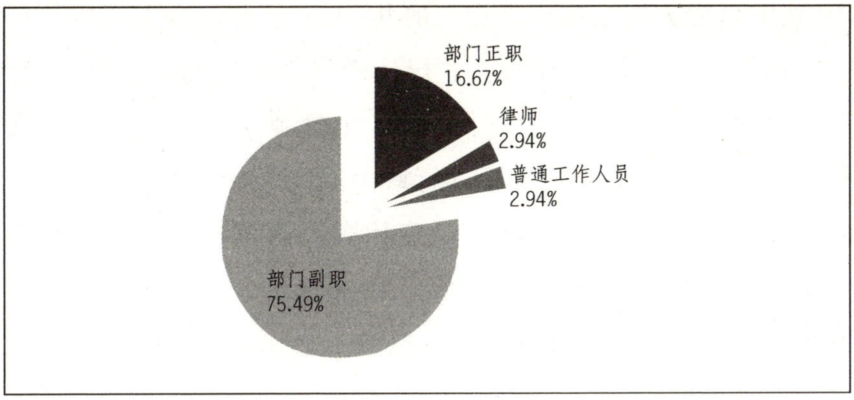

图二：舟山市 2015 年行政诉讼案件出庭人员分类

（三）行政机关人员出庭应诉形式意义大于实质意义

根据舟山市中级人民法院前几年做的一次问卷调查，全市有10.6％的行政机关负责人和工作人员在主观上对出庭应诉仍持不赞同甚至排斥的态度；而 58.4％的行政机关负责人及工作人员对坐被告席有抵触情绪，还有个别接受问卷调查的行政机关负责人甚至提出坐在旁听席上参与庭审的要求。行政机关负责人对于出庭应诉制度主观上的排斥与尊重行政权威的传统观念，均影响了行政机关负责人出庭应诉制度的落实。

即使当前行政人员出庭应诉文件逐步规范，行政机关负责人出庭比例越来越高，但行政机关负责人出庭“出庭不出声”的问题比较严重，而由一起出庭的工作人员或代理律师进行答辩、举证、质证和陈述，导致原告感觉庭审地位不平等，争议更为复杂化。同时，行政机关工作人员往往“出声不出效果”。由于其没有决定权，需请示汇报，开庭只是宣读一下答辩状和质证意见，不能针对性地回答原告或法院的提问，庭审效果，尤其是协调效果不理想。

（四）行政机关负责人的概念理解存在争议

上述浙江省全省出台的 66 个关于行政机关负责人出庭应诉的规范性文件，在具体规定上并不一致。从规范标题来看，直接以

“行政机关负责人”出庭应诉命名的共21个，占31.8%；以“行政机关首长”“行政机关负责人”“行政机关法定代表人”“行政负责人”命名的共31个，占47.0%。，63个规范文本将这一主体从法定代表人、主要负责人扩展至“行政副职”“分管副职”等“次级首长”。甚至有4个文本规定，法定代表人遇有特殊情形可委托本机关工作人员代为出庭应诉。“行政机关负责人”的泛化定位，或许是考虑其公务繁忙的客观现实，但过于泛化的规定为行政负责人不出庭留足了空间。

另外，法院、政府机关对行政机关负责人的理解也存在差异，甚至是不同级别的法院对行政机关负责人的认识也不一致，比如舟山市两级法院开庭审理的123件行政案件中，按照舟山市中级人民法院的统计模式得出行政机关负责人出庭102件次，出庭率82.9%，而按浙江省高院统计口径，行政机关负责人出庭84件次，出庭率82.35%；同时期按照舟山市应诉办法统计口径，行政机关负责人实际出庭110件次，出庭率居然高达107.84%。同一地区法院的行政诉讼案件出庭比例，在三个不同口径的统计单位统计后，竟然得出完全不同的比例，可见对行政机关负责人出庭的争议不仅是学理上莫衷一是，在实务操作中也是互不统一。

三、完善行政机关首长出庭应诉的建议

从上述分析来看，虽然浙江地区行政机关负责人出庭率较高，但是行政机关应诉的积极性、实际出庭率、应诉的效果都不甚理想，仍处于被动型应诉模式[1]。目前，行政机关出庭应诉制度的法律地位已经予以明确，如何将被动转为主动，更好地推进行政机关出庭应诉，笔者从制度建设方面，提出如下建议。

---

〔1〕 被动型应诉模式是指法院提出建议，政府强力推动，机关负责人被迫出庭应诉的模式。这种被动型模式的特征便是“待外力推动而行动”，其缺陷就是未能真正调动行政机关负责人出庭应诉的积极性。参见李昊天：《反思行政机关高出庭率》，载《上海政法学院学报》第28卷第5期。

（一）配套修订省市区文件，统一全国做法

新修订的《行政诉讼法》关于行政机关出庭应诉的规定仅为原则性规定，对出庭负责人范围、受委托工作人员范围、出庭应诉具体要求及不出庭责任等方面都没有明确，因此地方的行政命令在该制度的落实中仍然处于重要地位。浙江省高级人民法院出台的《关于进一步推进行政机关负责人出庭应诉工作的意见》对行政机关负责人出庭应诉的范围、出庭应诉工作的衔接机制、与相关部门的沟通协作等问题做了原则性的指引。各地也出台了相关行政文件，但是实行选择性出庭原则，与行政诉讼法不相适应，且各地内容也缺乏统一性。为了准确界定行政机关出庭应诉制度的基本内容，落实负责人强制性出庭原则，建议最高人民法院出台具体司法解释自上而下地统一全国做法。

通过最高人民法院的统一司法解释，一是要明确行政机关正副职领导为出庭应诉的义务主体，但是对于正职、副职出庭分别设立一定的限制条件，对副职出庭进行一定的限制，避免正职推诿出庭任务。二是要明确限制委托出庭条件。如果不对委托出庭条件加以限制，行政机关负责人出庭应诉制度将形同虚设。应明确规定委托出庭的条件应该是行政机关全体正副职领导均无法出庭应诉，但需提交相应的证明材料。三是明确规定并适当拓展应出庭案件范围。确定一定范围的案件为行政机关负责人必须出庭应诉的案件，且可以在原来地方制度规定的基础上，适当拓展案件范围。

（二）建立健全行政机关负责人出庭应诉配套机制

建立健全行政机关负责人出庭应诉配套机制，应当做到以下几点：

首先，建立出庭通知制度。法院和政府应通过沟通协商，赋予人民法院的出庭通知以一定的法律效力，行政机关负责人在收到出庭通知后未按期参加庭审，亦未书面说明理由的，应承担《行政诉

讼法》第 66 条规定的相应法律责任。

其次，针对性地对行政机关负责人进行合理的应诉指导。行政机关负责人对出庭应诉制度的主观心理障碍除却对坐被告席的抵触外，主要还是应对应诉义务的畏难心理，且认为专门学习庭审规则和应诉技巧也是出庭应诉工作对其造成的客观不便。因此，法院可以选择行政机关当年度首例应出庭案件、行政机关首次涉诉的行政案件，或者社会影响重大且对其他行政机关有参考意义的行政案件，向该机关的负责人发送出庭应诉提示函，主要从争议焦点、证据规则、庭审主要程序等方面对行政机关负责人作适当的应诉指导，减少行政机关负责人出庭应诉的准备成本。

最后，进一步规范并落实请假备案制度。目前规定的行政机关负责人请假备案制度由于操作不便在实践中落实并不理想。鉴于行政机关负责人出庭应诉义务的法定性，如其无法按期出庭的，应于开庭前三日内书面向法院说明理由；法院可在发送出庭应诉通知书的同时，向该行政机关负责人寄送固定格式的无法按期出庭说明书，方便负责人及时向法院履行请假手续；法院在收到书面不出庭理由说明时，应根据法院和政府法制部门的沟通机制或行政机关负责人出庭应诉制度专项备案机制报政府法制部门备案。

（三）完善监督、考核问责机制，与行政政绩挂钩

完善考核机制，制作专项考核方案，纳入依法行政、综合考评考核体系。数据考核方面，应对行政机关正副职出庭应诉率分别进行考核，对正职未达到出庭比例，或分管副职也未出庭的案件，应当进行扣分。同时变负向考核为正向激励，促进行政机关转变被动出庭应诉的主观态度，对行政机关负责人履行出庭应诉义务的情况采取正向激励的考核手段，对出庭应诉表现良好，并积极促成行政争议化解的行政机关负责人，在年度行政工作考核中依法给予加分奖励，对于部门正职出庭的应给予加分。内容考核方面，依托应诉

评价机制，应当设置出庭义务履行情况的分值，对出庭义务履行不到位的予以扣分。考核主体方面，应当包括政府法制办和法院两个主体，提高法院在行政机关出庭应诉制度中的话语权。

建立监督、问责机制。为进一步促进制度的落实，法院可定期将行政机关负责人出庭应诉情况以法院外网公告或专题通报的形式予以公开，接受人大、政协、检察机关以及社会公众的广泛监督。另外，建议由案件主审法官或审判长根据行政机关负责人出庭应诉过程中是否主动答辩，是否提前了解案情、是否积极促成案件协调化解以及是否在庭审过程中表现解决矛盾的诚恳态度等具体表现，对其给予量化评价赋分，监督行政人员积极应诉，确保良好的庭审效果。对应当出庭而无正当理由不出庭的，可以将不出庭情况予以公告，向监察机关或上一级行政机关提出依法给予主要负责人或直接责任人处分的司法建议。同时，加大人大的监督权，人大可以在任命干部的述职评议及审查政府工作报告时增加相应的评价内容，与行政机关政绩及领导干部个人政绩挂钩。将行政机关负责人出庭应诉纳入依法行政考核范围，每季度向县政府法制办进行通报。对不按规定出庭应诉的，原则上不得评为本年度依法行政先进单位。

（四）建立应诉公开机制，营造行政机关出庭氛围

结合法院司法公开体系建设，将行政机关出庭应诉情况纳入司法公开范畴。一是直播庭审实况。选择行政机关出庭的典型案件通过外网、微博、微信等方式直播庭审，让群众了解行政案件审判情况，行政机关出庭表现，消除对行政诉讼的顾虑，倒逼行政机关积极应诉并提高应诉水平。二是公开出庭应诉情况。按季度统计行政机关负责人出庭应诉率、出庭效果评价分数，制作行政机关出庭情况分析报告，通过外网向社会公布，并在行政审判新闻发布会、行政审判白皮书、府院联席会议中体现，扩大群众的知情度，广泛接受社会监督。

推行行政机关出庭应诉制度，取得党委、人大的支持和政府行政机关的理解是落实该制度的重要保障。建议法院以专题报告、通报形式争取党委、人大对行政机关负责人出庭应诉制度的认同和重视，积极营造行政机关负责人主动出庭应诉的良好外部氛围，进一步促进行政机关负责人观念的转变。法院应定期向党委和人大汇报该制度的实施情况，与政府行政机关及时协调该制度实施过程中的问题，让党政机关保持对此制度应有的长期关注与重视，形成良性的行政机关出庭应诉氛围。大力运用媒体宣传加强示范作用，积极运用媒体资源，对行政机关负责人出庭应诉的案件在地方主流报刊及微博、微信等平台进行报道，充分发挥示范指引作用，在社会上培育民众、公务人员对行政机关首长出庭应诉的正确认识，营造强大的社会舆论氛围，推动行政机关首长出庭应诉。

（五）加强行政诉讼法的培训，提高行政机关应诉水平

以《行政诉讼法》的修订为契机，在行政机关中对行政负责人、分管副职、一般工作人员组织多角度、多层次的诉讼程序和法律法规的培训。培训方式可邀请法律院校的教授、专家或者是法院行政庭法官进行出庭实务培训，讲授应诉常识和庭审应变技巧，提高应诉水平。行政机关负责人出庭应诉，本来是其应当履行的诉讼义务，但实践中行政机关负责人出庭应诉的自觉性还不够，热情不高。有的因人大或政府首长有要求才出庭；有的靠法院推动。而且调查中还发现一个值得关注的现象，学法律出身的行政机关负责人对这项制度普遍持支持态度。如西南政法学院毕业的某市市长杨某，对行政机关负责人出庭应诉制度非常支持，不仅通过市长办公会议规定要求行政机关负责人出庭应诉，而且明确表示市政府作被告的案件由自己出庭应诉。可见，提高行政负责人本身的法律素养，争取行政机关负责人从观念上支持行政机关负责人出庭，是一条非常可行的道路。

制度反腐与贿赂犯罪立法完善

但未丽*

腐败行为严重伤害国家威信、国民对国家的信任和危害政权稳定，从严治党一方面要靠党纪，一方面要靠国法。改革开放30多年来，中国特色的反腐倡廉制度体系基本建成。2012年11月，党的十八大提出“法治是治国理政的基本方式。要推进科学立法、严格执法、公正司法、全民守法，坚持法律面前人人平等，保证有法必依、执法必严、违法必究”，此后党和国家反腐力度明显加大。2014年10月，党的十八届四中全会《决定》明确提出：“加快推进反腐败国家立法，完善惩治和预防腐败体系，形成不敢腐、不能腐、不想腐的有效机制，坚决遏制和预防腐败现象。”

一、近年刑法在从严治吏和反腐方面的立法贡献

2009年2月出台的《刑法修正案（七）》对国家工作人员的腐败犯罪作了两项重大修改。一是增加了利用影响力受贿罪，在“第三百八十八条中增加两款作为第二款、第三款”的形式，将受贿罪

* 但未丽，首都师范大学政法学院副教授、硕士生导师。

的主体扩大到了“国家工作人员的近亲属或者其他与该国家工作人员关系密切的人”以及“离职的国家工作人员或者其近亲属以及其他与其关系密切的人”。二是加重处罚巨额财产来源不明罪，加大了反腐力度。

2015 年 8 月出台的《刑法修正案（九）》除增加“利用影响力行贿罪”新罪外，对贪污贿赂犯罪多个条文进行了修改。将贪污受贿犯罪原来的单一依据具体数额进行定罪量刑的模式，修改为“概括数额＋情节”的定罪量刑模式，在原则上规定“数额较大或者情节较重”“数额巨大或者情节严重”“数额特别巨大或者情节特别严重”三种由轻到重的犯罪情况，相应规定了三档法定刑；并规定数额特别巨大且使国家和人民利益遭受特别重大损失的，处无期徒刑或者死刑。同时《刑法修正案（九）》还新增加了贪污罪、受贿罪判处死缓减为无期徒刑后终身监禁的规定。在这里，终身监禁不是一个独立的刑种，而是介于死刑立即执行与一般死缓之间的一种执行措施，但又比一般死缓更为严厉。最高人民法院、最高人民检察院随后发布的《关于办理贪污贿赂刑事案件适用法律若干问题的解释》对于终身监禁具体适用从实体和程序两个方面予以了明确：一是明确终身监禁适用的情形，即主要针对那些判处死刑立即执行过重，判处一般死缓又偏轻的重大贪污受贿罪犯，可以决定终身监禁；二是明确凡决定终身监禁的，在一、二审作出死缓裁判的同时应当一并作出终身监禁的决定，而不能等到死缓执行期间届满再视情而定，以此强调终身监禁一旦决定，不受执行期间服刑表现的影响。也就是说，贪污受贿犯罪判处终身监禁的，不受总则条文的制约，终身监禁一旦适用，即使死缓期间有重大立功表现也不得减刑和假释，即被决定终身监禁的罪犯没有机会回归社会。为了打击跑官卖官现象，该司法解释还把“为他人谋取职务提拔、调整”作为受贿数额在一万元以上不满三万元时入罪的“其他较重情节”，以及将“通过行贿谋取职务提拔、调整的”作为降低行贿罪门槛的条件。

二、反腐利器之贿赂犯罪仍需进一步立法完善

在我国的腐败犯罪中，以形形色色的贿赂犯罪最为突出。虽然贿赂犯罪的法定刑和入刑标准在《刑法修正案（九）》中有了些修改，但由于立法经验和斗争经验还不丰富，我国有关贿赂犯罪的规定还不够严谨和缜密，使一些腐败分子得以屡屡逃脱刑法制裁。因此，科学界定贿赂犯罪的法律成果，并结合我国现行刑法关于贿赂犯罪的立法状况和司法实际，对我国有关贿赂犯罪的刑事立法进行深刻反思，并及时修改完善相关规定，从而进一步严密法网，于我国全面预防、打击贿赂犯罪乃至促进整个反腐败进程意义重大。总的来说，有以下几个问题值得立法者关注和完善：

（一）关于贿赂的范围问题

贿赂是行贿与受贿的中介物。贿赂内容的范围和种类，直接决定了一个国家或地区政府对贿赂罪的打击范围和力度。《联合国反腐败公约》规定的贿赂标的物就是指以交换公职人员在执行公务时作为或者不作为的“不正当好处”，该“不正当好处”既没有限制为金钱，也没有限制为物质性利益，指的是一切不正当利益。贿赂被定义为“不正当好处”的主要优点在于：第一，其突出强调贿赂的性质是不正当的或不应得的，与公职人员的合法所得划分了界限。第二，其强调贿赂是一种利益或好处，其外延要明显大于金钱或财物，更加科学、合理〔1〕。

而根据我国《刑法》第385条的规定，受贿罪贿赂的范围仅限于财物。财物一般是指现金或者代表金钱的凭证和可以用金钱计算

〔1〕 华伟：《国际贿赂犯罪论纲》，载《中国刑法学会年会文集》2004年第2卷，第305～306页。

其经济价值的各种物资、物品，还包括在经济往来中违反法律规定，收受或给予的各种名义的回扣、手续费。尽管学者中也有不同意见，如财产性利益说，认为贿赂除了金钱及其他财物外，还应包括其他物质性利益，如提供房屋使用权、免费旅游、免费债务等；再如需要说，认为凡是能满足人的物质或精神需要的一切有形或无形、物质或者非物质、财产或非财产性利益，均应视为贿赂内容。如安排子女就业、招工、提供出国机会、提职晋级、提供色情服务等。但在司法实践中仍以刑法规定为准，即仅限于财物〔1〕。

诚然，受贿罪也许绝大部分是以财物为内容。但是，在司法实践中，某些行贿者拉拢国家工作人员，不一定限于以金钱物品收买，受贿者利用职务上的便利为他人谋取利益，所贪图的也绝非全是“财物”。特别是近年来，随着贿赂犯罪由“权钱交易”发展到“权利交易”“权色交易”，用设立债权、无偿劳务、提供住房、免费旅游等财物以外的物质利益，以及晋职、招工、迁移户口、提供女色等非物质性利益进行贿赂的案件频繁发生。这些财物以外的物质性利益和非物质性利益，既是行贿者用以腐蚀和诱惑受贿者的利益，更是受贿者难以拒绝和无动于衷的利益。法律的生命力首先在于它的现实性和适应性〔2〕。而现行《刑法》规定的贿赂范围，已经大大与现实脱节。因此，为了彻底打击贿赂犯罪对国家公职人员职务廉洁性的侵犯和玷污，应将贿赂的范围扩大至一切不正当利益。其具体理由有：

1. 财物及财物以外的一切不正当利益，皆可用作“贿赂”以侵犯职务行为之不可收买性。因为，财物及财物以外的一切不正当利益，都可能成为交换权力的对象。一方面，一切利益都可能被受贿者所需。不同的人在不同的阶段和不同的处境中，可能会有不同

---

〔1〕 高铭暄、马克昌：《刑法学》（下），中国法制出版社 1999 年版，第 1137～1138 页。

〔2〕 江辉、张惠：《非物质利益贿赂立法化的思考》，载《宜春学院学报（社会科学）》2001 年第 1 期。

的需求和对多种多样的利益感兴趣。这些需求内容也许是财物，也许与财物毫不相关，经过掌权者暗示或明示，或者既无暗示也无明示，但总能被行贿者获知而投其所好。另一方面，权力能交换到的一切利益对受贿者都具有诱惑力。对于一个贪婪者来说，一切利益都是他要攫取的。而对于一个手中握有权力的贪婪者来说，只要是权力能安全交换到的利益，无论是财物，或是财物以外的其他利益，都能引起他浓厚的兴趣。有时侯，他们以权谋私的欲望是如此强烈，即使这种交换是不安全的，即明知是触犯法律的，他们也会心存侥幸地以身试法。

2. 现行刑法贿赂范围的“财物”限制放纵了大量实质上的受贿犯罪。由于我国《刑法》只规定利用职权交换“财物”才会受到刑罚处罚，因此，行贿者和受贿者都不约而同地把目光投向“财物”以外的利益，彼此都达到了目的又能逃避《刑法》制裁。现行《刑法》关于贿赂范围仅限于“财物”的规定，既为见缝插针的行贿者也为欲壑深邃的受贿者，违背本意地留下一条小隙，使其得以“独辟蹊径”，毫不费力就能各取所需并逍遥法外。这是我国当今受贿犯罪有增无减的重要原因。

3. 综观世界各国立法例，在贿赂范围的规定上，除法国仅限于财物外，其他国家均扩大到财物以外的范围。[1] 有许多国家规定的贿赂范围较宽，其中有多种不同的文字表述。例如，“财产利益、个人利益”（波兰刑法），非法利益（巴西刑法），酬谢（印度刑法），“财产或其他利益”（泰国、丹麦刑法），金钱或其他利益（意大利、罗马尼亚刑法），还有不少国家只笼统规定“贿赂”，而不限定其内容（韩国、日本、阿尔巴尼亚、匈牙利等国刑法），究竟什么利益可成为贿赂，由刑法理论和司法实践去解释[2]。根据日本的

---

〔1〕方明：《对受贿罪若干问题的反思与重构》，载《中国刑法学会年会文集》2004 年度第 2 卷，第 62 页。

〔2〕王作富、韩耀元：《论贿赂犯罪的刑法完善》，载《检察理论研究》总第 25 期。

判例和学者的解释，贿赂包括一切能满足人的欲望的有用的东西，诸如金钱、物品、招待、娱乐、支付债务、提供职位、提供服务等，甚至接受很可能升值的股票也构成受贿[1]。此外，《1989 年英国公共机构贿赂法》第 1 条第 1 款规定了公共机构成员、官员或者雇员构成的受贿罪，其贿赂包括“任何礼品、贷款、酬金、报酬或者好处”，根据该法第 7 条的解释，好处包括任何职位或者荣誉。延缓清偿任何价金或者有价之物，属于物质性的利益；职位、荣誉则属于特定的其他利益。我国香港法律将贿赂内容规定为“任何利益”。《香港防止贿赂条例》第 2 条将贿赂解释为任何礼物、贷款、费用、报酬或佣金；任何职位、雇佣或契约；支付、免除、清还或清理任何贷款，责任或其他负责之全部或部分；任何其他服务或优惠，包括加以庇护以免受任何纪律、民事或刑事之控告或处罚；执行或不执行任何权利、权力或职责等[2]。

总的说来，鉴于《刑法》将贿赂的范围仅限于财物过于狭窄，势必会放纵那些利用职务上的便利获取财物之外的物质性利益和不正当利益的行为。再者，我国现行《刑法》贿赂范围的限制与《联合国反腐败公约》的规定及世界诸多国家及地区的规定不相一致。因此，扩大贿赂的范围是适当的，也是非常必要的。

（二）关于受贿罪中“为他人谋取利益”的问题

“为他人谋取利益”要件已悄然变成腐败避风港，谋利要件在受贿罪中的立法缺陷主要表现为：首先，受贿罪的本质在于侵犯了职务行为的不可收买性。只要公职人员实施了利用职权便利非法收受他人财物的行为，就已构成收买职务行为的事实，至于“为他人谋取利益”意图的有无及后续行为实施与否，均不影响其实质。其

[1] 武功：《日本的贿赂犯罪及其预防》，载《中国刑事法杂志》总第 38 期。

[2] 转引自易志华：《完善贿赂犯罪立法遏制腐败新问题》，载《云南公安高等专科学校学报》2000 年第 4 期。

次，我国现行《刑法》条文中，既未明确规定亦未有司法解释表明，受贿罪中的谋利要件属客观要件还是主观要件。如果将其作为客观要件，则行为人收受了贿赂尚未为他人谋取利益，或正在为他人谋利但未成功，就难以追究其刑事责任；而如果将其作为主观要件，则行为人收受贿赂却根本不打算为他人谋取利益的行为，又被排除在刑法否定评价之外。再次，据司法实践反映，是否“为他人谋取利益”，往往举证困难。最后，该定罪要件的缺陷正在成为权力寻租的突破口，有些公职人员收受贿赂后，既不立即为行贿人谋取利益，也不作出将来要为其谋利的明确承诺，但双方“心照不宣”，只是等到“谋取利益”时机成熟时再兑现。现行刑法对此种情形难以惩罚。更有甚者，许多收受他人巨额礼金而不曾许诺、着手或尚未在公务活动为他人谋取利益的行为人逍遥法外。因此，本文建议尽快取消受贿罪“为他人谋取利益”要件，如必须保留，可以将其作为量刑情节。这不仅符合刑法理论和我国打击受贿罪的需要，而且也顺应了受贿犯罪立法的国际潮流，我国周边的国家日本、韩国，以及我国香港、台湾、澳门地区受贿罪规定均无此要件。

（三）关于行贿罪中的“为谋取不正当利益”问题

我国现行刑法要求行贿罪的构成必须以行为人主观上具有“谋取不正当利益”的目的为要件；如果其意图谋取的利益属于“正当”，行贿罪便不能成立。我们认为该要件实为不妥，具体理由有：

第一，从规定“谋取不正当利益”的立法初衷来看，我国《刑法》之所以作出如此规定，理由大致有二：一是有些政府官员官僚作风严重，行政效率低下，普通公民到政府办事困难重重，因而忍痛纳贿，实属无奈。二是基于刑事政策上的考虑。由于贿赂犯罪的掩蔽性使得查处难度很大，所以希望于相对人挺身举发，以便发觉受贿，亦使公职人员惮于相对人事后的举发，而不敢以身试法[1]。但我们只要对实际情况稍加考察，就会发现这两条理由站不住脚。首先，即便有的行贿者仅是为了得到本应得到的周到便捷的服务，但其行贿行为在诱发公职人员工作热情的同时也腐蚀了其精神，使其养成收受好处才履行职责的恶习，并进而破坏了社会信任。再者，这类行贿人一般只施以小恩小惠就可达到自己的目的，所以他们一般不会检举揭发受贿者。

第二，从法理上和司法实践效果来看，这种规定显属不当。其一，受贿罪作为与行贿罪有对合关系的罪种，《刑法》对其构成要件规定的是“为他人谋取利益”，并未将请托人期望而由受贿人为之谋取的“利益”限制在“不正当”的范围内。行贿人意图谋取的利益，也正是受贿人利用职务便利谋取的利益。立法在受贿罪中规定受贿人为请托人（行贿人）谋取的利益包括正当的与不正当的，同时又在行贿罪中规定行贿人谋取的利益仅为不正当的，自相矛盾。其二，从实践来看，大量行贿行为人并非以谋取不正当利益为目的。由于立法对行贿罪构成要件的不当规定，导致大量为谋取正当利益而行贿的行为发生，与之相应的受贿犯罪也相对增多，造成对贿赂犯罪打击不力的后果。我们认为，行为人无论是为谋取正当利益还是不正当利益，向公职人员行贿，都同样损害了公务活动的廉洁性与公正性，只是社会危害性不同而已[2]。

第三，从行贿行为的性质来看，不论谋取的利益正当还是不正当，行贿行为都具有社会危害性。虽然受贿罪与行贿罪的侵害客体都可表述为国家机关工作人员职务行为的廉洁性，但在具体侵害行为方式上两者却是略有差异的。在受贿罪中，由于受贿人能够直接

---

〔1〕 易志华：《完善贿赂犯罪立法遏制腐败新问题》，载《云南公安高等专科学校学报》2000年第4期。

〔2〕 赵秉志、肖中华：《论市场经济体制下的贿赂犯罪及防治对策》，载《河北法学》1995年第1期。

利用职务行为索取或收受财物，因而受贿行为表现为对客体的直接侵害；而在行贿罪中，行贿人是通过向受贿人行贿，以此来促使或引诱受贿人利用职务行为为其谋取利益，因而行贿行为对客体的侵害表现为一种间接方式，其直接社会危害性则为腐蚀国家工作人员和败坏社会风气。由此可见，谋取不正当利益的行贿行为当然具有社会危害性，而谋取正当利益的行贿行为也不能排除其行为本身所具有的社会危害性。因为谋取的利益正当与否并不影响行为人以行贿方式腐蚀国家工作人员的社会危害性[1]。

第四，从行贿案件的具体情况来看，谋取不正当利益与谋取正当利益是相对的，很难用统一的标准截然分开[2]。换言之，什么叫“正当利益”，什么叫“不正当利益”，区分颇为困难。特别是时下我国正处于新旧体制转轨的社会转型时期，这使许多领域，尤其是经济领域的一些“利益”正当与否更难区分。比如，数人竞争一个工作岗位，对竞争者来说，获得这一岗位都是一种正当利益，但在未得到竞争结果之前，是一种“不确定的利益”，也即是根据有关政策、法律，任何具备一定条件的人都可能取得的利益，但究竟能否取得，则是不确定的。如果竞争者中的某一人为谋取这一正当利益，而向负责录用的国家工作人员行贿，获得“优先录取权”，从而实现争得这一岗位的目的，则其行贿行为不仅侵犯了国家工作人员职务行为的廉洁性，同时又违反了公平竞争的原则。像这种在现实生活中大量存在的现象，本应以行贿论处，但依现行刑法却难以定罪，因为行贿人谋取的不是“不正当利益”[3]。

实质上，行贿罪所侵犯的客体是公务人员职务行为的不可收买

---

〔1〕 孟庆华：《贿赂罪客观方面比较研究及其立法完善》，载《浙江省政法管理干部学院学报》2001年第1期。

〔2〕 费贵廉：《整治贿赂犯罪亟待进一步完善立法》，载《天津市政法干部学院学报》2003年第1期。

〔3〕 陈瑞林：《贿赂犯罪若干问题再思考》，载《现代法学》1999年第4期。

性，只要行为人实施了行贿行为，则不论出于什么目的，也不论谋取何种利益，其行为都是对公职的收买，都构成了对客体的侵害。为正当利益的行贿和为非正当利益的行贿，只有社会危害性程度的不同，而决无可罚与不可罚的区别。行贿与受贿作为刑法理论上的对合犯，其实质是一种“钱权交易”，如果说受贿是某些国家公务人员意志薄弱的表现，那么行贿则是促成这些意志薄弱者腐化堕落的外部诱因，二者共同构成了对国家机器正常运转的威胁，如果我们只承认行贿人为谋取不正当利益而行贿才是犯罪，而把谋取正当利益的行贿行为排除在刑法之外，从理论上讲不通，从实践看也十分有害[1]。

因此，我们认为，行贿行为严重腐蚀国家工作人员，诱发大量受贿犯罪，严重损害国家工作人员职务权力的廉洁性，这是行贿罪社会危害性的本质所在。同受贿罪中受贿枉法与受贿不枉法不影响受贿本质一样，行贿人谋取的利益正当与不正当只反映了行贿人主观恶性的大小，并不影响行贿行为的本质，充其量只具量刑意义。只有取消“为谋取不正当利益”的构成要件，对行贿行为与受贿行为一视同仁，才能铲除腐败土壤，从源头上打击受贿之风。

三、关于增设“收受礼金罪”是否必要的问题

《刑法修正案（九）》曾打算增设“收受礼金罪”，意图以此解决国家公职人员感情投资问题，在学界一度引起热议。这里的关键问题是，收受礼金罪的“礼金”性质是否属于贿赂？所谓贿赂，是关于职务行为的不法报酬，是一种意在与职务行为进行交换的不法利益。如果“收受礼金罪”的“礼金”性质不是贿赂，而属正常范围的人情往来，也就是说，礼金的追求不在权力而在亲情友情，那么数额多大都不应受到刑法制裁，无论以较重的受贿罪还是以较轻

---

〔1〕 刘仁文：《论贿赂犯罪的立法完善》，载《检察理论研究》总第 14 期。

的收受礼金罪。相反，如果“礼金”的性质是贿赂，是以金钱财物的方式暗地收买权力，那么，收受贿赂的行为便是受贿，理当以受贿罪论处。判断礼金是否属于贿赂，应根据送礼者和收礼者的关系渊源、感情程度以及礼金数额等综合判定。如果没有特别原因特别期许，没有事情需要请托，尤其如果被送礼者不具相关职务身份和职权优势，恐怕没有人会平白无故送上巨额礼金或贵重物品，这也是社会常识。如果奉上“礼金”的目的，是为了先投资先开路“放长线”，以待时日交换国家工作人员手中权力，那么其性质无疑应属贿赂。而国家公职人员既然心知肚明收受贿赂性质的“礼金”，不论其内心有无打算或者将来事实上是否为送礼者谋取利益，都应以受贿罪处之，因为这里的“礼金”和受贿罪的“财物”，并无本质不同。所以，无论“收受礼金罪”的“礼金”性质是否属贿赂，“收受礼金罪”并无增设必要。

如果增设“收受礼金罪”是为加大反腐力度，以立法堵住腐败漏洞，而将现有受贿罪构成要件所排除在外的收受礼金行为但尚无后续谋利表示和谋利行为，以及受贿者实际上承诺、着手或已经为送礼者谋利但举证困难的行为，或者可能还想将只收礼不谋利的行为等情形，统统囊括到“收取礼金罪”中以刑罚侍候，从而严密刑法法网。即该罪的设立如仅仅出于堵漏原意，并无须另设“收取礼金罪”，因为上述收受财物的种种行为，实为不折不扣的受贿行为，只需取消受贿罪中“为他人谋取利益”要件，就能全部依法规制。另一方面，如果就此将收受礼金行为圈进法网，又未免所处刑罚过重，毕竟已经谋利和尚未谋利及尚未明确表示谋利，在社会危害性上还有所不同，在我们这样一个有着悠久人情习俗的国家，这种担心可以理解，但解决这个问题并不难，事实上只要适当提高受贿罪立案、量刑标准就能达到同样效果。因此，这同样不是增设“收受礼金罪”的必要理由。由上述分析可知，不论增设“收受礼金罪”

的立法考虑为何，事实上都可以通过修改现有受贿罪的构成要件达成。

此外，如果针对国家工作人员收取巨额礼金行为增设“收取礼金罪”，那么作为对向行为的奉送礼金是否也应进入刑法视野，从而同时增设“奉送礼金罪”呢？如果回答是否定的，那么增设“收取礼金罪”则有违立法平等原则。

腐败是现代民主社会的大敌，它不但破坏民主法制和价值观，更对社会正义和伦理标准带来不可挽回的恶劣影响。当前正是我国反腐高潮期，从法律规定上扫清反腐障碍、为反腐提供法律武器，既是立法者的任务，也是司法者和社会公众的期待。虽然《刑法修正案（九）》只施行年余，但在全面依法治国的背景下，“依法反腐”已成为必由之路，只有坚持用法治思维和法治方式，才能使反腐败逐步走向规范化、制度化，所以建议尽快尽早完善贿赂犯罪相关规定，充分利用法律武器与腐败行为作斗争，待条件成熟时推进反腐败国家立法，建立起从严治党、从严治吏、反腐败的长效机制。

第三编　论文集萃

全面从严治党视阈下 "党内法规功能" 初探

车　蕊　钟铮铮　吴清愉　胡　军*

一、党内法规功能研究的重要性

（一）党内法规研究现状

自党的十八大以来，以习近平同志为核心的党中央坚持"党要管党、从严治党"，修改并出台了一系列党内法规，并对党内法规制度建设提出了新的要求。从1927年第一次召开的中国共产党第一次全国代表大会通过了《中国共产党党纲》至今，我国已建成1部党章、2部准则、28部条例、18 000余件规则、规定、办法、细则以及不计其数的意见、决议、通知等党内其他规范性文件[1]，基本形成了一个以党章为核心、效力层级区分、部门划分齐全的初具规模的制度体系。

尽管党内法规制度的内容基本实现了对党内关系调整范围的全

* 车蕊、钟铮铮、吴清愉、胡军：中国政法大学法学院2013级本科生，"党规与国法"研究小组成员。

〔1〕 宋功德：《党规之治》，法律出版社2016年版，第3页。

覆盖，但是，在实践操作中因为诸多困难与障碍，无法全部实现制定党内法规时所期待的调整效果。这一现实是由诸多原因共同导致的，参照之前众多学者的具体分析，大体可以归纳到党内法规的制定和实施两个环节中，但是，无论是对制定党内法规时面对的缺失、冲突、滞后等诸多缺乏科学性、规范性、可行性的问题，还是在实施过程中面临的执行力度、工作体制等问题，其分析对象主要是针对党内法规的内容方面。大多数研究在分析部分或全体党内法规内容的制定和实施时，会以内容为基础进一步分析党内法规的渊源、分类、形式、效力、体系等问题，均是对基本定位属于社会法和软法的党内法规“法”特性的研究。〔1〕

然而，在党内法规的理论研究中，对于对应法学的另一基本概念即法的功能的党内法规的功能较少提及，有提及者，多是依照党内法规建设发展的过程，分析其不同阶段制定党内法规所要解决的政治问题〔2〕，在法学的框架内以党内法规的功能为主要方向的理论研究尚属空白。

（二）“从严治党”视阈下党内法规功能的现实意义

理论上的关于功能的研究空白也间接地反映在现实实践过程中，无论是制定主体还是实施主体对于党内法规功能的认识都较为模糊而不清晰、片面而不全面，处于一种自然自发的状态而缺少自觉理性的思考。规范性文件的制定主体，其制定的行为就是将其在思维层次中设计的“应然”状态，成为规范性文件的具体内容；而实施主体，其实施行为就是将规范性文件的具体内容，成为现实层次中的实现的“实然”状态。在上述过程中，作为连接“应然”与“实然”的内容的重要地位无可厚非，但是在其中，如果无法正确

---

〔1〕 姜明安：《论中国共产党党内法规的性质和作用》，载《北京大学学报（哲学社会科学版）》2012年第5期。

〔2〕 王振民、施新州等：《中国共产党党内法规研究》，人民出版社2016年版，第15页。

理解党内法规的功能，制定和实施行为本身就会难以进行或者走入歧途。

从党内法规的制定主体来看，党内法规其内容本身是制定主体在经过科学化、民主化规定程序后思维表达的产物，是其思想中形成的“应然”状态的文字描述，由于语言本身和表达上的局限性，其结果通常具有模糊或者片面的特点，这种原因同“立法技术”水平限制等其他原因，共同导致了在具体的党内法规中出现“碎片化”的特点，同样，因为这样的原因，我们除了要为因为世情、国情、党情新的变化带来的新的问题制定、修改党内法规，还要为应该由之前制定的党内法规解决而未解决的问题，重新分配党内资源重新由制定主体再次表达，而前后之间主体、环境、条件等不同很可能会导致前后表达的结果产生冲突。

这种浪费和冲突尽管无法完全避免，但是却可以尽可能减少，重视和强调党内规范功能的体系化和协调化就能在一定程度上予以解决。因为规范性文件的功能相比于内容更加具有概括性，因此在制定的过程中加强对所制定的党内法规所包含功能的考量，就会在此指导下对文件的形式、内容做整体性的调整，也会使党内法规对党内关系、问题的调整方式摆脱单一化、碎片化的局限，使党内规范在内容上更加完备、结构上更加科学、形式上更加规范。

从党内法规的实施主体来看，党内法规的实施过程，其实是实施主体充分理解制定主体的思想表达后，在实践中予以落实、执行，并通过监督、救济等方式使实施的结果（“实然”状态）尽可能满足制定主体当初在制定过程中思想所产生的“应然”状态。这样来看，实施主体首先应当对制定者的思维表达产物进行理解，然后在理解的基础上进行行为并事后纠察。同之前对制定主体制定的表达一样，党内法规的功能对实施主体的理解的实现同样具有较大影响。如果没有以对功能的体系化研究为基础，实施主体对于具体党内法规的功能的理解就只能停留在自然状态下的自发性层次，缺乏理性思考的结论作为支撑，只能对立法者的思维结果达到较为浅薄、片面的认识，在以这种认识为前提下，实施主体必然无法全面理解制定主体所期待的“应然”状态，进而影响到之后的行为过程，在落实、执行党内规范内容的时候造成执行力度不够、落实不全面等诸多问题。

介于法理学领域中对“法”的作用的研究较为完善，而党的十八大将依规治党纳入中国特色社会主义法治建设当中，之前理论研究也对党内法规属于法范畴中的社会法、软法产生共识，上述现状均为以完善的“法的作用”的研究为工具研究党内法规的功能奠定了条件与基础。

二、党内法规功能的基本理论——以法理学为参照

（一）党内法规与党内法规功能的概念

“党内法规”一词，最早由毛泽东于1938年提出[1]，随后刘少奇、邓小平等领导人都相继提出了类似概念，如“党的法规”[2]“党规党法”[3]等。1990年，中共中央出台《中国共产党党内法规制定程序暂行条例》第一次对党内法规做出明确定义[4]，自此，“党内法规”由原有的习惯性用法，正式成为明确的法定名称。1992年，党的十四大首次把“党内法规”写入党章。随后的江泽民[5]、胡锦涛[6]、习近平[7]等领导人多次使用“党内法规”，党的

〔1〕参见《毛泽东选集》（第2卷），人民出版社1991年版，第528页。

〔2〕参见《刘少奇选集》（上卷），人民出版社1981年版，第316页。

〔3〕参见《邓小平文选》（第2卷），人民出版社1983年版，第147页。

〔4〕《中国共产党党内法规制定程序暂行条例》：“党内法规是党的中央组织、中央各部门、中央军委总政治部和各省、自治区、直辖市党委制定的用以规范党组织的工作、活动和党员的行为的党内各类规章制度的总称。”

〔5〕参见《江泽民文选》（第1卷），人民出版社2006年版，第322页。

〔6〕参见《胡锦涛文选》（第3卷），人民出版社2016年版，第12页。

〔7〕参见《习近平关于严明党的纪律和规矩论述摘编》，中央文献出版社2016年版，第35页。

十四大至十八大对党章的修改以及2013年的《中国共产党党内法规制定条例》都延续了这一概念。同时，党内法规具有法的性质，其基本定位应该属于社会法和软法[1]。因此，我们可以从法理学的角度，参照法学相关方法对党内法规进行研究。

党内法规既具有法的性质，应当也具有法的相关功能。“功能”在词典中的定义为“事物或方法所发挥的有利的作用”[2]，法的功能是指法作为一种特殊的社会规范对人们的行为和社会生活所产生的影响和结果[3]，党内法规功能则是指作为一种特殊规范的党内法规对党组织、党员等的行为所产生的影响和结果。党内法规功能实质上是中国共产党的主张与理想的体现。为实现中国特色社会主义，必然要求充分发挥党内法规功能，使得党的行动更规范化和系统化。党内法规功能也是一定社会情况下的反映，不同的社会阶段下，党有不同的情况，党内法规功能发挥的侧重点可能不同，但党内法规功能是一个整体，不能片面追求部分功能，忽略与其他功能的协调。协调发挥党内法规的各种功能，党内法规才能在党的建设中起到其应有的作用。

（二）党内法规的规范功能

在法理学领域，广义的法的功能既包括法的规范功能，也包括法的社会功能，后者又称之为法的社会作用，而狭义的法的功能仅指前者。同样，我们也可以把党内法规的功能分为规范功能和社会功能，后者往往成为党内法规的作用，并被诸多党法学者所提及并研究，在本文中，笔者将不再深入探讨党内法规的社会功能，而是专注于其规范功能，以法理学中法的功能理论为工具，尝试构建党内法规的规范功能体系。

---

〔1〕 姜明安：《论中国共产党党内法规的性质和作用》，载《北京大学学报（哲学社会科学版）》2012年第5期。

〔2〕《现代汉语词典》，商务印书馆2012年版，第453页。

〔3〕 舒国滢：《法理学导论》（第二版），北京大学出版社2012年版，第37页。

1. 党内法规的指引功能

法的指引功能的对象是行为者本人，指引的内容是行为人的行为本身，但并非只对特定人有效，而是对社会的所有人均发挥着作用——当这些人作为行为之个体时就会感受到这种指引的作用力。法的指引功能表现为："法律作为一种行为规范，为人们提供某种行为模式，指引人们可以这样行为，必须这样行为或不得这样行为，从而对行为者本人的行为产生影响。"[1] 基于此，党内法规的指引功能可以理解为每一位党员、每一个党组织都可以根据党内法规的规定选择和决定自己是否行为，如何行为，并自觉地选择能产生有利后果的行为方式。

法的指引性"是通过规定人们的权利和义务来实现的"[2]，包括有选择性的指引和确定性的指引，前者从权利出发，规定某种行为模式，人们可以自由选择为或不为，为A还是为B，这种规定被称之为授权性规范；后者则强调义务性，规定人们必须为某种行为或者不得为某种行为，此为义务性规范和禁止性规范。党内法规根据其形式也可以分为授权性规范、义务性规范和禁止性规范，三类规范共同作用，以保证指引功能的实现。

法律和党内法规的区别之一就在于法律以权利为逻辑起点，党内法规则以义务为起点，故而有人认为党内法规中不存在选择性的指引，一切应以确定性为原则。这种想法无疑混淆了规范的出发点与表现形式两个不同的概念，它们分属于不同的维度，前者强调规范的产生和效力基础，党内法规的形成以全体党员自愿基于共同的信仰放弃部分权利而承受部分义务为前提，当然以义务为前提、出发点，但从义务出发制定的具体规范在形式上并不排斥授权性规范

---

〔1〕 舒国滢：《法理学导论》（第二版），北京大学出版社2012年版，第38～39页。

〔2〕 舒国滢：《法理学导论》（第二版），北京大学出版社2012年版，第38～39页。

的存在，比如作为党内法规中的“基本法”的《党章》的第4条[1]也专门规定了党员的基本权利。

比起权利规范存在于党内法规中的不容置疑，更加值得探讨的一个问题是：党内法规规定的党员权利是否可以放弃。法学界普遍认为，除了生命权等公民基本权利外，绝大部分的权利都是可以放弃的，或者说可以不予行使的，那么党内法规规定的党员权利是否也是如此呢？笔者认为，党员权利与公民权利相比，其放弃更为困难，要求更高，有些甚至近乎于不能放弃。以选举权和被选举权为例，对于公民而言，在选举人大代表时，虽然我们鼓励公民积极行使自己权利，但若有人将自己的选民证视若无物拒不投票，也不会受到法律的追究；但是对于党员而言，党员在党代会上行使表决权和选举权、被选举权，是不能任意决定是否出席的，请假要履行严格的法定程序，并确有正当理由，换句话说，党内选举权和表决权的放弃行使有严格的条件要求，不能随心所欲。至于弃权票本身就是权利行使的一种表现，无需过度探讨。

2. 党内法规的评价功能

法的评价功能针对的是他人，是本人基于一定的行为标准对他人行为是否得当的一种评价，其表现为“法律对人们的行为是否合法或违法及其程度，具有判断、衡量的作用”[2]。党内法规的规范功能大体也是如此，是党员基于一定的标准对其他党员的行为的衡

[1] 《中国共产党党章》第4条：党员享有下列权利（1）参加党的有关会议，阅读党的有关文件，接受党的教育和培训。（2）在党的会议上和党报党刊上，参加关于党的政策问题的讨论。（3）对党的工作提出建议和倡议。（4）在党的会议上有根据地批评党的任何组织和任何党员，向党负责地揭发、检举党的任何组织和任何党员违法乱纪的事实，要求处分违法乱纪的党员，要求罢免或撤换不称职的干部。（5）行使表决权、选举权，有被选举权。（6）在党组织讨论决定对党员的党纪处分或作出鉴定时，本人有权参加和进行申辩，其他党员可以为他作证和辩护。（7）对党的决议和政策如有不同意见，在坚决执行的前提下，可以声明保留，并且可以把自己的意见向党的上级组织直至中央提出。（8）向党的上级组织直至中央提出请求、申诉和控告，并要求有关组织给以负责的答复。党的任何一级组织直至中央都无权剥夺党员的上述权利。

[2] 舒国滢：《法理学导论》（第二版），北京大学出版社2012年版，第39页。

量与判断，是否合乎规定以及会产生何种后果。

党内法规与法律的不同在于评价标准本身。法律的评价标准是唯一的，或者说只有一个层次，以法律评价，要么合法要么违法，不存在中间过渡阶段等问题，也不存在有的更合法有的一般合法这种荒谬的论断。但党内法规似乎并非如此。我们常说“两学一做”，其中“做”指的就是学做优秀党员，“优秀”正是一种价值判断。党员行为合乎党内法规，只能说是一名合格的党员，“合格”是一种规范判断，可以说不违规即“合格”，但是“合格”不等于“优秀”，由此可以看出，对党员的评判会在“合格”的基础上更近一步，有一个更高的价值追求和评判，而“优秀”的标准正在逐步量化，包括各类评价机制、奖惩机制的创设，并跟随“两学一做”的步伐在逐步推广。需要注意的是，这并不是说党内法规本身有了双重标准，只是在一个标准上有了两个层次：合格与更合格（优秀）。当然，对于社会来说，我们也会鼓励和倡导“四有”公民等有着较高道德水平和示范作用的公民，但这种“四有”不能从法律本身寻找规范依据，也不会专门以某种固定的教育形式来进行推广，这与党内法规是有较大区别的。至于有些学者主张的法律评价标准也要分层级并入法，笔者认为是不科学的，法律本身就是最低层次的道德，把道德入法，使法律的评价标准不唯一，将违背法的公正性和立法的旨意。

党内法规和法律在规范功能上的不同还在于调整对象上。法的评价作用只能针对人的行为（包括自然人、法人和其他社会组织的行为），而不包括人的思想，人的思想拥有绝对自由，无论思想多么“反动”，只要未经表达，就不会对社会产生作用，不能被法律所调控。[1] 但是党内法规所约束的成员——党员，本身就是基于共同的信仰才结合形成了整体，在思想上理应具有高度的统一性，不

〔1〕 参见付子堂：《法理学初阶》（第四版），法律出版社 2013 年版，第 101 页。

允许出现违背共同理想的“个人主义”，那么对于产生“异动”思想的党员，即使这种思想没有产生现实的影响，这种思想一旦被人所感知——例如不小心说出，写在日记本上等，都将意味着思想的不坚定和不纯洁，理应受到党内法规的评价并承受相应的负面后果。

3. 党内法规的预测功能

法的预测功能强调对行为相对人的预测，多表现于双方当事人之间，“人们可以根据法律规范的规定事先估计到当事人双方将如何行为及行为的后果。”[1] 基于法的预测性，人们可以在可预见后果的范围内自由安排自己的行为，从而形成稳定而规范的生活方式。预测作用的实现要求法律规范本身公开、确定、不溯及既往和稳定，秘密的法不存在预测的问题，不确定的法使预测毫无意义，溯及既往等同于朝令夕改，不稳定的法会大大削弱法的预测效力。[2]

在这一点上，党内法规和法律是完全共通的，党员根据党内法规来预测其他党内成员会如何行为，从而安排自己的行为，参加党内生活，这当然要求党内法规具有公开性、确定性和稳定性，这对于制定者而言至关重要，党内法规制定者必须保证这些性质的实现。不过，这种“公开”理论上仅指在党内必须公开，让受其调整的成员有“法”可依，至于全社会公开以吸收群众的意见并接受群众的监督，是由党的群众观和先进性决定的，与党内法规自身的预测功能关系不大。

4. 党内法规的教育功能

法的教育功能的对象最为广泛，适用于包括本人在内的一切社会成员。法律是最低层次的道德，“通过法律的实施，法律规范对

---

〔1〕 舒国滢：《法理学导论》（第二版），北京大学出版社 2012 年版，第 39 页。

〔2〕 参见付子堂：《法理学初阶》（第四版），法律出版社 2013 年版，第 101 页。

人们今后的行为发生直接或间接的诱导影响”，法律“把自己的规则和原则中的某种思想、观念和价值灌输给社会成员，使社会成员在内心中确立对法律的信念，从而达到使法律的外在规范内化，形成尊重和遵守的习惯”〔1〕。反面教育和正面教育都是行之有效的方式。

党内法规的教育功能也是如此，各级党委党组通过党课、党内学习等活动形式，集体学习《党章》为首的党内法规，深入了解党的理论与规范，党员们通过这些活动吸取党的思想与观念，并在内心形成党内法规确信，因而自愿自觉地遵守和尊重。在学习过程中，往往会引入先进党员的先进事迹让大家学习，也会列举“变质”的、腐败的党员并要求大家引以为戒，正反结合，充分实现党内法规的教育性。

不过，值得注意的是，法的教育功能“是体现在对人的尊重的基础上的，单纯的强制并不能带来真正的服从，也不可能产生真正的教育作用”〔2〕。党内法规也是如此，在加强党内法规教育的过程中，在要求党员遵守规定、履行义务的过程中，必须要同时尊重党员的权利，实现党员真正自觉、自愿遵守党内法规的最佳状态，而不能仅仅依靠强制和惩罚，这并非真正的教育功能。

5. 党内法规的强制功能

法的强制功能针对的是违法者的违法行为，是运用国家强制力保证自身实施，惩罚违法行为的重要体现，具有最终保障性，“它以有形的物质性的力量为表现形式”，通过警察、监狱、法庭等国家机器予以实现，不同于无形的精神性力量，是其他功能的实现的必要保障，如果没有法的强制功能，法的指引功能就会降低，评价功能就会失去意义，预测功能会面临质疑，教育功能的实效也会受

---

〔1〕 舒国滢：《法理学导论》（第二版），北京大学出版社 2012 年版，第 39～40 页。
〔2〕 参见付子堂：《法理学初阶》（第四版），法律出版社 2013 年版，第 102 页。

到影响。没有强制性，法将失去其本性。[1]

党内法规的强制功能表现得最为明显，它将不合格的党员行为以规范的形式加以规定，并以其内部的强制力加以保障，这种保障兼具物质强制性和精神强制性，违规违纪的党员，不仅要面临处分等惩罚，也会因为信仰的丧失、党性的污染承受精神的痛苦。近年来，防腐倡廉建设的成果显著，大量贪污官员纷纷落马，大量腐败党员按照党内法规接受了相应的处分，例如吕梁市官员集体落马等案例屡见不鲜，党中央坚决反腐“零容忍”的态度十分坚定，行为与举措也迅速而有效，这一切均离不开完善的党内法规体系的支持，离不开党内规范强制功能的发挥。与法的功能相似，党内法规的强制性也是其他功能实现的必要保障和最终保障。

三、党内法规功能实现之路径思考

党内法规的内容由“应然”贯彻至“实然”状态的过程中，功能的保障作用十分重要。而就党内法规的功能如何在从严治党、构建党内法规体系的进程中发挥作用，笔者拟从党内法规的创制、执行和教育三方面提出路径构想。

（一）党内法规的创制：注重党内法规功能的全面性与体系性

首先，党内法规的创制必须注重全面性。从功能的角度而言，党内法规体系的全面性强调党内法规整体功能的全覆盖性的同时，呈现出“碎片化”现象。[2] 这种“碎片”现象在内容上体现为对某些领域堆积立法，而某些领域尚处法规空白；在功能上，体现为立法对某些功能的片面强调，不同地方片面强调的功能各异，面向党员和党员干部时片面强调的又各有不同。不可否认，党内法规的创制根据实际情况的不同，功能上有所侧重是能动性的体现，然而侧

[1] 舒国滢：《法理学导论》（第二版），北京大学出版社 2012 年版，第 40 页。
[2] 参见张国生：《党内法规体系若干问题的思考》，载《上海党史与党建》2016 年第 1 期。

重强调绝非是片面强调，党内法规体系若想在运行中能够经久不衰，在整体上必然要具有功能多样性。

其次，重视党内法规功能的体系性。功能的体系性可从三个层面解读：一是党内法规的五种功能并非单纯的各司其职，而是相辅相成、相互配合的，这种协调关系，既是一个体系的特色，也是评判该体系是否合理、科学的标准之一；二是关于某些具体领域的党内法规部门，各种功能亦是应该得到全面体现，但在不同历史时期因客观环境和任务使命不同，某些领域党内法规的功能可能侧重不同，但各功能必须是协调完备，能够共同致力于党内法规在该领域的实施；三是对于每条具体的规定，无论具有一种功能，还是具有多种或全部功能，必须能与所属的党内法规部门乃至整个党内法规体系在功能上协调一致。

（二）党内法规的执行：多元方法的综合运用

从功能的角度而言，综合运用多种方法，实现党内法规全部功能，是从严治党要求下，对于党内法规有效执行的重要保障。目前，部分基层党组织在执行党内法规的过程中往往只注重某些执行方法的运用，如强制性的执行方法，或者教育性的执行方法。以强制性执行方式为例，不可否认，在从严治党的背景下，强制性的执行方法对于发挥党内法规的效能具有非常重要的保障性意义，是全面推进从严治党的有力落脚点。但是，长期单一运用强制性的执行方法会导致党内法规的其他功能难以实现，最终导致党内法规体系失去能动性与生命力。因而，在党内法规的执行环节，综合运用教育、评价、强制等多元手段才能保障党内法规应有功能的发挥。

此外，党内法规的执行并非简单的点面执行模式，而是渗透于党内的全方位事务，并需要依靠完备的相关配套制度建设。从始端的公布、推广至后期的适用、监督，党内法规执行中的每一个环节都是环环相扣、不可忽略的，在建设相关配套制度的进程中都应注重教育、评价、强制等多元方法的综合应用。

（三）党内法规的教育：纵横并重

党内法规的面向主体是党员，党员既是党内法规功能的最终受益者，也是党内法规有效运行的推动者，因而党内法规功能的有效发挥可以提高党员的思想意识，而党员先进的思想意识又推动着党内法规功能的有效发挥，形成相互促进的循环机制，其中，党内法规的教育发挥着双向互推的杠杆作用。

党的十八大以来，中央巡视组在九轮巡视的过程中发现一些党员以及党员干部贪污腐败、违规违纪的现象，笔者认为，问题的根源仍在于思想上的偏差。尽管党员的法制意识与党规意识在不断增强，然而对于部分党员而言，此种意识增强其实是有所欠缺的增强以及仅停留在抽象层面的增强：即仅在某些方面培养法制意识与党规意识，或是对党内法规仅有抽象模糊的认识，并没有真正、深刻地了解党内法规的具体规定和内容。这种局限的党规意识与畸形的党内法规教育模式不无关系。不难发现，少数基层党组织在党内法规的教育上会片面强调对某一部分功能的教育，如强制功能或指引功能。这种畸形的教育往往会相应地导致党内法规在执行中要么失去能动性，要么流于形式成为口号式规定。

结　语

中国共产党在中国建设和发展中起着核心作用，依法治国首先必须要依规治党，党内法规在其中起着重要作用，在当前全面从严治党背景下更显突出。从法学角度研究党内法规功能有助于弥补当前相关研究的空白，有助于为党内法规的创设和执行提供理论依据，有助于推动党建设的发展，为真正实现依规治党、依法治国提供更大的可能。当然，党内法规研究与完善并非一朝一夕之事，本文提出的相关理论与构想只是一种初探，仍需更多的深入探讨和实践检验。笔者坚信，随着党内法规逐步得到重视和发展，依规治党必将实现，从而推动有中国特色的社会主义法治的实现。

改革开放以来党内法规建设的思路与经验

侯嘉斌*

1978 年 12 月召开的十一届三中全会，拉开了改革开放的序幕。改革开放以来这段时期，是中国政治经济文化等各项事业蓬勃发展的时期，也是党内法治和党内法规体系重回正确轨道，并不断恢复、发展和完善的时期。[1] 有关中国共产党党内法规历史研究的诸多成果中，聚焦于改革开放以来这段历史时期的成果占绝大多数，主要研究思路包括归纳发展成就、梳理主要特征、总结历史经验等。[2] 不少作者对这段历史时期进行了更加具体的划分，以更为精确地呈现改革开放以来党内法规建设发展的历史图谱。关于具体时

---

* 侯嘉斌，解放军南京政治学院马克思主义理论系博士生。

〔1〕 中共中央办公厅法规局（前身为中共中央办公厅法规室，2011 年 7 月升格为正局级机构）、中共中央纪委法规室、中共中央组织部办公厅共同编辑的《中国共产党党内法规选编》系列丛书包括 1978～1996、1996～2000、2000～2007、2007～2012 四册，收录了 1978 年以来中共中央、中央纪委、中央办公厅、中央组织部发布的部分现行有效的党内法规。

〔2〕 操申斌：《改革开放以来中国共产党党内法规制度建设的几个主要特征》，载《党的文献》2009 年第 4 期；操申斌：《改革开放以来中国共产党党内法规建设的历史考察》，载《安徽史学》2009 年第 6 期；操申斌：《改革开放以来党内法规制度建设的基本经验》，载《求实》2010 年第 11 期；杨忠虎：《改革开放 30 年军队党内法规制度建设的创新发展》，载《西安政治学院学报》2008 年第 6 期；邸乘光：《改革开放以来中共党内法规中的党员民主权利及其保障》，载《中国延安干部学院学报》2015 年第 5 期。

间节点的选取，主流观点是以党的领导集体执政的政治周期为依据，分析不同周期内党内法规建设的重心与特点。[1] 党的十八大的召开在党内法规建设史上是一个极为重要的标志，不少作者专门总结了党的十八大以来党内法规建设的诸多新特点。[2]

一、1978～1989："文化大革命"教训与党内法规建设的恢复

十一届三中全会是中国共产党在"文化大革命"结束后，就党和国家前途命运做出的一项伟大政治决断。会议提出要健全党规党法，严肃党纪，恢复党和国家正常政治生活，这标志着党内法规建设借助于中央的政治意志与决断重回正轨。一个重要原因是经历"文化大革命"十年动乱后，中央更加深刻地意识到了加强党内法规和制度建设的极端重要性，萌生了开展党内法规建设的制度自觉。[3] 邓小平曾做过一系列深刻论述，他提出："国要有国法、党要有党规党法。党章是最根本的党规党法。没有党规党法，国法就很难保障。"[4] 关于如何避免或者防止此类悲剧再现，他认为，"要从制度方面解决问题"，因为"领导制度、组织制度问题更带有根本性、全局性、稳定性和长期性"。[5] 党的十三大报告正式确立起

---

〔1〕 李忠将这一时期划分为拨乱反正时期（1978～1989）、继续发展时期（1989～2002）、全面推进时期（2002～2012）与深入发展时期（2012～至今）。寇政文则划分为恢复健全阶段（1978～1992）、配套建设阶段（1992～2002）、统筹调试阶段（2002～2012）。主要分歧在于前者以1989年十三届四中全会作为第二代和第三代领导集体交接的标志，而后者以1992年十四大为标志。参见李忠：《党内法规建设研究》，中国社会科学出版社2015年版，第56～79页；寇政文《党的建设制度改革：历程·经验·前瞻——以党内法规文本（1978～2012）为考察对象》，载《甘肃理论学刊》2014年第6期。操申斌划分为三个阶段：恢复与初步发展时期（1978～1987）、稳步推进时期（1987～1997）、体系化发展时期（1997～至今），划分标志是1987年十三大和1997年十五大。参见操申斌：《改革开放以来中国共产党党内法规建设的历史考察》。

〔2〕 王振民、施新州等：《中国共产党党内法规研究》，人民出版社2016年版，第39～46页；苗雨：《中国共产党党内法治的历史发展和经验总结》，载《山东社会科学》2016年第6期；葛志强：《十八大以来党内法规体系建设的成就、特点及意义》，载《廉政文化研究》2016年第3期。

〔3〕 苗雨在《中国共产党党内法治的历史发展和经验总结》一文中认为中国共产党从2012年起开始有意识地进行党内法规体系建设，并将2012年视为中国共产党自觉进行党内法治建设的元年。

〔4〕《邓小平文选》（第二卷），人民出版社1994年版，第147页。

〔5〕《邓小平文选》（第二卷），人民出版社1994年版，第348页、第333页。

制度建党思想，即“要在党的建设上走出一条不搞政治运动，而靠改革和制度建设的新路子。”毫无疑问，党内法规就是实践这条新路子的重要载体。

基于对“文化大革命”期间混乱的党内政治生活的反思，中央颁布了《关于党内政治生活的若干准则》(1980)，在党的十一大党章并未彻底正本清源的情况下，这部准则在保证党的路线方针政策贯彻执行、保障党内政治生活健康有序方面发挥了不可或缺的作用，有效医治了“文化大革命”给党的建设造成的巨大创伤。党的十二大党章是对党的十一大党章中错误观点的拨乱反正，并奠定了现行党章的基本框架结构。其中，总纲部分正确规定了党的性质、任务和工作重心，明确提出“党必须在宪法和法律的范围内活动”，充分显示了中央对党的权力进行规范限制的决心。党章更加全面地规定了党员的权利义务，而且“党的任何一级组织直至中央都无权剥夺党员的上述权利”，这一规定有助于保障党员合法权益免受不法侵害。同时，党章还明确了党的民主集中制的六项原则，细化了党组织和领导干部行使职权的范围和程序，提出“凡属重大问题都要由党的委员会民主讨论，做出决定”，“党禁止任何形式的个人崇拜”，“不允许任何领导人实行个人专断和把个人凌驾于组织之上”，这些都是对十年动乱深层根源的制度性回应。党的十三大采取修正案的形式，对党的十二大党章部分条款做了修订。

在完成指导思想拨乱反正的基础上，中国共产党急需提拔任用一大批领导干部和优秀人才，领导全国各族人民进行社会主义经济建设中心工作。[1] 邓小平强调，“我们一定要吸取‘文化大革命’

---

〔1〕 操申斌在《改革开放以来中国共产党党内法规建设的历史考察》一文中提出，这一时期经济调整是压倒一切的任务，党内法规建设只能在服从于调整和有利于调整的情况下进行，因而在一定程度上缺乏自身的独立性。这种观点并不科学，一方面，党内法规建设始终应围绕党的中心工作展开，这是党内法规建设的客观规律之一；另一方面，在党内法规体系尚不健全的情况下，重点完善某个领域的法规制度以配合党的中心工作，是党内法规建设的权宜之计，不能以此为由主张其缺乏独立性。

的教训，同时也一定要清醒地看到我们国家面临着现代化建设巨大任务的形势和现有大批干部不能适应现代化建设需要的实际。”[1]这就确立了这一时期党内法规建设的核心主题——党和国家领导制度、干部制度改革。一方面，加强对干部选拔、任用、考核、培养、交流、退休等各个环节的制度性规范，确保各项工作开展有规可依，推动干部队伍的新老合作与交替。相关法规包括：《关于实行干部考核制度的意见》(1979)、《关于中央党政机关干部教育工作的决定》(1982)、《关于建立老干部退休制度的决定》(1982)、《关于建立省部级后备干部制度的意见》(1983)、《关于严格按照党的原则选拔任用干部的通知》(1986)等。另一方面，从作风建设入手强化对党员领导干部的规范性约束。尤其是在1984年通过《关于经济体制改革的决定》并全面开展以城市为重点的经济体制改革后，中央颁布多项法规如《关于严禁党政机关和党政干部经商、办企业的决定》(1984)、《关于禁止领导干部的子女、配偶经商的决定》(1985)、《关于进一步制止党政机关和党政干部经商、办企业的规定》(1986)等，纠正经济领域的不正之风，遏制少数党政领导干部违反规定经商办企业、偷税漏税、走私贩私、行贿受贿等腐败现象。同时，中央还制定《关于高级干部生活待遇的若干规定》(1979)等法规，恢复和发扬我党艰苦朴素、密切联系群众的优良作风。为配合对党员干部违纪行为的查处惩治，中央纪律检查委员会自1978年重新成立后不断完善工作制度，相继颁布《中共中央纪律检查委员会关于工作任务、职权范围、机构设置的规定》(1979)、《关于健全党的纪律检查系统加强纪检队伍建设的暂行规定》(1983)、《党的纪律检查机关案件审理工作条例》(1987)等，成为中央纪委开展业务工作的依据，也是净化党内政治生态、推动党内作风建设的重要抓手。

---

[1]《邓小平文选》(第二卷)，人民出版社1994年版，第326页。

1989年政治风波对党的建设的影响是显而易见的，需要从中吸取的教训也是全方面的。党中央更加坚定了坚持党的领导、走社会主义道路的决心，认识到了有必要加强党员教育和基层党组织建设，开展党内清查清理工作，保证党的队伍的纯洁性。同时也意识到了发扬党的优良传统，密切干群关系，开展反腐倡廉建设，对于重树人民群众对党和政府的信心有着重要意义，并发布了《关于近期做几件群众关心的事的决定》（1989）、《关于加强党同人民群众联系的决定》（1990）等法规。为了进一步加强改善党的领导，中央发布《关于加强和改善党对工会、共青团、妇联工作领导的通知》（1989）、《关于坚持和完善中国共产党领导的多党合作和政治协商制度的意见》（1989）等，以调整党同国家政权机关以及其他社会政治组织的关系，确保不背离中国共产党领导。这些党内法规的颁布和整党工作的开展，及时回应和消除了党内工作中的负面现象，为后续深化改革提供了良好政治环境和政治条件。

二、1989～2002：围绕两个历史性课题开展党内法规配套建设

党内法规的调整对象是党组织的工作、活动和党员的行为，这就决定了党内法规的内容、范围与类型在很大程度上会随着党的建设理论与实践的发展而发展。从党的十三届四中全会到党的十六大，以江泽民同志为核心的第三代中央领导集体，继承发展了邓小平的制度建党思想，提出要加强党的制度建设，并始终贯穿于党的思想建设、组织建设和作风建设之中。党对制度建设的高度重视，为党内法规建设发展提供了有利的政治环境，是党内法规不断发展完善的政治保证。党的十四大确立建立社会主义市场经济体制的改革目标后，中国共产党需要及时调整其党建目标，适应经济体制转型，探讨在发展社会主义市场经济条件下如何加强和改进党的领导的全新课题。所以，这一时期党内法规建设始终服务于党的建设的

中心任务，服务于中央对党的建设的总体布局。

关于党章修改，这一时期通过的几部党章都是在党的十二大党章基础上修订的，修改主要集中于总纲部分，较为全面地跟进了党的指导思想的最新发展成果。党章的稳定发展，为其他各类党内法规稳定发展创造了条件。[1] 党的十四大党章明确了中国特色社会主义理论的历史地位，增加了对社会主义初级阶段的认识以及党在社会主义初级阶段的基本路线，历史性地写入了“建立社会主义市场经济体制”的表述。此部党章还明确各级纪委负有维护党章和其他党内法规的任务，首次在党章层面认可了“党内法规”。党的十五大党章将邓小平思想确立为党的指导思想，明确说明了其形成过程与历史地位。党的十六大党章明确了中国共产党“两个先锋队”的性质，写入了“三个代表”重要思想，增加了社会主义基本经济制度的内容，以及依法治国和加强党的建设的具体要求，同时增设“党徽党旗”一章。

党的十四届四中全会通过的《关于加强党的建设几个重大问题的决定》，将党的建设提升到“新的伟大工程”战略高度，确立了党的建设总目标总任务，着重提出要加强党的组织建设，主要任务包括三项——坚持和健全民主集中制、巩固和加强数以百万计的党的基层组织、培养和锻炼数以万计的党的中高级领导干部。民主集中制方面，党的十四大党章和《关于加强党的建设几个重大问题的决定》做了详细阐述，并发布了《中国共产党基层组织选举工作暂行条例》(1990)、《关于党的基层组织任期的意见》(1993)、《中国共产党地方组织选举工作条例》(1994)、《关于提高县以上党和国家机关党员领导干部民主生活会质量的意见》(1997)、《关于改进县以上党和国家机关党员领导干部民主生活会的若干意见》(2000)等，提高了民主集中制建设的规范化程度。《中国共产党党员权利

[1] 王振民、施新州等：《中国共产党党内法规研究》，人民出版社 2016 年版，第 37 页。

保障条例（试行）》（1995）的颁布，有效保障了党员各项权利的正常行使和不受侵犯，是发扬党内民主的重要制度保障。

伴随着社会主义市场经济的不断发展，中央在继续强化农村、企业、街道社区基层党组织建设的同时，着重加强了高等学校与科研院所，以及社会团体、非公有制经济组织、金融系统等新型经济社会组织的党建工作。相关法规包括：《中国共产党普通高等学校基层组织工作条例》（1996）、《关于加强街道党的建设工作的意见》（1996）、《关于进一步加强和改进国有企业党的建设工作的通知》（1997）、《中国共产党党和国家机关基层组织工作条例》（1998）、《中国共产党农村基层党组织工作条例》（1999）、《关于加强社会团体党的建设工作的意见》（2000）、《关于在个体和私营等非公有制经济组织中加强党的建设工作的意见（试行）》（2000）等。这些法规有效拓展了党建工作的新领域，扩大了覆盖面，有力推动了多个领域内党的基层组织建设。

党员干部队伍建设方面，中央相继颁布《党政领导干部选拔任用工作暂行条例》（1995）、《党政领导干部考核工作暂行规定》（1998）、《关于党政机关推行竞争上岗的意见》（1998）、《党政领导干部交流工作暂行规定》（1999）、《关于推行党政领导干部任前公示制的意见》（2000）、《关于建立县级以上党政领导干部理论学习考核制度的若干意见》（2000）等，以党内法规的形式规范了党政领导干部的选拔任用、考核、交流、监督等环节，并确立了公开选拔、竞争上岗、任前公示、理论学习考核等制度，初步实现了党内干部工作的民主化、科学化、制度化。“暂行条例”、“暂行规定”等表述，则说明党内干部队伍建设工作仍处于不断摸索并总结经验的过程之中。

在2000年十五届中央纪委第四次全会上，党的建设面临的历史性课题被完整表述为：提高领导水平和执政水平、增强拒腐防变和抵御风险的能力。这是第三代中央领导集体开展党内法规建设的两条主线。前者主要体现为加强党内思想建设和组织建设，后者则体现为党风廉政建设和反腐败工作的不断深入。这既是反思1989年政治风波的结果，也是苏联解体和东欧剧变所引发的外部教训。中央一方面初步建立起了与社会主义市场经济相适应的领导干部廉洁从政行为规范，如《党员领导干部廉洁从政若干准则（试行）》(1997)、《关于领导干部报告个人重大事项的规定》(1997)、《关于党政机关厉行节约制止奢侈浪费行为的若干规定》(1997)、《中国共产党纪律处分条例（试行）》(1997）等，为各级领导干部划定了纪律底线和道德高线，这是对促进领导干部廉洁自律的重要探索。另一方面完善细化了中央纪律检查委员会的工作制度，如《中共中央纪律检查委员会关于建立巡视制度的试行办法》(1996)、《中共中央纪律检查委员会关于重申和建立党内监督五项制度的实施办法》(1997)、《关于实行党风廉政建设责任制的规定》(1998)、《关于加强和改进党的作风建设的决定》(2001）等。一系列办法规定的出台，为查处违纪违法案件提供了具体依据，有利于充分发挥中央纪委作为党内专门监督机关的功能效用，强化党内民主监督。《关于军队武警部队政法机关不再从事经商活动的通知》(1998）的颁布，被视为加强党的建设、政权建设和军队建设，从源头上预防和治理腐败的一项重要决策。[1]

相比于改革开放初期，这一时期内党内法规的规范化、科学化、体系化程度有了明显提升，一个重要原因是1990年《中国共产党党内法规制定程序暂行条例》的颁布。条例在党内法规建设史上具有里程碑意义，明确了党内法规制定的基本原则、主要内容和具体程序，立法目的是提高工作效率，保证党内法规的质量。随

---

〔1〕 中共中央党史研究室：《中国共产党的九十年》(改革开放和社会主义现代化建设新时期)，中共党史出版社、党建读物出版社2016年版，第879页。

后，中央办公厅发布了《关于党内法规备案工作有关问题的通知》，并成立了专门的法规工作机构——法规室。这标志着中国共产党开始从中央层面进行党内立法的规划与计划，有意识地对党内法规的制定发布进行规范调整，并始终围绕党建工作的中心任务而展开，党内法规建设的自觉化程度有了质的飞跃。第三代领导集体的党建思想和有关党内法规建设的诸多构想，在理论形态上得以高度升华和凝练，最终体现为“三个代表”重要思想。江泽民 2000 年在广东考察工作时首次提出，并于 2001 年庆祝中国共产党成立 80 周年大会上系统阐述了其科学内涵。这一思想是作为一种理论上的回应而出现的，因为改革开放和市场经济的加速推进，不可避免地带来了社会阶层的分化和新型利益群体的出现，在一定程度上稀释了中国共产党之于广大人民群众的代表性。正是在解决这一系列理论和实践问题的过程中，中国共产党认识到应该大力加强各领域的基层党组织建设，应该不断纯洁党的干部队伍，始终保持其先进性特征，从而维护党的先锋队性质，夯实党的阶级基础，寻求并强化中国共产党作为执政党新的合法性来源。上述两项举措就是这一时期党内法规建设的两条主线，一定程度上为“三个代表”重要思想的提出提供了理论灵感与实践样本。

三、2002～2012：调适完善党内法规，加强党的执政能力建设和先进性建设

进入到新世纪新阶段后，中国共产党面临的国际环境和国内政治经济形势发生了深刻变化，社会发展过程中的新情况新问题层出不穷，使得党的执政能力与所肩负的历史使命之间出现了较大差距。中央据此调整了党的建设的目标、要求与布局，从而使得党内法规建设呈现出了诸多新特征、新内容、新思路。党的十六大提出“加强党的执政能力建设”，党的十七大进一步强调必须把党的执政

能力建设和先进性建设作为主线。《关于加强和改进新形势下党的建设若干重大问题的决定》（2009）要求，提高党的建设科学化水平，建设马克思主义学习型政党。中央纪委六次全会强调，加强以党章为核心的党内法规制度体系建设。

加强党的执政能力建设，是中国共产党执政意识觉醒的必然结果，是党对其在国家和社会中领导地位和作用的自我体认。[1] 执政能力从根本上讲反映着各级党组织和全体党员干部的工作能力，主要涉及党的领导体制和工作机制等内容，是党的各方面建设实际成效的集中体现。加强执政能力建设这一重要决断，既是通过党内法规的形式做出，也是通过党内法规的形式不断实践贯彻的。《关于加强党的执政能力建设的决定》（2004）明确了执政能力建设的重点内容和具体对策。在干部制度、基层党组织建设、党内民主等方面，前一时期的党内法规已经就基本内容做出规定，并确立了主体原则与框架。以此为基础，这一时期党内法规建设的主要任务是对原有规定进行调适，结合新的实践经验做出修改。干部制度方面，中央发布了《公开选拔党政领导干部工作暂行规定》（2004）、《干部教育培训工作条例（试行）》（2006）、《党政领导干部职务任期暂行规定》（2006）、《党政领导干部交流工作规定》（2006）、《关于加强和改进基层干部教育培训工作的意见》（2011）等，通过规范干部工作的各个具体环节，解决干部工作中长期存在的工作导向问题和深层次体制问题，防止和克服各种不正之风。

基层党组织建设方面，中央相继制定《关于深入开展农村党的建设“三级联创”活动的意见》（2003）、《关于进一步加强和改进街道社区党的建设工作的意见》（2004）、《关于进一步做好新形势下发展党员工作的意见》（2004）、《关于加强和改进在大学生中发

〔1〕余品华：《党的建设新伟大工程的新鲜经验——论党的先进性建设与党的执政能力建设的辩证统一》，载《江西社会科学》2006 年第 7 期。

展党员工作和大学生党支部建设的意见》（2005）等，从基层党组织抓起，使党的领导能够切实深入基层，牢固党执政的群众基础，扩大党内工作的覆盖面。党内民主建设方面，中央着重完善党内各项工作制度，发布了《关于进一步发挥全国人大代表作用加强全国人大常委会制度建设的若干意见》（2005）、《关于进一步加强中国共产党领导的多党合作和政治协商制度建设的意见》（2005）、《关于加强人民政协工作的意见》（2006）、《关于巩固和壮大新世纪新阶段统一战线的意见》（2006）、《中国共产党全国代表大会和地方各级代表大会代表任期制暂行条例》（2008）等，在强化党的领导的同时，提高了党内各项工作的民主化程度。同时也注重增强党内工作的公开性，颁布《关于健全和完善村务公开和民主管理制度的意见》（2004）、《关于进一步推行政务公开的意见》（2005）等，以保障广大党员对党内事务的知情权、参与权。《关于加强和改进村民委员会选举工作的通知》（2009）有效维护了农民的民主选举权利，是实行村民自治的重要内容。对党员权利更加全面的保障体现在《中国共产党党员权利保障条例》（2004）中，条例详细规定了党员享有的各项民主权利，并建立了党员权利保障制度和责任追究制度。《中国共产党党内监督条例（试行）》（2003）则成为党员行使监督权、开展党内民主监督的重要依据。

先进性是马克思主义政党的根本特征。党员的先进性是党的先进性的前提，而党的先进性则是中国共产党执政合法性的重要源泉，也是两个“先锋队”性质的关键所在。中国共产党以发布法规的形式在党内多次推进先进性教育实践活动，如《关于在全党开展以实践“三个代表”重要思想为主要内容的保持共产党员先进性教育活动的意见》（2004）、《关于在全党开展深入学习实践科学发展观活动的意见》（2008）、《关于推进学习型党组织建设的意见》（2009）、《关于在党的基层组织和党员中深入开展创先争优活动的意见》（2010）等。目的在于使广大党员接受深刻的马克思主义理论教育，认识到党员之于普通公民的特殊责任义务，通过思想感召和理论引导，督促党员发挥其先锋模范作用。中央将相关经验做法固化为规范性文本表述，形成了保持共产党员先进性的长效机制，为党的先进性建设提供了制度依据，包括《关于加强党员经常性教育的意见》（2006）、《关于做好党员联系和服务群众工作的意见》（2006）、《关于加强和改进流动党员管理工作的意见》（2006）等。另一方面，中央也通过划设行为禁区与规则红线的方式，更加严格地细化了党员的行为准则，相关法规包括《国有企业领导人员廉洁从业若干规定》（2009）、《农村基层干部廉洁履行职责若干规定（试行）》（2011）、《党员领导干部廉洁从政若干准则》（2010）、《关于领导干部报告个人有关事项的规定》（2010）等。这些行为准则的贯彻落实，需要以党内相关保障制度的构建为前提，为此中央制定了《中国共产党纪律处分条例》（2003）、《关于加强农村基层党风廉政建设的意见》（2006）、《关于实行党政领导干部问责的暂行规定》（2009）、《中国共产党巡视工作条例（试行）》（2009）、《关于实行党风廉政建设责任制的规定》（2010）等。

中国共产党是唯一执政党的政治现实，决定了党的领导作为核心制度安排将面临两大危机——官僚化带来的代表性危机与主体性销蚀带来的正当性危机。[1] 中央始终能够清醒地认识这一点，并有针对性地进行制度设计，防范党的“先锋队”性质的淡化和蜕化，这种制度设计在这一周期内主要体现为加强党的执政能力建设和先进性建设。其目的在于强化党的双重属性——超强国家机构和超级政治组织。[2] 一方面加强党的执政能力建设，将作为国家机构的党的各级委员会塑造成为依法、透明、规范的现代国家治理机构，切

---

〔1〕 支振锋：《党内法规的政治逻辑》，载《中国法律评论》2016 年第 3 期。

〔2〕 鄢一龙、白钢、章永乐、欧树军、何建宇：《大道之行：中国共产党与中国社会主义》，中国人民大学出版社 2015 年版，第 2 页。

实发挥其总揽全局、协调各方的领导核心作用。另一方面，加强党的先进性建设，将中国共产党重新打造成一个充满理想的先锋队组织。不断凸显和夯实党员的先进性特征，既是党员在加入中国共产党之时做出的义务性承诺，也是解决党建过程中诸多难题的先决条件。上述一系列的党内法规，不仅提出了加强执政能力建设和先进性建设的具体要求，而且有效构建了各种保障性制度，是这一时期党的建设全面推进的重要支撑。

四、2012～至今：党内法规建设的体系化发展

党的十八大的召开，对于党的建设尤其是党内法规建设而言是一个重要的时间节点。近年来，党的建设理论不断创新发展，坚持全面从严治党已经成为新一代中央领导集体开展党建工作的重要指南和目标。党的十八大党章强调，加强党的执政能力建设、先进性和纯洁性建设，建设学习型、服务型、创新型的马克思主义执政党。在党的建设“五位一体”总体布局中，制度建设的涉及范围最广，成效最为显著也最为持久，这是党的十八届三中全会提出要深化党的建设制度改革的主要原因。制度设计往往需要借助于党内法规的形式实现成文化、规范化，制度实施与执行也离不开党内法规的刚性保障。因此，作为管党治党的重要依据，党内法规建设需要不断加强和改进，以更好地适应、推动和促进党的建设最新实践。

《中国共产党党内法规制定条例》的颁布是这一时期党内法规建设的首要成就。条例总则部分明确了党内法规制定的主要内容与基本原则，随后分章规定了规划与计划、起草、审批与发布、适用与解释、备案、清理与评估等环节，被称为“党内立法法”。条例有着诸多创新之处，一是提出科学编制党内法规制定的五年规划和年度计划，加强党内法规建设的顶层设计和整体布局，明确法规制定的时间表和路线图，确保其系统性、协调性和前瞻性。五年规划

的起止时间同五年一届的党代会相吻合，便于检查党代会关于党的制度建设的各项要求是否得到贯彻落实，有助于保证党内法规制定工作的稳定性。《中央党内法规制定工作五年规划纲要（2013～2017)》，提出了党内法规制定的目标与要求，以及完善党的领导和党的工作、党的思想建设、党的组织建设、党的作风建设、党的反腐倡廉建设、党的民主集中制建设等六个方面的工作重点，是这一时期党内法规建设工作的重要指导。二是条例起草时应广泛征求意见，这是确保党内立法科学民主的重要途径。条例提出，要充分了解各级党组织和广大党员的意见和建议，必要时可以吸收相关专家学者参加或者委托专门机构开展调查研究，注意听取党代表大会代表和有关专家学者的意见，法规草案内容与群众切身利益密切相关时还应充分听取群众意见。征求意见情况是起草部门和单位向审议批准机关报送党内法规草案时应说明的重要部分。不足在于条例既未规定条例草案是否应完整反映专家意见和公众意见，也未提及起草部门和单位如何对两类意见进行反馈处理。三是提出了党内法规的备案、清理和评估制度，以强化对党内法规的监督，解决并尽可能避免法规内容冲突，增强党内法规执行力。中央于2013、2014年相继发布《关于废止和宣布失效一批党内法规和规范性文件的决定》与《关于再废止和宣布失效一批党内法规和规范性文件的决定》，集中完成了中央层面的党内法规清理工作。《党内法规和规范性文件备案规定》确立起了针对中央纪律检查委员会、中央各部门和省、自治区、直辖市党委制定的党内法规和规范性文件的备案制度，同时还明确了“有件必备、有备必审、有错必纠”的工作原则。

此外，中央还围绕党的各项建设颁布了大量具体性法规，组织建设方面包括《中国共产党发展党员工作细则》(2014)、《中国共产党党组工作条例（试行)》(2015)、《中国共产党地方委员会工作条例》(2015)等；作风建设方面包括《党政机关国内公务接待管理规定》(2013)、《党政机关厉行节约反对浪费条例》(2013)、《中国共产党廉洁自律准则》(2015)、《中国共产党巡视工作条例》(2015)、《中国共产党纪律处分条例》(2015)等；干部队伍建设方面，包括《党政领导干部选拔任用工作条例》(2014)、《干部教育培训工作条例》(2015)、《推进领导干部能上能下若干规定(试行)》(2015)等。

这一时期党内法规建设的体系化发展，从根源上得益于中央对于党内法规建设规律性认识的不断深化。中央已经完成了对固有的"问题——回应"机制的超越，转而将党内法规建设视为一个包含着多重维度和多个阶段的调整对象，为党内法规建设定义了理想状态，并以此目标为指引，逐步构建完善具体性保障制度。《中国共产党党内法规制定条例》提出，党内法规建设的总体目标是构建内容协调、程序严密、配套完备、有效管用的党内法规制度体系。上述一系列的法规制定、清理工作，皆是围绕这一总体目标而展开的，同时标志着党内法治建设全面启动。[1] 这一时期党内法规建设立足长远和根本，力求解决长期未能解决的制度体制问题，无论深度或者广度，无论制定或者实施，都取得了革命性的进步。[2]

中央在党内法规建设问题上的认识深化，离不开依法治国基本方略的全面推进。在过去数十年的法治发展过程中，我国制定颁布了大量法律文本，并于2011年形成了中国特色社会主义法律体系。但这一法律体系并未或者较少关注到中国共产党的领导，以及这一原则衍生而来的诸多权力和制度现象，使得党的执政权的组织运行长期游离于法律体系之外。以法治国家建设的初步经验为基础，在推进全面深化改革和社会转型的重压之下，中央开始逐步回应党的

〔1〕 肖金明：《论通过党内法治推进党内治理——兼论党内法治与国家治理现代化的逻辑关联》，载《山东大学学报(哲学社会科学版)》2014年第5期。

〔2〕 王振民、施新州等：《中国共产党党内法规研究》，人民出版社2016年版第46页。

法治转型问题。[1] 党的十八届四中全会就将党内法规体系作为中国特色社会主义法治体系的重要组成部分。从这个角度来讲，十八大以来中央领导集体对党内法规建设的重视，标志着中央开始将党的权力全面纳入法治原理与规范的理性轨道，将党内法规与国家法律共同纳入更为宏大的法规范体系之中，以实现和维护法制统一。这种统一主要是通过《中国共产党党内法规制定条例》规定的审批程序，尤其是合宪性和合法性审查而实现的，党内法规应该主动向宪法法律靠拢，保持相互联动与衔接。

五、结论：改革开放以来党内法规建设的基本经验

改革开放以来，党内法规建设在逐步实现规范化和体系化的同时，较好地适应了新的历史条件下党组织结构与功能的变化，增强了党的执政能力，巩固了党的执政地位。当然，党的建设始终在路上，党内法规建设也始终在路上。党内重大决策能否实现程序化，党员或公民个人能否提起党内法规审查申请，专家论证和公众参与的具体制度如何完善，党内法规、规范性文件备案审查与国家法规、规章和规范性文件备案审查的衔接联动机制如何有效构建等，这些问题的解决仍有待于学术研究与个案实践的推动。为着一个完善的党内法规体系而奋进的努力应该永不停歇。基于这种考虑，更有必要回顾与总结近四十年来党内法规建设的历史经验，这些经验主要可以概括为以下三点。

一是主要领导人对党内法规有着明确而连续的定位，保持了认识上和实践上的一致性。这是党内法规体系不断发展完善的重要政治保障。党内法规从起源上讲属于政党的自我规范、自我约束，因而其机制效用主要取决于中国共产党发挥其先进性和“主体自觉”

---

[1] 田飞龙：《法治国家进程中的政党法制》，载《法学论坛》2015年第3期。

的程度如何。[1] 党内法规首先应当服务于党提出的全心全意为人民服务的政治承诺，但伴随着国际国内局势的变化以及社会经济发展中障碍频现，中国共产党逐步意识到了党内法规建设的实际功效并不局限于党内，而会直接辐射并影响社会建设的方方面面，这是由中国共产党作为执政党的特殊地位所决定的。单纯依靠党的“主体自觉”，并不足以实现党内法规建设的科学化，因为党的先进性需要通过刚性的制度设计加以保障和维持。作为党内各项制度设计的成文化表达，党内法规在很长一段时间内服务于党的制度建设，“党内法规制度体系”的表述也多次出现于中央文件之中。无论是“制度建党”，还是“党的制度建设”，亦或是“党的建设制度改革”，都充分体现了党内法规建设与党的制度建设的密切关联。中央在党的建设思想理论方面的一脉相承，也决定了中央对于党内法规的认识定位是在不断继承的基础上进一步创新，在保持思想理论内部足够张力的同时推动了党内法规建设的持续健康发展。而党的十八大以来党内法规建设的体系化发展，在更为深远的意义上宣告了党内法规建设从“党建命题”转为“法治命题”，法学思维的介入为党内法规建设及相关学术研究注入了新的活力。

二是始终坚持党在宪法和法律的范围内活动，推动依规治党的法治实践。在改革开放之前很长一段历史时期内，党权与法治之间存在着严重冲突，进而引发了巨大的社会灾难。这一关系在改革开放之后得以重新修正，并体现于宪法和党章规定之中。中国共产党必须遵守宪法和法律，以宪法为根本的活动准则，这是 1982 年《宪法》序言和第 5 条第 3 款的明确规定。从党的十二大党章开始，总纲部分一直明确规定：党必须在宪法和法律的范围内活动。这也被视为党内法规建设的一项基本原则，并写入《中国共产党党内法

[1] 寇政文：《党的建设制度改革：历程·经验·前瞻——以党内法规文本（1978～2012）为考察对象》，载《甘肃理论学刊》2014 年第 6 期。

规制定条例》第7条。条例还明确了落实这一原则的具体措施，一方面在制定党内法规时要对其草案进行合宪性、合法性审查，依据是条例第21条；另一方面，中央纪律检查委员会、中央各部门和省、自治区、直辖市党委发布的党内法规同宪法和法律不一致时，应由中央责令改正或者予以撤销，依据是条例第28条。这一系列规定说明中国共产党开始着力实现其法治转型，并将所有行使公权力的行为都纳入法治轨道，以追求党的领导权的规范化行使。当然，依规治党并非基于政党治理的内生原则，而是党的建设实践与国家法治实践发展到一定程度的产物。[1] 在全面深化改革的过程中，依规治党还将遭遇更多的制度难题与现实挑战，这就需要理论研究的不断深化和制度保障的进一步完善。

三是坚持党内法规体系与国家法律体系相协调，以国家法治带动党内法治。[2] 作为一种法规范，党内法规的调整方式从本质上讲也集中于对权力的规制和对权利的保障。但相比于国家法律，党内法规的义务本位色彩更加浓厚，主要规制党对自身建设与国家社会经济生活的领导权，具体表现为对从中央到基层的各级党组织，以及广大党员尤其是各级领导干部的规范性要求。这种规范性要求的严苛程度要高于国家法律对普通公民的要求，这是确保党员和党组织先进性的主要方式。同时党内法规也越发注重对党员各项政治权利的保障，这些规定主要体现在党章第一章及《中国共产党党员权利保障条例》(2004) 中，极大地促进了党内民主和党内监督。调整对象的相似性决定了党内立法会借鉴国家立法的相关经验，《中国共产党党内法规制定条例》很大程度上是以2000年立法法为蓝

〔1〕 田飞龙：《法治国家进程中的政党法制》，载《法学论坛》2015年第3期。

〔2〕 关于“党内法治”的理论基础、具体含义以及与相关概念的辨析，肖金明教授曾做过详细阐述。他认为，党内法治是适应全面从严治党、全面实现党的治理现代化的需要，遵循党内治理规律和一般法治原理，与国家法治、社会法治相对应，建设以党章为核心的党内法规制度体系，实施以党内法规制度为基础的党内治理的法治形态。参见肖金明：《关于党内法治概念的一般认识》，载《法学论坛》2016年第6期。

本确定其主要框架结构的。随着党和国家制度建设的逐步推进，党内法规与国家法律开始面临诸多共享性法治话题和制度难题，如权力公开、权力监督、反腐败等，这决定了两者之间必然存在相互引导和塑造的关系。而且中国共产党在性质上属于国家型政党，作为中国特色社会主义事业的领导核心，自然需要领导国家社会经济建设，这意味着党内法规和国家法律会面临着同样的结构性难题，这些难题的解决以及全面深化改革的推进，需要党政机关充分明确并切实履行各自职责。事实上这也标志着中央在长期倡导“以党内民主带动人民民主”之后，开始探索“以国家法治带动党内法治”的全新实践，实现党内法规与国家法律的衔接协调就是这一探索的核心主题。

全面从严治党视角下的党内法规制度执行力研究

梁 静*

一、相关概念的界定

（一）党内法规制度

1. 党内法规制度的涵义

“党内法规”这一名词，最早由毛泽东主席于1938年在党的六届六中全会上提出。此后，党的历届中央领导邓小平、江泽民、胡锦涛等均注重党内法规制度建设，党的十四大更是将党内法规制度写入《党章》。十八大以来，以习近平同志为核心的党中央高度重视依规治党，2012年5月，制定颁发了《中央党内法规制定工作五年规划纲要（2013—2017年）》；2013年5月，发布了《中国共产党党内法规制定条例》，将党内法规制度定义为“党的中央组织以及中央纪律检查委员会、中央各部门和省、自治区、直辖市党委制定的规范党组织的工作、活动和党员行为的党内规章制度的总称”。

而在学术界，由于长时间被应该归属于哪个学科范畴的问题所约

* 梁静，中共菏泽市纪律检查委员会，党风政风监督室督查科科长。

束，常把党内法规制度与反腐倡廉制度等混淆在一起，没有完整的总结论述。刘红凛教授指出，党内法规制度就是党内规范，包括政党的内部规范与外部规范。[1] 王韶兴教授认为党内法规制度包括基本制度和具体制度。[2] 本文认为，党内法规制度指的是为了规范党组织的工作、活动和党员行为，为了调整好党内个人之间、组织之间以及上下级之间和个人与组织之间的关系，为了保障党员权利的正常行使和不受侵犯，为了遵循民主集中制从而实现党的团结统一，为了更有效地监督和制约公众赋予的公共权力，为了筑牢党的执政根基，而制定和颁布实施的一系列党内法规、制度、规范等的总称。

2. 党内法规制度的分类

《中国共产党党内法规制定条例》中，把党内法规分为党章、准则、条例、规则、规定、办法、细则七种类型四个层次。

(1) 党章是我们立党、管党、治党的总章程，是制定其他党内法规制度的依据，在党内法规制度体系中具有最高权威性和最大约束力。党的二大制定的《党章》是党成立后制定的第一个党章，也是第一个党内法规。现行《党章》是 1982 年 9 月党的十二大通过的，2012 年 11 月党的十八大对其进行了第六次修改。(2) 准则是对全党政治生活、组织生活和全体党员行为做出基本规定的规范。党的十一届三中全会以来制定过两部准则：一是 1980 年党的十一届五中全会通过的《关于党内政治生活的若干准则》，二是《中国共产党党员领导干部廉洁从政若干准则》。《中国共产党党员领导干部廉洁从政若干准则》于 1997 年试行，2010 年修订后颁布实施，2015 年改为《中国共产党廉洁自律准则》，是党执政以来第一部坚持正面倡导、面向全体党员的规范全党廉洁自律工作的重要基础性法规，是对党章规定的具体化，为党员和党员领导干部树立了一个

〔1〕 刘红凛：《政党政治与政党规范》上海人民出版社 2010 年版，第 331 页。
〔2〕 王韶兴：《政党政治论》山东人民出版社 2011 年版，第 200～208 页。

看得见、摸得着的高标准。（3）条例是对党的某一领域重要关系或者某一方面重要工作做出全面规定的规范。目前，重要的条例主要有重在保障权利的《中国共产党党员权利保障条例》、重在选人用人的《党政领导干部选拔任用工作条例》、重在自我净化的《中国共产党党内监督条例》、重在立规纠错的《中国共产党纪律处分条例》、重在立威震慑的《中国共产党巡视工作条例》、重在“关键少数”的《中国共产党问责条例》等。（4）规则、规定、办法、细则，则对党的某一方面重要工作或者事项做出具体规定。其中，规则是规范党的领导机关的议事程序和工作方法的党内法规，常见的有议事规则、工作规则等。规定是调整党内生活中的一般性问题或者某一方面工作的党内法规，规范的范围和对象比较集中，措施和要求比较具体。办法是对贯彻执行条例、规定或者进行某项具体工作的方法、步骤和措施做出规定的党内法规，具有较强的程序性、针对性和可操作性。细则是为保证条例、规定正确实施而制定的配套规范，是对条例、规定中有关内容的含义、界限、程序、责任的细化、具体化，具有很强的操作性。

（二）党内法规制度执行力

1. 党内法规制度执行力的涵义

2005年左右，公共管理学科衍生出了“公共政策执行力”的观点。至于“党内法规制度执行力”，目前学术界的研究才刚刚开始，还没有达成共识。从实践看，党内法规制度执行力应该蕴含丰富的内容：一是“强制力”，即党内法规制度执行主体依靠权威，强制执行客体去执行党内法规制度；二是“意志力”，即党内法规制度执行客体愿意执行党内法规制度的程度。如果从心理上不想执行，肯定执行不好；三是“能力”，有执行的意愿还不够，还要有能力执行；四是“力量”，有“能力”不一定能够转化成现实的“力量”，即使转化成了“力量”，力量也有大小强弱之分；五是

“效力”，即党内法规制度被执行后所产生的实际效果。所以，本文认为，党内法规制度执行力应该是党内法规制度执行组织和个人为使党内法规制度达到预期效果，在准确理解党内法规制度精神和精心设计执行方案的基础上，灵活运用各种执行手段，合理配置各种执行资源包括人、财、物、信息等，将党内法规制度内容施于党内法规制度执行客体的强制力、能力、力量及效力等构成的合力系统。党内法规制度执行力的高低可以从党内法规制度执行者的意愿、执行力度、执行标准、执行效率和执行成果五个方面进行衡量。[1]

2. 党内法规制度执行力的构成要素

党内法规制度执行力贯穿于党内法规制度执行活动的始终，在党内法规制度执行活动前期主要表现为知晓力、理解力等；在党内法规制度执行活动过程中，主要表现为领导力即组织力、控制力、应变力、协调力、认同力、支持力等；在执行活动后期主要表现为评估力、激励力、问责力、创新力等。

（三）全面从严治党

2014 年底，习近平总书记在视察江苏时，首次提出“四个全面”的重大战略布局，要求江苏在全面从严治党上有更强意识、更多举措、更大作为。2016 年 1 月 12 日，习近平总书记在十八届中央纪委六次全会上发表的重要讲话，深刻阐释了全面从严治党的新内涵，即“全面从严治党，核心是加强党的领导，基础在全面，关键在严，要害在治”。“全面从严治党”已成为习近平总书记阐述的最频繁、强调的最严肃的问题，是依法治国的关键领域。

“全面”就是要管全党、治全党，把管党治党的要求落实到党的思想建设、组织建设、作风建设、反腐倡廉建设和制度建设的全

---

〔1〕 莫勇波：《提升地方政府政策执行绩效的路径选择》，载《云南行政学院学报》2005 年第 6 期。

过程和各个领域、各个方面，覆盖所有层级、系统和行业、部门，做到全方位、全覆盖，不留死角、没有盲区，没有例外。“严”就是要严明党的纪律、严肃党内政治生活、严厉惩治腐败、严格管理监督干部，秉承严的标准、按照严的要求，开展严的监管，实行“零容忍”。“治”就是要持之以恒、坚持不懈、不断发功。

（四）提高党内法规制度执行力对全面从严治党的意义

提高党内法规制度执行力，有利于全面从严治党实现科学化、常态化、具体化。一是回应“全面”，党内法规制度具有全局性、稳定性、长期性和普遍适用性，有助于促进全面从严治党。二是体现“从严”，党纪严于国法，党内法规制度彰显了“从严”的政治信号。三是针对“治党”，党内法规制度蕴含“治本”的深意，有助于形成全党不敢腐、不能腐、不想腐的强烈震慑氛围。

二、党内法规制度执行力的现状

（一）党内法规制度执行的成效

1. 坚决落实中央八项规定精神

从 2012 年 12 月 4 日“八项规定”实施，截至 2016 年 9 月 30 日，全国纪检监察机已查处违反中央八项规定精神问题 143 111 起、处理 192 369 人，给予党纪政纪处分 95 610 人。其中，2012 年 12 月至 2013 年 12 月，给予党纪政纪处分 7692 人。2014 年给予党纪政纪处分 23 646 人，增加了 2 倍。2015 年给予党纪政纪处分 33 966 人，较上一年增长 44%。2016 年 1 至 9 月给予党纪政纪处分 30 306 人，已超过 2014 年全年总数，并接近 2015 年全年总数。给予党纪政纪处分人数占总处理人数的比重持续提高，彰显出纪检监察机关执纪越来越严。

2. 始终保持反腐倡廉高压态势

2013 年 1 月至 2016 年 9 月，全国纪检监察机关共立案 101.8

万件，给予党纪政纪处分101万人。其中，2013年，全国纪检监察机关共立案17.2万件，结案17.3万件，给予党纪政纪处分18.2万人。2014年，全国纪检监察机关共立案22.6万件，结案21.8万件，给予党纪政纪处分23.2万人。2015年，全国纪检监察机关共立案33万件，结案31.7万件，给予党纪政纪处分33.6万人。2016年1～9月，全国纪检监察机关立案29万件，处分26万人。2013至2016年，全国纪检监察机关立案、结案、给予党纪政纪处分数量均持续增加。

3. 持续发挥中央巡视震慑作用

从党的十八大，截至2016年9月，中央已开展十轮巡视，巡视对象数量逐年大幅上升，巡视监督越做越实、越做越细，震慑遏制作用不断增强。2013年，开展2轮中央巡视，覆盖20个巡视对象；2014年，开展3轮巡视，覆盖40个巡视对象；2015年，开展3轮巡视，覆盖83个巡视对象；2016年截至9月，已经开展2轮巡视，覆盖64个巡视对象，同时对巡视过的8个省市开展“巡视回头看”意见反馈与整改落实。中央巡视利剑频频出鞘，剑指要害，成效显著。

4. 加快实现派驻监督全部覆盖

2015年底，根据《关于全面落实中央纪委向中央一级党和国家机关派驻纪检机构的方案》要求，中央纪委共设置47家派驻纪检组，实行统一领导、统一名称、统一管理，对139家中央一级党和国家机关实现派驻全覆盖。各省市区参照中央派驻经验，推进省市区派驻机构改革，充分发挥“派”的权威和“驻”的优势，真正做到精简高效。

5. 严查侵害群众利益腐败问题

自2015年7月起，中央纪委监察部网站每月发布一次《每月通报：各级纪检监察机关查处XX起侵害群众利益的不正之风和腐败问题》，截至2016年10月19日，“每月通报”已连续发布16个月，通报曝光问题1884起，点名道姓通报曝光2603人，其中有1227人受到开除党籍处分，占被通报曝光总人数的47.1%，将群众身边的腐败问题暴露在阳光之下，对群众身边的不正之风形成持续震慑，推动全面从严治党不断向基层延伸。

（二）党内法规制度执行力不强的表现类型

在一些地区和部门，仍然相当程度上存在党内法规制度执行不力问题：党内法规制度意识比较淡薄，“制订完了束之高阁，是否执行不予过问”“有令不行、有禁不止”“上面九级风浪、下面纹丝不动”等现象时时涌现。主要表现在以下四个方面：

1. 抵抗式执行，指的是党内法规制度执行主体对某项党内法规制度不认可、不服从、不宣传、不学习甚至隐瞒、截留。随着全媒体时代的来临，政府信息越来越公开，这种行为也越来越少。例如，在湖南衡阳破坏选举案、四川南充贿选案中，相当一部分领导干部、人大代表、党代会代表明目张胆地拉票贿选，视党内法规制度为无物。

2. 象征性执行，指的是党内法规制度执行主体在执行党内法规制度过程中表态很坚决，口号很响亮，但是只做表面文章，只搞党内法规制度宣传，以会议落实会议，用文件落实文件，使党内法规制度执行浮于表面、流于形式从而成为一纸空文，不了了之。比如，在群众路线实践教育活动中，有的地方打着“建设长效机制”的幌子，东拼西凑、照搬照抄地制定了很多实施办法、实施细则，但大多只是文字垃圾，毫无用处。

3. 选择性执行，指的是党内法规制度执行主体在执行党内法规制度过程中对原有完整的党内法规制度进行“拆分截取”“断章取义”“筛选过滤”，“精挑细选”出易遵循的、对自己有好处的部分去落实，难落实的或对自己无利的甚至是有害的就不落实。例如，某些地区纪检监察机关存在“选择性办案”现象，在搜集到的诸多腐败案件线索中，选择线索明朗的、调查起来容易的、不容易得罪人的线索进行立案审查；对违纪违法事实相类似的腐败分子，有的处分较重，有的处分较轻，有的被移送司法机关，有的则逃脱了司法处罚衡量。[1]

4. 机械式执行，主要是指党内法规制度执行主体在落实党内法规制度时，忽视实际，不顾条件，只看到“上级规定”，忘了“自身结合”，只对原有党内法规制度照搬照抄。比如，某些单位或部门存在对“八项规定”照抄照搬问题，只机械化执行“八项规定”，却不制定符合“八项规定”要求的配套政策，缺乏有可行性和可操作性的具体措施。有的单位、部门的会议一味求高效求简短，省去了本该进行会议讨论的环节，却造成了对会议精神理解不透，难以形成统一的意见。有的单位、部门借反腐之名拿掉干部职工应有的福利，三八妇女节女职工的体检没了，中秋节的二斤简装月饼没了，这违背了中央“八项规定”的本意。

三、导致党内法规制度执行力不强的原因

党内法规制度执行力是一个拥有复杂运行机制的动态系统，它受到很多因素的影响和制约，这些因素有直接的也有间接的，有显性的也有隐性的。导致党内法规制度执行力不强的原因主要有以下三个方面。

（一）党内法规制度执行主体乏力

1. 党内法规制度执行者的执行意愿不强。执行意愿是执行主体执行党内法规制度的坚强意志和信念。稳定、坚强、有力、可持续的执行意愿在依规治党中扮演了举足轻重的角色，仅仅有口头承

---

〔1〕方工：《选择性办案对反腐斗争极为不利》，载《检察日报》2014年3月25日。

诺是毫无用处的，真正决定党内法规制度有效执行的是政治意愿量。[1] 由于没有意识到执行的重要性或是害怕执行党内法规制度导致自身利益受损等原因，党内法规制度执行者的执行意愿普遍不强。

2. 党内法规制度执行者的能力不强。一些党内法规制度执行者认知能力不足，不能正确理解和深刻把握党内法规制度的内涵和要求，使得制度执行起来出现困难。例如，有些地市的纪检监察机关工作人员中有相当一部分人员没有参与过案件查办，缺乏案件查办经验甚至连基本的问话笔录都不会做，同时查办案件需要的法律、审计、财务、犯罪学、心理学等方面的专业技能也不精通。

（二）党内法规制度自身存在缺陷

1. 党内法规制度缺乏科学性

有些党内法规制度内容过于笼统宽泛、普遍采用“原则上按照要求执行”“一般要求”等词句，其执行起来要么无法确定约束的对象，要么无法找到参考的标准，执行者执行起来“避重就轻”“避难就易”“趋利避害”甚至把党内法规制度束之高阁、拒不执行；有些党内法规制度已经过时，不能适应党的建设工作的新情况、新要求，导致党内法规制度执行的权威性降低；有些党内法规制度虽然规定了“严禁”“不准”“不许”“禁止”等事项，但对违反党内法规制度的后果即如何处罚没有明确的量刑标准，导致党内法规制度执行主体在执行党内法规制度时没有抓手。例如对“影响正常行使公共权力的礼金和吃请”包括哪些，党内法规制度中没有明确规定，导致操作起来难度较大。

2. 党内法规制度缺乏系统性

一是党内法规制度落实过程中的沟通协调机制不完善。如某些

---

〔1〕 于文轩、吴进进：《反腐败政策的奇迹：新加坡经验及对中国的启示》，载《公共行政评论》2014 年第 5 期。

党内法规制度颁布后，没有进行及时准确的宣传，造成公众和党内法规制度对象等不了解党内法规制度，使法规制度在执行中受阻。二是党内法规制度执行情况监督检查机制有待完善。一般采取制定检查方案、下发检查通知、从相关部门抽调工作人员组成临时检查组对某项党内法规制度落实情况展开实地督查的方式，但是由于检查组工作人员多为临时抽调，对所要检查的党内法规制度不熟悉，这种检查的效果都不会很好，多数流于形式。三是党内法规制度执行的责任追究机制不完善。由于党内法规制度执行主体普遍缺乏想追究的意愿，缺乏敢追究的勇气，缺乏会追究的能力，导致党内法规制度执行方面的责任追究表现为数量不多、范围不大、处分不重。四是各项党内法规制度之间没有形成相互衔接的系统，法规制度相互之间关联不紧密、不配套。某些党内法规制度的内容和要求存在交叉、重叠甚至矛盾。

（三）党内法规制度执行参与度低

1. 公民对党内法规制度执行的参加介入程度不高

公民切实发挥监督作用，广泛参与和支持党内法规制度的执行，能够有效地促进党内法规制度顺利执行，也充分体现了党内法规制度的民主性。当然也要考虑到，公民个体在认知能力、价值观念、利益取向等方面都是存在差异的，公民中有拥护政府的，也有不太赞同甚至对抗政府的；有些公民是某一项党内法规制度的受益者，另外一些公民是利益受损者，还有一些公民则是无关紧要者。不同公民对党内法规制度执行的关注度、支持度都有差别，这就需要党内法规制度执行者正确分析不同公民的特性。一是公民参与党内法规制度执行的意识不强。公民既对自己参与党内法规制度执行的重要性缺乏充分认识，也对参与党内法规制度执行是自己的一项权利缺乏认识，加之从长期政治实践中获得的经验教训，使得公民对参与党内法规制度执行表现出普遍的政治冷漠，往往事不关己高高挂起，害怕引火烧身。二是公民参与党内法规制度执行的能力不足。由于党内法规制度宣传力度不够、公民自身理解能力有限、党内法规制度执行主体与公民之间的信息不对称等因素的影响，现实中民众的能力不足导致参与度低。三是公民参与党内法规制度执行的体制机制不完善，合法权利得不到保障。例如，信访揭露腐败官员的公民的人身安全等方面得不到庇护，信访者遭受暴力膺惩的情况仍然存在，这极大地打击了公民参与党内法规制度执行监督的热情，使原本就不畅通的公民参与路径越发不畅。四是公民参与党内法规制度执行的方法较少、方式单调、路径不宽。

2. 非盈利性组织的参与度低

虽然有些公民个人具有参与党内法规执行的意识，但是个人力量毕竟有限，往往是心有余而力不足，非政府组织为每个想参与党内法规制度执行的个体提供了一个有效的路径。某个地方的民主化程度、社会构成等因素都影响着非政府组织对党内法规制度执行的参与。从我国目前的形势看，非政府组织参与党内法规制度执行还有一定程度的困难。

3. 传播媒体的参与度低

传播媒体在党内法规制度执行中肩负着监督政府并勇于揭露政府官员的腐败行为的重要责任。习近平总书记指出要充分发挥传播媒体在反腐倡廉思想引领、舆论推动、精神激励和文化支撑方面的作用。但目前来看，无论是官方传媒，还是社会传媒在落实党内法规制度时都存在问题。一是官方传媒在参与党内法规制度落实过程中暴露出来的问题集中表现在官媒主要站在官方的立场说话，缺乏活力。二是社会化传媒。这类媒体是是由公民个人或是非政府组织创办的、没有官方背景的传播媒体，主要以手机、网络和各种人际交往渠道为传播载体，信息形形色色，人员素质良莠不齐，亟需进一步规范。例如，有些社会传媒在反腐报道中刻意使用“通奸”

“暴力”“草菅人命”“滥用职权、一手遮天”等敏感字眼辅以刺激性图片和视频来吸引公众注意力，误导公众视线。另外，社会化网络媒体对举报信息的核实也往往不准确。

（四）党内法规制度执行环境复杂

1. 经济环境。党内法规制度作为上层建筑的一部分不可避免地受制于经济基础。从微观角度看，党内法规制度执行所必须的人、财、物、信息等资源并不是能无限取得的，而是要受到政府财政收入的限制，这就是党内法规制度执行的经济成本。例如，新加坡的高薪养廉是建立在国富的基础上的，而在我国实行不了是因为我国的富裕程度达不到。

2. 政治环境。例如，在民主化程度比较低的地区，党委一把手的权力就会过于集中，从而造成党内法规制度执行力大打折扣。

3. 社会环境。社会环境因素中人与人之间的情感、面子、关系深刻影响了党内法规制度的执行力。“当官的”和“普通老百姓”都被“熟人社会”所包围，谁也跳不出这个圈子，人们无论办什么事，首先想到的是托关系、走后门、“拼爹”“拼娘”“拼七大姑八大姨”“拼同学”“拼老乡”，而不是按法律、按规则办事，各种人情关系造就了各种人情腐败：只顾亲情不讲规则，掏空心思为近亲属谋求不合法私利的亲情腐败；基于老乡、同事等地缘关系的乡情腐败；色令智昏的情欲腐败。

4. 文化环境。一是当官发财的价值取向。“当官不仅好办事，当官还能发大财”的价值观，在现行的官场依然存在。二是根深蒂固的特权思想。仍有一部分官员认为官做到一定级别就应该享受一定级别的特权，官就该享受不同于普通民众的特殊优待。

四、提高党内法规制度执行力的路径

“天下之事，不难于立法，而难于法之必行。”要提高制度执行力，当前迫切需要做的就是提高党内法规制度执行主体的能力、完善党内法规制度体系、营造良好的党内法规制度执行环境。

（一）提升党内法规制度执行者的素质能力

1. 提高党内法规制度执行者的执行意识。通过强有力的宣传教育，端正执行者的工作态度，培养执行者敬畏党规、遵守党规、严格依照党规办事的意识，增强执行者执行党内法规制度的自觉性和使命感。要使党内法规制度执行者有这样一种认识，即按照党内法规制度办事是一种思维定式，这种思维定式内化为严格遵守党内法规制度的自觉行动，进而提升为一种依党规办事的政治素养。要确保党内法规制度执行者时刻在党内法规制度规定的界限内活动，党内法规制度是行动的标尺，是不可逾越的雷池，谁越了雷池，谁就要受到党内法规制度的处理。

2. 提高党内法规制度执行者的执行能力，特别是加强党内法规制度的制定、执行、监督等方面的人才选拔和培训，将大批具有党建专业和法学专业背景的同志充实到党内法规制度执行队伍当中来。要不断提升依法执政能力和执政水平，持续推动执政行为的科学化、法制化。

3. 抓住领导班子和领导干部这一“关键少数”，特别是“一把手”这一“关键少数”中的“关键少数”。坚持一案三查，坚持责任追究，使领导干部既能保证自身不违规，又能约束下属不违规。各级领导干部要提高运用法治思维和法治方式执政的能力，努力营造依法办事的良好法治环境，在依法治国道路上当好模范，发挥带头作用。

（二）构建科学完善的党内法规制度体系

1. 提高党内法规制度的科学性

一是要定期对已有党内法规制度进行梳理，对切实可行、行之有效的党内法规制度要坚持贯彻执行；对不够严谨、缺陷明显的党内法规制度要及时查缺补漏、修订完善；对落实过程中发生失误的党内法规制度，要及时纠偏改正；对已经不适用于当前工作的党内法规制度要及时废止；对现实中需要但是现行党内法规制度中没有涉及的内容，要认真研究，及时出台相关党内法规制度。二是要完善党内法规制度的制定程序，减少制定程序上的漏洞，使党内法规制度具有较强的可操作性。

2. 增强党内法规制度的体系化

一是要运用统筹规划的思想，构建完善的党内法规制度体系，不断增强党内法规制度的系统性和体系化。可以通过组织权威专家从宏观上规划党内法规制度体系，构建出党内法规制度体系的整体框架。制定出来的党内法规制度首先不能违背国家的法律法规，其次各项党内法规制度的内容要明确，没有交叉重叠、没有相互矛盾，要有连续性，环环相扣，衔接紧密。一个政党的党内法规制度体系化程度越高，代表了这个政党的政治成熟度越高、执政的合法性越稳固、执政能力越强有力。一个政党随着自身的不断修正完善进步，越往高级阶段迈进，越要求有体系化完整性的党内法规制度，只有具备完善的党内法规做标尺，才能规范党内生活的方方面面，建立铁的纪律和标准，保持政党的干净廉洁。目前，党内法规经过长期不懈的颁布、修订、完善，已经基本形成了一个党内法规制度体系框架。新形势下，党内法规制度建设迎来了新的挑战，对全面从严治党的呼唤更加迫切。全面提高党的建设科学化水平，必须建立健全以党章为根本、以民主集中制为核心、由一系列相关具体法规制度组成的党内法规制度体系。二是要建立和健全党内法规制度的相关配套机制。(1) 健全党内法规制度落实过程中的信息沟通机制。进一步开展党务、政务、村务、厂务等方面的公开，畅通执行主体和执行参与者之间的信息沟通协调渠道，确保党内法规制度执行参与者能够正确理解党内法规制度的内容和精神实质，从而转化为认同、支持等具体行动力。(2) 完善党内法规制度落实过程中的监督检查机制。把对党内法规制度落实情况的督查提上工作日程，制定周密的督导方案和考核标准、规范督导程序、建立党内法规制度执行的监督检查人员库而不是临时抽调业务不熟悉的人员等方面。(3) 健全党内法规制度落实过程中的责任追究机制。严厉实行党内法规制度执行不力的追究，断绝“有责无究”“有责轻究”。

（三）扩大党内法规制度执行参与

1. 提高社会公众的参与

一是通过塑造参与型的政治文化，不断提高民众参与党内法规制度执行的意识，这是公民参与的基础。(1) 要对培育公民社会有足够的信心，要注重培育民众的平等观念、独立自主的主体意识，正确地指引鼓励公民自觉地参与到各项党内法规制度落实中去。(2) 营造社会中的民主氛围和参与氛围，帮助广大民众冲破传统政治文化中的糟粕，转而营造起公民规范参与的政治氛围，树立起党内法规制度的权威性和严肃性，使公众意识到为党内法规制度建设出谋划策本来就是自己的使命和责任。二是通过开展形式多样的党内法规制度教育，有效提高公民参与能力，这是扩大公众参与的关键。(1) 通过加强科技文化教育，提高人们的科技水平和文化素质，进而加深人们对党内法规制度的理解。(2) 随着全媒体时代来临，要充分网络、手机等各种传播媒介，开展公民参与党内法规制度执行的专题讲座、集体讨论等，普及《中国共产党廉洁自律准则》《中国共产党纪律处分条例》等重要的党内法规制度，大力宣传解读政策的精神实质及公民参与政策执行的重要意义，使党内法规制度家喻户晓、如春雨润物般深入公民的心灵。这样一来，公民既有参与落实的强烈意愿，又有参与落实的能力，将会大大提高党内法规制度执行的支持力和协同力。三是通过完善公民参与制度，切实保障公民的各种权利，这是公民参与党内法规制度执行的保障。（1）应制定一部公民参与党内法规制度执行的宏观层面的制度，在制度中明确规定公民参与党内法规制度执行的内容范围、方式方法、渠道途径、激励奖惩等方面，最好提升到法律的高度将参与制度固化下来。（2）在制定宏观层面参与制度的基础上，还要完善公民参与党内法规制度执行的配套机制，尤其要针对当前举报人被打击报复事件频发的现象，急需健全一整套确保公民参与权、保护公民人身财产安全的制度。

2. 提高传播媒体的参与

一是要制定一部保障传媒参与党内法规制度执行的法规，法规要赋予传播媒体对党内法规制度执行的知情权、采访权、报道权、批评权等，对阻挠传媒参与党内法规制度执行的要依法处理；法规中还应规范传媒参与党内法规制度执行的原则、范围、方式方法等，传媒对党内法规制度相关信息进行虚假、歪曲等不实报道时也要追究传媒的责任。二是要加强传媒自身建设。近年来，传媒自身也出现了一些腐败现象，或是赤裸裸地直接索要“负面新闻封口费”等，或是变相拉广告、拉赞助、收礼品等。要对传媒里的职员进行遵纪守法、职业操守教育，要提高职员的业务能力。未来应该明确细致地划分官方传媒和社会传媒参与党内法规制度执行的职责范围，使其各具特色又能取长补短，以多元、灵活的传媒形式，发挥二者在党内法规制度执行参与中的最佳状态。

（四）优化党内法规制度的执行环境

要优化党内法规制度的执行环境，特别是社会文化环境，根治传统的“人情”“人治”恶疾顽症，让“熟”不能生“巧”、让“潜规则”变成“明规则”，从而让党内法规制度充分发挥作用，提高党内法规制度的执行力。

关于党内法规的几个重要理论问题

刘长秋*

自党的十八届四中全会明确将党内法规体系建设作为我国社会主义法治体系建设之组成部分以来，学术界有关党内法规研究方面的论著即开始井喷式地出现。这对我们研究和把握党内法规及其在我国全面依法治国战略中的地位与作用，从而全面推进依法治国战略，具有重要的理论指导意义。然而，另一方面，笔者以为，有关党内法规的很多基础性理论问题与实践问题都还存在一些模糊认识，而这对于构建并完善党内法规体系而言显然是极为不利的。为此，本文拟从探讨党内法规的概念与社会功能入手，对涉及党内法规的几个重要理论问题浅加研究。

一、党内法规的概念及社会功能

从哲学的角度而言，获得某种清晰明确的概念，并进而形成相关的范畴、体系，是认识事物的逻辑前提，也是把握事物发展规律的必由之路。法学研究更是如此。法学是以法律为研究对象的学

* 刘长秋，上海社会科学院法学研究所研究员。

科，而“法律充满概念。法律是概念筑起的大厦，法律概念是法律帝国的基石。”[1] 正因为如此，法学研究中，“概念乃是解决法律问题所必需和必不可少的工具。没有限定严格的专门概念，我们便不能清楚地思考法律问题。若试图完全放弃概念，那么整个法律大厦将化为灰烬”。[2] 如果一个法学研究者所定义的概念存在某些重大疏漏或致命缺陷，则其研究和分析就会不得要领，其结果就会或将本应属于这一领域的法律问题排除在外，或将本不属于这一领域的法律问题纳入进来，从而难以准确把握问题的内涵乃至外延。正因为如此，对概念的分析和界定往往是所有法学研究过程中必做的一项工作。“法学不能没有法的定义。”[3] 对党内法规这类特殊法律现象的研究显然也在此列。

对于党内法规的概念，学术界存在着不同的解说，而这些解说反映了学术界对于党内法规外延认识的不同。有学者认为，党内法规是党内具有一定级别的组织制定的，为着规范党组织工作、活动和党员行为，是成文形式的党内规章制度。[4] 也有学者认为，“党内法规”是规范党组织工作、活动和党员行为的党内各类规章制度的总称，是党的建设的重要组成部分。[5] 还有学者则认为，党内法规是党内各类规章制度的总称。[6] 显然，学者们对于党内法规外延的界定是存在比较大的差异的。这在一定程度上反映了党内法规概念复杂性的同时，也表明了人们在实践操作层面对党内法规认识的混乱。

---

〔1〕 蒋德海：《法律概念和正义——试论法律概念的方法论意义》，载《东方法学》2012 年第 2 期。

〔2〕 [美] E·博登海默：《法理学——法律哲学与法律方法》，邓正来译，中国政法大学出版社 1999 年版，第 486 页。

〔3〕 张文显：《法的概念》，法律出版社 2011 年版，第 3 页。

〔4〕 付子堂：《法治体系内的党内法规探析》，载《中共中央党校学报》2015 年第 5 期。

〔5〕 操申斌：《“党内法规”概念证成与辨析》，载《当代世界与社会主义》2008 年第 3 期。

〔6〕 潘泽林：《中国共产党党内法规及其体系构建问题研究》，载《南昌大学学报（人文社会科学版）》2007 年第 1 期。

笔者认为，党内法规，在我国专指中国共产党党内法规，有狭义和广义之说。狭义上的党内法规已经在有关党内法规中进行了明确的界定，即依据《中国共产党党内法规制定条例》第 2 条之规定，党内法规是党的中央组织以及中央纪律检查委员会、中央各部门和省、自治区、直辖市党委制定的规范党组织的工作、活动和党员行为的党内规章制度的总称。而广义上的党内法规则是指党内所有用以规范和保障党的行为的法律或规范性文件，亦即姜明安教授主张的，党内法规可以指具有党内法规制定权的党组织所有用以规范党的组织和党员行为的正式法规性文件和其他规范性文件，而不限于《中国共产党党内法规制定条例》所规定的规范之种类。[1] 显然，广义上的党内法规除了狭义上的党内法规之外，还包括党内规范性文件，即中央纪律检查委员会、中央各部门和省、自治区、直辖市党委在履行职责过程中形成的具有普遍约束力、可以反复适用的决议、决定、意见、通知等文件，包括贯彻执行中央决策部署、指导推动经济社会发展、涉及人民群众切身利益、加强和改进党的建设等方面的重要文件。在学术界，人们对于党内法规的外延是有所争议的，很多人直接援引《中国共产党党内法规制定条例》第 2 条之规定，而也有学者提出，应当把在党内具有重大意义的法定文件中的《决议》《决定》《报告》等纳入党内法规的范围，即主张采用一个相对广义的党内法规的概念。[2] 而从党对党内法规使用的现状来看，党实际上是在一个广义的概念上使用党内法规的，即对党内法规的理解和运用并不限于《中国共产党党内法规制定条例》第 2 条之规定。为此，本文中，我们所采用的是广义上的党内法规概念，即将中央纪律检查委员会、中央各部门和省、自治区、直辖市党委在履行职责过程中形成的具有普遍约束力、可以反复适用的决

---

〔1〕 姜明安主编：《党员干部法治教程》，中国法制出版社 2014 年版，第 220 页。

〔2〕 参见韩强：《关于党内法规的几个基本问题》，载《中共杭州市委党校学报》2016 年第 2 期。

议、决定、意见、通知等文件也纳入党内法规的范围。

党内法规作为一种行为规范是专门适用于中国共产党党员以及各级党组织的，是党加强自身建设，实现“党要管党，从严治党”的客观需要。党内法规作为一种特殊类型的法，也具有法的规范功能，如指引功能、预测功能、评价功能、教育功能以及强制功能等。同时，作为专门适用于党内的一种行为规范，党内法规还具有一定的社会功能，尤其是政治功能与社会示范功能。

就党内法规的政治功能来说，党内法规是党从事政治活动的需要。党内法规作为贯彻落实“党要管党，从严治党”的重要手段，是党加强自身建设，保持自身纯洁性与先进性，保持党的战斗力的关键所在，也是确保党获得广大人民群众拥护和爱戴，为党执政合法性提供支撑的关键。在我国，中国共产党之所以具有执政的合法性，除了其作为领导者领导全国人民取得了社会主义革命与建设的胜利之外，一个最为重要的原因就在于其自身的先进性与纯洁性。党内法规则是保证党具有先进性与纯洁性的制度需要。党内法规存在的价值之一就是要使党依规加强自身建设，保障并增强其执政的合法性，为党从事政治活动提供内在保障。而党制定党内法规作为党开展政治活动的保障，其本身就是一种政治活动。不仅如此，党内法规还可以直接对政治产生影响，如《党员干部选拔任用条例》直接规定了党员干部的选拔任用条件与程序，直接影响乃至决定国家政权的运作；而《党政机关厉行节约反对浪费条例》由于“适用于党的机关、人大机关、行政机关、政协机关、审判机关、检察机关，以及工会、共青团、妇联等人民团体和参照公务员法管理的事业单位”，所以也直接影响着国家的政治生活。

就党内法规的示范功能来说，党内法规能够产生示范引领效果。《论语》有云，“其身正，不令而行；其身不正，虽令不行”。这句话一针见血地说明了执政者自身建设对于社会治理的重要影响。作为我国的执政党以及我国社会主义革命与建设事业的领导核心，党需要加强其自身的建设，而党的建设主要依赖党内法规来加以保障。党内法规客观上会对其他社会行为规范尤其是那些在伦理道德要求层面上低于党内法规的社会行为产生示范引领作用。就此而言，党内法规具有示范引领的社会功能，客观上会对整个社会的行为规范产生示范影响。而党员干部对于党内法规的模范遵守客观上也具有榜样的力量，会产生社会示范效应，使得人们主动自觉地遵守国家法律以及其他社会规范。

二、为什么党内法规也在普法的内容当中

十八届四中全会通过的《关于全面推进依法治国若干重大问题的决定》将党内法规明确纳入我国社会主义法治体系，使得党内法规与国家法并列成为我国社会主义法治体系的组成部分。在此背景下，《中央宣传部、司法部关于在公民中开展法治宣传教育的第七个五年计划》(以下简称《“七五”计划》）明确规定：“深入宣传党内法规，突出宣传党章，大力宣传各项党内法规。”将党内法规也纳入“七五”普法的内容之一。这在实际操作过程中引发了不少质疑，因为从以往普法的情况来看，普法的内容应当是国家法律法规，而党内法规作为专门引导和约束党员和党组织的规范，似乎不宜被作为普法的内容。那么，党内法规是否真得不宜被纳入普法的范围之内呢？笔者不以为然，相反，在作为我国执政党的中国共产党的自身建设直接关涉我国社会主义建设成败的情势下，笔者以为，党内法规应当被纳入普法的内容之中。

（一）普法的中的“法”并不限于国家法

从法的运行实效以及社会治理层面上来说，法可以被划分为“硬法”以及“软法”。其中，硬法是指以国家强制力作为保障的国家法，如全国人大及其常委会通过的法律、国务院颁布的法规、各

部委颁布的规章以及地方人大及政府颁布的地方性法规或规章等。而软法的范围则相对较广，依据学界有关软法内涵的界说，凡是国家法之外的、适用于不特定人群且能够产生具有类似法律约束力的行为规范都属于软法，如行业规章、技术标准、单位章程等，党内法规也是其中之一。从法理上来说，“软法亦法”，因为就其本质而言，法是一种体现社会公共意旨的行为规范。在法理上，“判断是否法律规范的一个很重要基准，就在于去判定规范是否对人有约束力。”[1] 这是我们践行法治过程中所必须要明确的一个重要事实与理念。就此而言，党内法规作为一种软法，也是我国社会主义法律的重要组成部分之一，只不过它与国家法不属于同一层面而已。而普法作为“国家有目的的、有计划地使全体国民掌握法律的一种活动，本质上属于国民教育的一种”，[2] 其的目的在于“教育公民尊重法律，法律至上，人人平等，尊重他人的权利，勇于捍卫自己的利益，主体性地参加社会事务、国家管理。”[3] 在当代社会治理中，软法作为一种法，在提升公民规则意识，培养其尊重法律，主体性地参加社会事务、国家管理方面具有特殊作用。就此而言，各种软法实际上也有必要纳入普法的内容之中。至于党内法规则更具有这样的必要性。党作为我国的执政党，其一言一行会产生示范效应，其对法律的尊重与遵守将直接引领整个社会尊法、守法的风尚。就此而言，党员干部带头守法是引导全国人民模范守法的关键。正如《“七五”计划》明确指出的，坚持把领导干部带头学法、模范守法作为树立法治意识的关键。而引导领导干部认真学习、遵守党内法规则是令其明确党的纪律，提高其党性修养，从而模范守法的前

---

〔1〕 宋华琳：《论技术标准的法律性质——从行政法规范体系角度的定位》，载《行政法学研究》2008 年第 3 期。

〔2〕 谢晓斌：《对普法工作的反思与重构——基于普法性质的考量》，载《人民论坛》2011 年第 35 期。

〔3〕 管士寒、王格：《普法教育的面目》，载《河南司法警官职业学院学报》2013 年第 2 期。

提。就此而言，普法的内容并不仅限于国家法，也包括作为一种软法的党内法规。

（二）党内法规也是我国社会主义法治体系的重要组成部分

就党内法规的定性而言，党内法规也是一种法。党内法规的法律性质在有关的规范性法律文件中也有着明确的定性。例如《关于全面推进依法治国若干重大问题的决定》中就明确提出，“全面推进依法治国，总目标是建设中国特色社会主义法治体系，建设社会主义法治国家。这就是，在中国共产党领导下，坚持中国特色社会主义制度，贯彻中国特色社会主义法治理论，形成完备的法律规范体系、高效的法治实施体系、严密的法治监督体系、有力的法治保障体系，形成完善的党内法规体系，坚持依法治国、依法执政、依法行政共同推进，坚持法治国家、法治政府、法治社会一体建设，实现科学立法、严格执法、公正司法、全民守法，促进国家治理体系和治理能力现代化”，并指出，“依法执政，既要求党依据宪法法律治国理政，也要求党依据党内法规管党治党”“党内法规既是管党治党的重要依据，也是建设社会主义法治国家的有力保障。”过去，学术界对于党内法规的法律性有着比较大的争议，不少人认为，不宜将党内法规（或党法）作为法，甚至认为“党内法规”的提法都有损于国家的法治建设，应当慎用这一词汇。[1] 实际上，正如有学者所指出的，把中国共产党制定的自我管理、自我约束的各种规范统称为“党内法规”，这是成立的。[2] 党的十八届四中全会正式确定“完善的党内法规体系”为中国特色社会主义法治体系的五大子体系之一，使关于能否使用“党内法规”一词的纯粹概念之争画上了休止符。[3] 而既然党内法规体系是我国社会主义法治体系

〔1〕 石文龙：《依法指正与“党法”》，载《太平洋学报》2011年第2期。

〔2〕 王振民：《党内法规制度体系建设的基本理论问题》，载《中国高校社会科学》2013年第2期。

〔3〕 付子堂：《法治体系内的党内法规探析》，载《中共中央党校学报》2015年第5期。

的子体系之一，则普法的内容自然就应当包括党内法规在内。

（三）普法党内法规客观上具有极为重要的现实意义

1. 有利于体现党全面推进依法治国的决心

作为我国社会主义革命和建设的领导核心，中国共产党目前有八千多万党员，已经成为普法对象中最不容忽视的一个组成部分。党作为执政党的领导地位与客观上必然会产生的示范效应，决定了党员能否模范地遵法守法必然是全社会能否模范遵法守法的关键，对于我国全面推进依法治国有着极其重要的影响。而党内法规作为党对全体党员提出的行为规范要求，是党员行为的指针。由于党内法规是从党组织的角度对党员提出的高于国家法的行为规范要求，因此，了解、认同并遵守党内法规会有助于推动党员更模范地遵守国家法，从而令党员在遵守国家法方面更好地发挥模范带头作用，带动广大群众对国家法的认同和遵守。正因为如此，邓小平同志才一针见血地指出："没有党规党法，国法就很难保障。"[1] 由此不难发现，依规管党治党是依法治国的重要前提和政治保障。以此为基点，对党内法规进行普法有利于体现党对党内法规的重视，体现党对制度与规则的尊重，体现党全面推进依法治国的决心与勇气。

2. 有利于党员干部深入学习和遵守党内法规

遵法守法是实现法治不可或缺的条件，但知法则是人们遵法守法的前提。普法的目的就在于对我国法律加以宣传，使人们了解和掌握法律的内容，逐步提高自身的法律素养，养成尊重规则、尊重法律的习惯。为此，普法过程中必须使广大普法对象全面了解法律的内容。在我国，中国共产党是全国最大的一个政党，有着八千万的庞大党员队伍，这是我国普法的重要对象之一。而党员干部除了需要遵守国家法律这一底线行为规范要求之外，还需要遵守作为党

---

〔1〕《邓小平文选》（第2卷），人民出版社1994年版，第147页。

员都必须要遵守的、作为其基本行为规范的党内法规。因为对于党员来说，不仅国家法是法，党内法规同样是法。国家法是党员做人的底线要求，而党内法规则是作为党员的基本要求。将党内法规纳入普法内容有助于广大党员干部了解和掌握这些党内法规的要求，有助于帮助和敦促其成为一个合格的党员，也有助于提升其自觉遵守党内法规乃至国家法的自觉性与主动性，并有助于培养其法治思维以及运用法治思维应对和解决问题的能力。

3. 有利于人们对党员干部加以监督

普法是知法的客观需要，而知法则是守法的必要前提。法律只有为人们所知悉，才能够更好地被遵守和贯彻。不仅如此，知法也是法律监督的必然要求，法律监督作为“所有国家机关、社会组织和公民对各种法律活动的合法性所进行的监督”，[1] 作为法律运行的必要环节，作为人们监督并推进法律运行的活动，也需要以人们知法懂法为前提。就此而言，普法不仅是知法守法的需要，也是强化法律监督的内在要求，普法不但有助于人们了解和遵守法律，还有利于人们监督法律的运行。将党内法规纳入普法的内容并对党内法规进行普法，不仅可以使广大党员干部充分学习并严格遵守党内法规，明确党对其自身的行为规范要求，还可以使广大人民群众全面了解党内法规的内容，把握党内法规对于党员干部的具体要求，从而更好地监督党员干部遵守和执行党内法规的情况，有利于群众对党员干部加以监督，防范和减少党员干部违法违纪现象的发生。

4. 有利于保持广大人民群众对党的领导的信心

对党内法规进行普法有助于宣传和树立党的良好形象，使广大人民群众了解党对党员的严格要求，从而建立并保持对党的领导之信心。党内法规一词的使用客观上会令人们立足于法律的标准而了解对党章、党纪以及其他各种党内工作规则的要求，从而进一步强

---

〔1〕 葛洪义主编：《法理学》，中国人民大学出版社 2007 年版，第 257 页。

化党内法规的法律性，使其更具有法律威严。不仅如此，对于党员来说，党内法规也是其加强党性修养，保持党性纯洁的客观需要。因为党内法规对其所提出的各种要求其实是一个党员所必须要达到和实现的基本要求，是体现其先进性并印证其有资格作为一个党员的基本标准。我们党区别于其他党派以及一般群众的一个重要特征就在于我们的党法要求党员须具备其他党派的党员以及普通群众所不具有的道德思想境界和个体行为标准。这是我们党在选拔和评价党员时所关注和坚持的一项基本指标。如果一个党员做不到这些要求，就说明他没有达到一个党员的标准，还不是一个合格的党员。[1] 就此而言，将党内法规纳入普法内容有助于使人们透过法律的标准了解并增进党对党员的要求，从而促使我党更好地去约束各级党组织与党员。而这客观上必然有助于提升党的先进性与战斗力，并使广大人民群众树立并保持对党的领导之信心。

三、“纪”为什么应当在法前

“纪在法前”作为对党员干部必须适用的一个党性要求，已经为越来越多的人所熟知，也已经成为各级宣传部门进行党内法规宣传时最经常提及的一个概念。然而，在依法治国的宏观背景下，为什么需要将“纪”挺在“法”前？其中的原因与机理何在？“纪在法前”在适用上应遵循什么样的原则？这些问题却很少为学术界所研究并阐释。而在理论上，这些问题能否被科学地阐释显然直接关涉“党大还是法大”这一命题能否被科学地解释，关系到我国能否真正实现全面依法治国的战略目标。实际上，就国家法与党内法规的关系而言，国家法在效力上要高于党内法规，党内法规必须在宪法和法律规定的框架之内，以不违反宪法与法律的规定为前提方才有效。“党内法规规范党的生活各领域和各方面，但党员在每一领

---

〔1〕 刘长秋：《软法视野下的党规党法研究》，载《理论学刊》2012 年第 9 期。

域和每一方面的行为都要同时遵守国家法的规定，党内法规不能做出与国家法相违背的规定。党内法规和国家法可以是相辅相成的，但不是并驾齐驱的，更不能是分庭抗礼的。”〔1〕而在适用的先后顺序上，党内法规则要优先适用于国家法，纪在法前，纪严于法。当然，这里的“纪在法前”“党内法规优先适用于国家法”，并不是指二者在适用效力上的优先性，而是在适用顺序上的优先性，即在对党员适用国家法而追究其法律责任之前，需要首先适用党内法规，依党内法规进行处理后再适用国家法。换言之，就是必须要追究违法者的双重违法责任，而绝不是在适用党内法规后就不再适用国家法。原因在于，党内法规的要求高于国家法律，也严于国家法律。正如《中国共产党纪律处分条例》第6条所规定：“党组织和党员违反党章和其他党内法，违反国家法律法规，违反党和国家政策，违反社会主义道德，危害党、国家和人民利益的行为，依照规定应当给予纪律处理或者处分的，都必须受到追究。”如果不经党内法规追究违规党员的党纪责任而直接追究其法律责任，很容易导致对党员违法行为的从轻处理。

（一）“纪在法前”是党从严治党的需要

“纪在法前”是作为执政党的中国共产党对全体党员的必然要求，是实现“党要管党、从严治党”，以保持党的纯洁性与先进性的理性选择。原因在于，“纪”作为党为党员树立的行为标准，其在规范上的要求显然要严于法，在伦理道德层面上也远高于法，它是党对党员提出的、远高于国家对一般公民所提出的、在行为标准上要高得多的行为规范要求。“任何一个组织的内部规则都比国家法律严格。我们党是肩负神圣使命的政治组织，党的先锋队性质和执政地位，更是决定了党规党纪必然要严于国家法律。如果党员都

〔1〕屠凯：《党内法规的二重属性：法律与政策》，载《中共浙江省委党校学报》2015年第5期。

退守到公民的底线上，就降低了党员标准，全面从严治党便无从谈起，党的先进性更是无从体现。”[1] 此外，从党纪与国法的范围来看，党纪的范围包括了国家法律，要远远大于国家法律，依据《中国共产党员纪律处分条例》第 6 条之规定，党的纪律是党的各级组织和全体党员必须遵守的行为规则。党组织和党员违反党章和其他党内法规，违反国家法律、法规，违反党和国家政策、社会主义道德，危害党、国家和人民利益的行为，依照规定应当给予党纪处分的，都必须受到追究。显然，这里的党纪，其外延已经涵盖了所有党内法规，甚至也包括了党内法规之外的包括国家法律在内的其他通行的社会行为规范。“纪在法前”意味着党员需要遵守的社会行为规范多于普通公民，意味着党员作为一类具有先进性与纯洁性要求的群体，不能够像普通公民一样，只需要遵守作为社会伦理道德底线的法律即可；相反，党员需要在模范遵守国家法律的同时还应当遵守党纪这一更高层面的规范，而且还必须要首先以是否遵守要求更高、更严的党纪作为衡量和判断其是否是一个合格党员的标准。这说明，党对党员的要求要远高于国家对于一般公民的要求。对于普通公民而言，只有违反国家法律才构成违法；而对于党员来说，只要是违纪就已经属于违法。“党的先锋队性质和执政地位决定了党纪必然严于国法，而不能等于国法。如果纪法不分，把公民都不能破的法律底线等同于执政党的纪律，党的各级组织、党员都退到法律底线上，就降低了党员标准，弱化了党作为政治组织的先进性。”[2] 就此而言，“纪在法前”是党从严治党的需要，党提出并强调“纪在法前”体现了党从严治党的立场与决心。

（二）“纪在法前”是维护党的良好形象的理性选择

党提出并坚持“纪在法前”，既是从严治党的客观需要，也是

---

〔1〕 王岐山：《坚持高标准守住底线推进全面从严治党制度创新》，载《人民日报》2015 年 10 月 23 日。

〔2〕 白广磊：《坚决把纪律和规矩挺在前面》，载《中国纪检监察》2016 年第 5 期。

维护党的良好形象的理性选择。党作为社会主义革命与建设的领导核心，在政治上具有先进性，在思想上具有纯洁性，她始终代表中国先进生产力的发展要求，始终代表中国先进文化前进方向，始终代表中国最广大人民的根本利益。但这并不能保证所有党员都能够依照党的要求规矩为人、勤勉做事，也不能够保障所有党员都能够始终严格遵守党的要求，以一个党员的标准时刻严格要求自己。因为党员既是党的人，受党的指引和约束，同时也是“社会人”，有着普通公民都有的欲望和需求。社会中的各种诱惑难免会造成部分党员党性弱化，从而逐渐蜕化堕落。而对于蜕化堕落的党员，如果直接追究其国家法律责任，就会对党的良好形象带来负面影响，玷污党的纯洁性，并进而使人们对党执政的合法性产生质疑。“纪在法前”则意味着在对违法犯罪的党员进行法律追责前需要先使其接受党内法规的处分，先祛除其头顶上的党员光环，使其降格为普通公民。在此基础上再追究其法律责任，则意味着国家法律所追究的违法行为人已经不再是党员，而完全是一个已经失去了党性而与党脱离了关系的普通公民。其从事的违法犯罪活动已经与党无涉，完全是其个人的行为。而这显然有利于维护党自身的良好形象，保持党的权威。

（三）“纪在法前”完全符合法治精神

“纪在法前”并不意味着纪律大于法律或高于法律，因为“纪在法前”是针对党员而言的，对一般公民或其他党派的党员并不适用。对于其他党派党员及普通公民而言，违法依旧只是违反国家法律。而对党员来说，违纪所追究的是党的纪律责任或者说是党法责任，而非国家法律责任。在追究党员违法责任之前先追究其纪律责任并不违背法治精神，也不违反法律规定。因为党作为一个具有先进性的组织，对其成员即党员的加入尽管有着严格的条件限制，但却是完全遵循自主自愿原则的，对一般公民而言，其加入中国共产党的行为是一种完全自觉自愿的行为，是需要提出申请的，其入党之后也是自愿接受党纪约束。“申请加入共产党这个组织，就应当赞同和坚持党的主张，就要在政治上讲忠诚、组织上讲服从、行动上讲纪律。”[1] 如果我们把党纪作为一种要约，则党员入党宣誓的誓词就完全是一种承诺，党员入党的过程完全符合法律对于要约与承诺的规定，完全符合自主原则这一基本法律原则。不仅如此，党主张入党自愿，还坚持退党自由，对于那些自愿要求退党的人，充分尊重他们的个人意愿，允许其退党。这些显然都是在法律的监督之下，完全符合法律的规定。换言之，“纪在法前”并不违反法律的规定，也完全符合法治的精神。

〔1〕 苑秀丽：《新形势下加强党的纪律建设的思考》，载《中国特色社会主义研究》2016 年第 1 期。

我国权力运行制约和监督机制存在的问题及对策

彭新林*

党的十八大报告强调："建立健全权力运行制约和监督体系""加强党内监督、民主监督、法律监督、舆论监督，让人民监督权力，让权力在阳光下运行。"党的十八届三中全会通过的《中共中央关于全面深化改革若干重大问题的决定》亦将"强化权力运行制约和监督体系"作为改革的重要内容，明确提出"必须构建决策科学、执行坚决、监督有力的权力运行体系，健全惩治和预防腐败体系，建设廉洁政治，努力实现干部清正、政府清廉、政治清明。"党的十八届六中全会更是指出，监督是权力正确运行的根本保证，是加强和规范党内政治生活的重要举措。必须加强对领导干部的监督，党内不允许有不受制约的权力，也不允许有不受监督的特殊党员。要完善权力运行制约和监督机制，形成有权必有责、用权必担责、滥权必追责的制度安排。[1] 上述党的中央全会文件、公报中关

* 彭新林，北京师范大学国际反腐败教育与研究中心研究员、秘书长，G20 反腐败追逃追赃研究中心研究员，中国刑法学研究会副秘书长。

〔1〕 参见《中国共产党第十八届中央委员会第六次全体会议公报》，载《人民日报》2016 年 10 月 29 日。

于加强权力运行制约和监督的新观点新论断，是对改革开放以来我们党在探索权力制约和监督机制方面重要经验和实践成果的总结，是立足新时期我国权力运行现状、从权力的结构和运行机制上做出的有益探索，对新时期加强我国权力运行的监督和制约提出了更加迫切的要求。权力运行制约和监督可以使权力的行使者更加勤勉、审慎运用手中权力，让权力在正确的轨道上运行，用来为人民谋利益。规范权力运行，加强对权力的监督，事关反腐倡廉建设和改革发展稳定的全局。在社会主义市场经济条件下，如何有效监督权力，筑牢拒腐防变的防线，防止公职人员蜕变为腐败分子，是一个值得深入研究的重大理论和现实问题。鉴此，本文在立足于我国权力运行制约和监督现状的基础上，试对当前权力运行制约和监督机制存在的问题及完善对策做一探讨。

一、加强权力运行制约和监督的必要性及重要意义

加强权力运行制约和监督的必要性和重要意义，主要体现在以下几个方面：

（一）遏制当前腐败现象滋生蔓延的迫切需要

古希腊著名智者亚里士多德曾在《政治学》这一名著中指出："把权力赋予人等于引狼入室，因为欲望具有兽性，纵然最优秀者，一旦大权在握，总倾向于被欲望的激情所腐蚀。"〔1〕法国伟大的启蒙思想家孟德斯鸠曾精辟地指出："一切有权力的人都容易滥用权力，这是万古不变的一条经验。有权力的人们使用权力一直到遇到有界限的地方才休止。"〔2〕英国历史学家阿克顿教授也有一句名言，即："权力导致腐败，绝对的权力导致绝对的腐败。"〔3〕由此可见，

〔1〕转引自张敬波：《见欲而止为德》，载《安徽日报》2004年2月16日。

〔2〕参见［法］孟德斯鸠：《论法的精神》，张雁琛译，商务印书馆1961年版，第65页。

〔3〕参见林非：《阿克顿的一句名言》，载《随笔》2008年第6期。

权力运行需要监督，不受监督的权力，就容易出现权力异化和权力寻租现象，必然会导致腐败。习近平总书记也曾深刻指出："有权力的地方必须有监督，没有监督的权力必然导致腐败。"〔1〕 当前腐败现象滋生蔓延的重要原因之一，就是权力运行未能得到有效的制约和监督。近年来很多落马的官员，究其腐败原因，大都与权力运行内外制约和监督缺位存在很大关系。如前几年北京市查处的市地税局原局长王纪平腐败案件，之所以在很长一段时间内没有被发现查处，就与权力的监督缺位、制约乏力有很大关系。在该案中，北京市地税局负责的政府采购投标中，派驻纪检监察部门只参与了其中一个环节的监督，对整个运转过程不了解，监督未到位，制约乏力，给少数权力掌握者制造了"绕开组织监督、绕开制度约束、绕开民主程序"的时间和空间；信息不对称、不公开，又使得一般干部和社会公众对本单位的重大决策不参与、不了解，更是无法进行有效监督。因此，要遏制当前腐败现象滋生蔓延的势头，就必须大力加强对权力运行的制约和监督，从源头上预防腐败现象的发生，真正实现权为民所用、情为民所系、利为民所谋。

（二）建设社会主义法治国家的客观要求

法治是与人治相对立的一种治国理念和方略，强调依法治国、法律至上。党的十五大正式确立了"实行依法治国、建设社会主义法治国家"的治国方略，并在 1999 年将其写入《宪法》。应当说，对权力进行监督，既是社会主义法治的核心内容，也是实现社会主义法治的重要途径。诚如有学者所言，法治在制度上起始于法律对国家权力的限制，从一开始它就意味着控权制度的存在和权力制衡原则的被遵守，制约公共权力、保护公民权利是法治的本质。〔2〕 权

---

〔1〕 参见习近平："领导干部要树立正确的世界观权力观事业观"，载《学习时报》2010 年 9 月 6 日。

〔2〕 参见李桂荣：《论权力运行制约和监督是反腐败的关键》，载《辽宁行政学院学报》2007 年第 9 期。

力运行制约和监督作为法治的核心内容，使权力得到有效监督和制约，是建设社会主义法治的重要体现。因为社会主义法治的一个重要价值与基本功能，就是对国家权力进行有效监督和制约，实现权力运用的法治化。权力的运用若不遵守法定的程序，没有得到有效的监督和制约，偏离法治的轨道运行，权力就可能被滥用，极易产生腐败或者为腐败提供便利条件。当今中国的腐败现象，从很大意义上说，就是权力缺乏有效制约和监督的寻租性腐败。而要遏制这种腐败现象，则需要坚持用法治的思维和方式去抗制，从制度上改变权力过分集中而又得不到有效监督制约的状况，特别是要针对管人、管钱、管事等权力运行的关键环节、关键岗位，实现对权力运行的全程防范、全面监督，将权力关进制度的笼子里。胡锦涛同志曾指出："要加强监督制约，形成权力正确行使的有效机制。要综合运用党内监督、国家专门机关监督、群众监督和舆论监督等多种形式，努力形成结构合理、配置科学、程序严密、制约有效的权力运行机制。要把党内监督和群众监督紧密结合起来，使两者相互促进、相得益彰。要在党内大力开展批评与自我批评，开展积极的思想斗争，进一步健全党内生活制度，经常听取群众的意见。"[1] 习近平总书记在十八届中央纪委二次全会上发表的重要讲话中也强调，要加强对权力运行的制约和监督，把权力关进制度的笼子里，形成不敢腐的惩戒机制、不能腐的防范机制、不易腐的保障机制。要加强对"一把手"的监督，认真执行民主集中制，健全施政行为公开制度，保证领导干部做到位高不擅权、权重不谋私。[2] 李克强总理在就职后的首次记者招待会上也掷地有声地指出，要把法律放在神圣的位置，用法治精神建设现代经济、现代社会、现代政

〔1〕 参见胡锦涛：《要建立对权力运行的监督机制》，载《人民日报》2004年1月13日。
〔2〕 参见习近平：《把权力关进制度的笼子里》，载《人民日报》2013年1月23日。

府。[1] 上述党和国家主要领导人的讲话，旗帜鲜明地表明了加强权力运行制约和监督的鲜明立场，彰显了权力运行制约和监督对建设社会主义法治国家的重要意义。

（三）彰显社会主义国家根本性质的题中之义

我国是社会主义国家，一切权力来源于人民。《宪法》第 2 条、3 条明文规定："中华人民共和国的一切权力属于人民""人民行使国家权力的机关是全国人民代表大会和地方各级人民代表大会。""全国人民代表大会和地方各级人民代表大会都由民主选举产生，对人民负责，受人民监督。"社会主义国家这一根本性质决定了权力的来源，也即国家的一切权力来自人民，各级干部都是人民的公仆，权力的行使理当受到人民的监督。习近平总书记在十八届中央纪委二次全会上发表的重要讲话中指出："任何人都没有法律之外的绝对权力，任何人行使权力都必须为人民服务、对人民负责并自觉接受人民监督。"[2] 也就是说，要把人民赋予的权力真正用来为人民谋利益并自觉接受人民监督，决不能把权力变成牟取个人或少数人私利的工具。其实，早在一百多年前，革命导师马克思、恩格斯就从国家与社会关系的角度，阐述了权力运行制约和监督与制约的必要性。他们认为，国家和政治制度是从属的东西，而市民社会和经济关系的领域则是决定性的因素。[3] 换言之，国家管理社会，只是国家凭借其公共权力承担者的身份服务于社会。正是这种根本性质，决定了国家必须受社会的监督和制约，决定了社会必须充分利用其公共权力所有者的身份，通过多种途径来监督、制约国家，使国家真正成为为自己服务的工具。而公共权力所有者的社会对国

---

〔1〕 参见李克强：《用法治精神建设现代经济、现代社会、现代政府》，载新华网 http://news.xinhuanet.com/2013lh/2013－03/17/c_115053583.htm，最后访问时间：2013 年 3 月 17 日。

〔2〕 参见习近平：《把权力关进制度的笼子里》，载《人民日报》2013 年 1 月 23 日。

〔3〕 参见《马克思恩格斯选集》（第 4 卷），人民出版社 1995 年版，第 247 页。

家实行监督和制约，其实质是人民群众对国家及其代理人的监督。[1] 一言以蔽之，我国的社会主义国家性质决定了国家权力的人民性，属于人民的权力自然要对人民负责，为人民的利益服务，自觉接受人民的监督，这是社会主义国家根本性质的题中应有之义。

（四）关系到人心向背和党的生死存亡

权力具有很强的腐蚀性，如果权力的行使不受制约和监督，任何政党一旦掌握政权，那么都有可能受到权力的侵蚀，最终腐化变质、脱离群众，导致亡党亡国。列宁曾反复强调权力运行制约和监督的必要性，甚至把权力运行制约和监督提到了“维护劳动者的政权”和防止“资本主义压迫制度的复辟”的高度。在新政权诞生之初，他就觉察到，官僚腐败现象不仅没有销声匿迹，而且还有不断蔓延之势；他认为，人民是社会主义国家的主人，人民不仅享有立法权，而且享有行政权、司法审判权，并在代议制度下享有监督国家机关的全权；要在苏维埃建立一个自上而下、自下而上的网络监督结构形式。[2] 关于权力运行制约和监督对党的兴衰存亡的重要意义，新中国几代主要领导人都有着清醒的认识。早在延安时期，毛泽东同志在回答民主人士黄炎培先生关于中国历史兴衰的周期律问题时，就明确指出：“我们已经找到新路，我们能跳出这周期律。这条新路就是民主。只有让人民起来监督政府，政府才不敢松懈。只有人人起来负责，才不会人亡政息。”[3] 在这里，毛泽东同志深刻地揭示了权力运行制约和监督的重要性，只有民主，让人民来监督政府，才不至于人亡政息。在中国革命和建设事业中，邓小平同志对加强权力运行制约和监督提出了许多精辟的见解，他认为：

---

〔1〕 参见邬思源：《论马克思恩格斯权力运行制约和监督与制约思想》，载《求实》2008年第6期。

〔2〕 转引自王彬：《权力运行制约和监督：我国政治文明建设的必然要求》，载《理论月刊》2002年第5期。

〔3〕 转引自李步云：《关于依法治国的几个问题》，载应松年主编：《法学专题讲座》，国家行政学院出版社1999年版，第365～366页。

"实行群众监督可以把群众的积极性调动起来，会提出很多好的意见。"相反，"如果我们不受监督……就一定脱离群众，犯大错误。"[1] 陈云同志更是一针见血地指出，党的权力不受监督，党风不正，党内腐败不除，将直接削弱甚至瓦解党的群众基础，动摇党的事业的根基，贻误整个中国革命与建设事业。[2] 由上不难看出，邓小平同志、陈云同志从党的事业发展和群众基础的高度深刻阐明了权力运行制约和监督的重要性。作为新中国第三代中央领导集体的核心，江泽民同志对加强权力运行制约和监督和反腐败与党的生死存亡的关系问题也有深刻的阐述，他指出："坚决反对和防止腐败，是全党一项重大的政治任务。不坚决惩治腐败，党同人民群众的血肉联系就会受到严重损害，党的执政地位就有丧失的危险，党就有可能走向自我毁灭。""关键要加强对领导干部的监督，保证他们正确运用手中的权力"。[3] 习近平总书记在十八届中央纪委二次全会上讲话中亦强调，腐败是社会毒瘤，如果任凭腐败问题愈演愈烈，最终必然亡党亡国。[4] 之所以要"加强权力运行的制约和监督"，根本原因就是缺失监督制约的权力必然导致腐败，而腐败问题严重了就会"亡党亡国"。总而言之，腐败现象是侵入党和国家机关健康肌体的病毒，只有加强对权力的监督制约，使权力运行在正确的轨道上，才能真正做到权为民所用、情为民所系、利为民所谋，夯实党的群众基础，使党的事业兴旺发达。否则，如果我们掉以轻心，不能对权力进行有效监督，不坚决反对腐败，党同人民群众的血肉联系就会受到严重损害，党的执政地位就有丧失的危险，

---

[1] 参见《邓小平文选》(一九八三——一九六五年)，人民出版社1989年版，第258页。

[2] 参见袁曙宏：《论陈云的权力运行制约和监督思想》，载《国家检察官学院学报》2005年第1期。

[3] 参见江泽民：《加大从源头上反腐败的力度》，载新华网，最后访问时间：2000年12月26日；朱宗亚：《为什么说"关键要加强对领导干部的监督"》，载《解放日报》，最后访问时间：2002年2月15日。

[4] 参见邵景均：《学习习近平同志关于反腐败的思想》，载《红旗文稿》2015年第15期。

党就可能走向自我毁灭。

（五）现代政治文明长期发展的必然结果

权力运行制约和监督既是政治体制改革的重要任务，也是现代民主政治的核心问题。邓小平同志曾精辟地指出："政治体制改革的目的是调动群众的积极性，提高效率，克服官僚主义。"[1] 在此基础上，他把对权力的监督与制约作为政治体制改革的核心问题提了出来。事实上，也只有对权力进行有效的监督，才能确保公职人员正确地行使手中的权力，才不至于使其因滥用权力而破坏民主制度，最终达到防治腐败的效果。这是"实现人民主权的需要，是社会主义民主政治的重要支柱。"[2] 从人类政治文明发展的角度看，权力的监督与权力的来源是紧密联系在一起的，从权力来源的君权神授到主权在民，经过了长时期的演化发展，是人类政治文明不断趋向成熟的重要表现，也是对权力进行监督制约的理论基础之一。国家权力既然来源于人民，而权力所有者的人民和权力实际运用者的国家公职人员又经常发生分离，要使权力的实际运用者不忘记自己的权力是受人民的委托，为人民的利益服务，那么重要的方法就是对权力的实际运用者进行有效的监督。人民要有效监督权力，所依靠的两种重要手段就是民主和法治。而通过民主和法治的手段监督权力，正是现代民主政治的核心内容，是人类政治文明长期发展的结果。

二、我国权力运行制约和监督机制存在的问题

当前，我国权力运行制约和监督机制总体情况是好的，对于规范权力的正确运行，促进反腐倡廉建设，确保权力用来为人民谋利

---

〔1〕 参见《邓小平文选（三）》，人民出版社 1993 年版，第 327 页。

〔2〕 参见李桂荣：《论权力运行制约和监督是反腐败的关键》，载《辽宁行政学院学报》2007 年第 9 期。

益，发挥了重要作用。但存在的问题也不少，距离人民群众的期望和反腐倡廉建设的要求还有一定差距。总的说来，我国权力运行制约和监督机制存在的问题，主要包括以下几个方面。

（一）少数干部的权力运行制约和监督意识淡漠

由于受几千年封建传统文化观念的影响，家长制作风、长官意志和权力至上等观念在国家政治生态和社会生活中依然不同程度地存在，有的甚至根深蒂固。就被监督者来说，当前有不少公职人员特别是领导干部对权力运行制约和监督的重要性缺乏明确认识，自觉接受监督的意识淡漠；相反，特权思想严重，不尊重和接受监督，一提监督就认为是出难题、挑毛病、找岔子，讲到监督就烦，听到批评就跳。例如，薄熙来在其治下的重庆等地，目无国法、恣意妄为，大搞独断专行的“家长制”“一言堂”，只允许他个人的权威存在，对“不听话”的下属动辄羞辱打骂，如同封建社会主子对待家奴，毫无什么权力运行制约和监督意识。就监督者来说，有些监督机构的领导及干部责任感和使命感不强，存在“老好人”思想，认为监督既损己又伤人，不利工作开展，是妨碍安定团结的“大忌”，对实施监督顾虑重重，不愿监督，不敢监督，缺乏监督的主动性和积极性。这些都是权力运行制约和监督意识淡漠的表现，不仅会影响权力运行制约和监督的力度和效果，也不利于反腐败斗争的深入开展。

（二）权力运行的透明度不够

权力运行公开透明，既是保障群众知情权的客观需要，也是加强权力运行制约和监督、防止权力异化的重要途径。近年来，将有关政策法规、工作职责、办事程序、办事时限和办事结果等向社会公开，接受群众监督，已成为党政机关、企事业单位党务、政务公开的重要内容，也取得了一定成效。但是实践中仍然存在一些问题，实施的效果差强人意。如有的单位对权力运行公开的重要性认识不到位，害怕公开，害怕接受公众监督；有的单位公开的及时性、完整性、详细度不够，对一些重要权力运行、群众关注的权力运行等实质性内容没有公开，极大地影响了公开的效果；还有的单位虽然存在办事规则，但其领导干部缺乏公开意识，在重要权力运行环节封闭性明显，“暗箱操作”仍在一定程度上存在。正是因为上述种种权力运行的透明度不够，无形中增加了制约和监督权力的难度，削弱了党务、政务等公开措施的积极效果，也为权力寻租、权钱交易等提供了机会，无疑不利于权力运行制约和监督工作的开展。

（三）权力过于集中，缺乏有效制约

尽管我国的权力结构较以往有了明显改善，但权力配置不科学、权力过于集中的现象仍然存在。权力过于集中、配置不科学，权力的运行就难以有效制约和监督。邓小平同志曾指出：“我们历史上多次过分强调党的集中统一，过分强调反对分散主义、闹独立性，很少强调必要的分权和自主权，很少反对个人过分集权。”[1]权力过于集中的后果，就是个人可能凌驾于集体和制度之上，就算有再好的防控措施，再严密的程序设计，都有可能变成摆设。当前，我国权力过于集中、缺乏有效制约，主要表现在以下几个方面：一是“一把手”的权力过于集中，不受制约。在一些地方和单位，权力集中在书记、局长、部长、主任等“一把手”手中，不少“一把手”任职时间长、关系硬、工作随意性大，封建“家长制”风气严重，习惯个人发号施令，长此以往便形成漠视制度、纪律约束的习惯。其实，很多“一把手”的腐败活动在初期就已被群众发现和举报，但权力过于集中为其提供了屏障，也使得纠正权力过错的代价大大提高。二是领导班子成员权力过于集中，不受制约。虽

〔1〕 参见《邓小平文选》（第2卷），人民出版社1994年版，第237页。

然有的单位实行了集体领导、分工负责的制度，但少数领导班子成员的分工负责是你管你这条线、我管我这条线，楚河汉界，互不干涉，互不监督。领导班子成员在其管辖范围内，掌握着相当大的物资分配权、资金使用权、人事管理权等，一般都是集研究、决策、执行、监督于一身，权力高度集中，难以避免个人专断。三是职能部门的权力过于集中，不受制约。一些单位的职能部门权力配置不科学，权限划分不合理，职能交叉重叠，有违“结构合理、配置科学、程序严密、相互制约”的要求，既管人，又理财，还监督，导致权力高度垄断。如在项目发包过程中，没有进行公开招投标，而是由某个职能部门说了算，进行暗箱操作，就极易导致腐败现象的发生。

（四）监督机构缺乏应有的地位和独立性

我国权力运行制约和监督的机构主要实行双重领导体制，既受同级党委或政府的领导，又受上级监督机构的领导。而在实际运行中，往往起作用的是同级党委或政府的领导，监督机构成了同级党委或政府的一个工作部门、执行机关；其权力来源由同级党政机关掌管，其经济来源也要靠同级党委和政府解决，这就使监督机关在一定程度上依附于同级党委和政府，使得监督主体的独立性很难有效发挥，监督权力相对减弱。[1] 现行的监督体系，无论是党内监督还是党外监督，其独立程度与其所履行的监督职能相比，都是不相称的。[2] 尽管我国一再提倡监督主体要敢于监督、秉公执法，但由于缺乏应有的地位和制度保障，监督机构的人员出于现实考虑，在权势面前实施监督，还是有所畏惧的。从中国的腐败现象看，许多主要领导干部的违法违纪案件一般都难查难处，这与监督机构对于

〔1〕参见王凯伟：《当前我国权力运行制约和监督机制存在的问题及其对策》，载《湘潭大学学报（哲学社会科学版）》2004 年第 4 期。

〔2〕参见解华：《建立和完善领导干部权力运行制约和监督机制的思考》，载《决策与探索》2003 年第 7 期。

同级领导的“弱监”或“虚监”状态密切相关。[1] 如人民代表大会作为国家权力机关，享有宪法赋予的监督权；然而，长期以来，人大授权与监督的失衡，或曰监督权的弱化一直是我国各级人大职责履行的常态，不少地方人大对“一府两院”的监督顾虑重重，或是担心人大监督是同党委、政府“唱对台戏”，或是怕搞僵与“一府两院”的关系，不敢或不愿理直气壮地行使监督权，离宪法的要求和人民群众的期望还有较大差距。又如，党内纪检部门也是受同级党委领导，这种附属性使得纪检部门难以独立发挥监督作用，特别是对同级党政部门一把手难以实施有力、有效的监督。再如，属于政府行政系统的行政监察与审计部门的监督，也是在作为监督客体的同级政府的直接领导和管辖之下行使监督权，监督权受制于行政权，其监督缺乏应有的地位和独立性。最后，对于司法机关的法律监督，由于司法机关的人事任免、财政保障等都是由同级党委和政府决定，要接受同级党委的领导，其作为监督主体的独立性和权威性也会受到一定影响，有时甚至难以冲破地方保护主义的牢笼，在实际监督中出现“站得住的顶不住，顶得住的站不住”等尴尬情况，难以发挥应有的监督作用。

（五）监督力量还未得到有效整合

权力运行制约和监督机制是一个完整的系统，各监督主体监督功效的充分发挥，离不开整体的协调一致。我国目前虽已形成了一个较为系统全面而又多元的权力运行制约和监督体系，既有党内监督，也有国家专门机关监督和政协民主监督，还有社会监督，表面上形成了一个自下而上、自上而下、纵横交错的监督网络。但是，我国权力运行制约和监督体系上统散并存的特点非常突出，尤其是还程度不同地存在着监督力量分散、分工不明、职能交叉、配合不

---

〔1〕 参见李华芳：《加强对权力运行制约和监督的路径思考》，载《中共成都市委党校学报》2004 年第 4 期。

够、各自为战等问题，监督的实际效果远未达到理想的状态。诚如有学者所言，长期以来，我国整个权力运行制约和监督体系及其运行在机制上出现统散并存的局面，各监督机构的分工协调缺乏保障机制，彼此之间既职责分工不明，又互相配合不够，工作中各自为战的现象较为严重，致使监督工作存在重叠或导致监督盲区。[1] 例如，当前政府投资管理工作中，有权对政府投资进行监管的政府机构包括发改、财政、审计、规划、建设、行业主管、纪检监察等部门，这些部门本应形成职责分工明确，监督内容各有侧重，相互制约、相互促进的工作格局，但实际工作中各部门都利用自己掌握的行政资源、按自己制定的规章和办法实行项目监管，政策不统一，配合不协调，信息不共享，难以实行真正有效的监督。也就是说，上述存在的监督主体多、职能交叉和多头管理等问题，使得监督力量无法有效整合，未能发挥出整体监督合力。总而言之，在我国的权力运行制约和监督体系中，各监督机构还未形成一个彼此分工合理而又互相配合有序、运转高效的有机整体，权力运行制约和监督的整体功效还没有充分显现出来。

（六）监督方式还存在一定的滞后性

对权力运行的制约和监督，从阶段上看，可分为事前监督、事中监督和事后监督。毋庸置疑，只有对权力运行进行事前、事中和事后的全程监督，才能达到有效的监督效果。然而，从我国权力运行制约和监督体系的实际情况看，监督方式存在一定的滞后性，就是对惩治性的事后监督较为重视，而防范性的事前监督和事中监督较为薄弱，事前很少提出有力的防范措施，事中出现的苗头性问题不能及时察觉和纠正，往往是“东窗事发”或者问题严重后才调查处理。正如有学者精辟地指出，我国历来都把监督的重点放在违法

〔1〕 参见李晓广：《论当代中国权力运行制约和监督体系》，载《中国特色社会主义研究》2005年第1期。

违纪案件的查处上，但在许多案件的处理上又缺乏力度。因为在具体查处中，难以预料的干扰和阻挠，使得案件的查处往往无法进行下去，结果是不少案件查而不办、不了了之。[1] 其实，惩治性的事后监督，通俗的说法就是“马后炮”，是一种消极被动的监督，使得许多本来可以及时察觉和纠正的问题发展蔓延，难以达到防患于未然，有效地预防腐败发生的效果。

（七）社会监督的力量比较薄弱

社会监督体系包括政协民主监督、舆论监督和群众监督等。相比于党政系统和国家专门机关的监督，社会监督体系的监督缺乏刚性的约束力，其制约和监督权力的作用比较有限，在很多情况下对权力的监督只能是“有心无力”。就政协民主监督而言，它是与我国基本政治制度相联系的属于我国政治民主的一种监督，属于以批评和建议为主要方式的一种监督。不可否认，随着近年来民主监督逐步向制度化、规范化迈进，政协民主监督职能得到了很好的发挥，针对党和国家的方针政策、国家重要事务提出了许多重要的意见和建议，对党和政府科学化、民主化决策起到重要作用，在社会上产生了较好的影响。然而，由于多方面的原因，我国政协民主监督的工作还有待加强，如果被监督者本身不愿接受政协监督，政协又没有相关的渠道表达自己的监督意愿和施加自己的影响，那么这种监督的效果就可想而知。就舆论监督来说，近年来新闻媒体愈来愈发挥了作为“第四权力”的重要作用。在实践中，舆论监督对腐败分子具有巨大的威慑力量，不少腐败分子就是通过新闻媒体的披露报道、通过网络舆论监督露出了马脚，最后被相关部门绳之以法的。然而，舆论监督也不具有直接的强制力，其监督的威力就在于通过媒体的曝光将问题公诸于世，以期引起社会广泛关注，得到被

---

〔1〕 参见李晓广：《论当代中国权力运行制约和监督体系》，载《中国特色社会主义研究》2005年第1期。

监督对象上级或者有关部门的重视，故而其监督的效果只能取决于被监督对象的上级或者有关部门的态度；如果上级或者有关部门不重视甚或包庇下级官员滥用权力行为，那么舆论监督的效果就会大打折扣。最后，关于群众监督，其乃是对权力的一种重要的社会监督方式。不过，我国群众监督的方式，主要是依靠信访、举报等途径，向国家专门机关告发或者通过媒体曝光，其最终效果仍然取决于有关领导和监督机关查处腐败行为的意愿和重视程度。因而与政协民主监督、舆论监督一样，群众监督也存在监督乏力的问题。

三、健全权力运行制约和监督体系的对策

规范权力运行，加强权力运行制约和监督，健全权力运行制约和监督体系，事关国家反腐败斗争和反腐倡廉建设的全局，可谓任重而道远。完善我国权力运行制约和监督体系，当前要着重从以下几个方面努力。

（一）强化有权必有责、用权受监督的意识

权力运行制约和监督是确保权力正确行使，实现权为民所用、利为民所谋的重要保障。强化公职人员特别是领导干部“有权必有责、用权受监督”的意识，使之自觉接受监督，确保权力的运行不越雷池半步，是当前乃至今后健全完善权力运行制约和监督体系的重要内容。

一是要通过各种途径使公职人员特别是领导干部，充分认识到自觉接受监督的重要性。公职人员要把来自组织、群众、舆论等各方面的监督看作是对自己的关心和爱护，以如临深渊、如履薄冰的态度审慎使用手中的权力，坚决摒弃不愿、不敢接受监督的错误心态，习惯于在被监督的环境中开展工作，做到主动接受监督、勇于面对监督、热情欢迎监督和欣然接受监督。

二是要增强履行监督职责的主动性和积极性。人大、纪检、司

法、行政监督机构及工作人员应当破除“老好人”思想，做到敢于监督、敢于碰硬，务求实效，真正使对权力的监督由“软”变“硬”，树立监督的权威；民主党派和政协的民主监督工作，应紧紧围绕人民群众最关心、最直接、最现实的问题开展，做到善于监督、善于批评、善于建言，促进问题的解决和决策的科学化；媒体舆论要以高度的责任感和使命感，发挥舆论监督的优势，勇于揭露和曝光各种腐败线索，增强舆论监督的实效。

三是要营造浓厚的监督氛围。要加强党风廉政建设教育宣传，通过典型推树、反腐宣传、案件查办等多种形式，充分调动人民群众监督的积极性和主动性，关心、支持和参与权力运行制约和监督工作，坚决同腐败现象作斗争，营造出风清气正、监督光荣的浓厚氛围。

（二）推进权力运行的公开透明

权力运行的公开透明，是确保权力正确行使的有效措施。“要创造条件让人民批评政府、监督政府，同时充分发挥新闻舆论的监督作用，让权力在阳光下运行。”[1] 也就是说，应以规范权力运行为目标，建立健全权力运行制约和监督体系，真正做到让人民监督权力，让权力在阳光下运行。要按照“公开是原则、不公开是例外”的要求，把公开透明贯穿到决策、执行、监督等权力运行的各个环节，重点要推行决策环节、执行环节的公开透明。要大力推行党务、政务公开、厂务公开、村务公开和公共事业单位办事制度公开，完善权力公开的机制，明确权力的幅度和依据，明确公开的内容、范围、形式、载体和时间，提高权力运行的透明度和公信力。要督促各地区各部门各单位进一步拓展公开的领域和内容，不仅是向部门或单位内部公开，也要向社会公开，接受本单位干部职工和

---

〔1〕 参见张寒：《温家宝：创造条件让人民批评监督政府》，载《新京报》2010年3月6日。

社会公众的监督，创造条件让本单位干部职工和社会公众更好地了解权力运行，更有效地参与监督。

（三）改革和完善权力结构，防止权力过于集中

要改革和完善权力结构，以分解和制衡权力为核心，进一步合理划分、科学配置各部门及其内设机构的权力和职能，防止权力过于集中，从而形成结构合理、配置科学、制约有效的格局。

一是要合理划分、科学配置“一把手”的权力，防止权力过于集中。严格贯彻民主集中制的原则，对于工作中的重要问题特别是“三重一大”问题，由领导班子集体研究讨论决定，并要明确相关程序，规范“一把手”的决策权限、决策内容，防止“一言堂”现象的出现。探索制衡“一把手”权力的新途径新办法，“一把手”一般只负责决策和监督，主要对人事、建设工程、财务、执法等工作提出宏观的方向性意见，具体工作由副职领导负责。完善“一把手”任期和交流制度，避免“一把手”在某个单位长期任职，形成权力关系网络和监督制约的真空。

二是要合理划分、科学配置领导班子成员的权力，强化内部权力运行制衡。班子成员之间的分工要科学合理，属于相互制约的权力不能由一个人独揽独占，分管审批的领导不能同时分管检查业务，分管执行的领导不能同时分管监督业务，切忌集研究、决策、执行、监督于一身。一项完整的主要业务或者重点工作，可实行由两名领导班子成员分段管理，避免“一管到底”的权力高度集中的领导模式。

三是要合理划分、科学配置职能部门的权力，形成科学有效的权力制约和协调机制。科学梳理本单位本部门的权力，摸清权力底数，健全内部控制机制，推行不相容职务和岗位相互分离制度，实施相应的分离措施，形成各司其职、各负其责、相互制约的工作机制。根据职能分工和权力分布的特点，适当分解某些职能部门过于

集中的权力，一项完整的主要或者重点业务，由两个以上具有相互制约关系的部门完成，而且要适时开展重点部门和关键岗位干部交流轮岗，防止发生“内部人”控制的情况。

（四）增强监督机构的独立性和权威性

要强化监督，建立有效的权力运行监督和制约机制，切实把监督落实到权力运行的各个环节和各个方面，最大程度地减少权力“寻租”的机会，使被监督者不敢腐败、不能腐败。

一是要完善党内监督制约机制。改革和优化党的纪律检查体制，加强对派驻机构的统一管理，使纪检机关能有效地对同级党委及其成员进行监督，真正成为有权威的党内监督机构。进一步完善巡视制度，通过自上而下的监督，约束公职人员特别是领导干部的用权行为，消除监督盲区，确保权力在监督制约中运行。充分发扬党内民主，保障党员的民主权利，健全情况通报等党内各项民主制度。改革和完善党代表大会制度，积极探索党代会常任制，强化党代会的日常监督作用。

二是要赋予行政监察机关和审计机关实实在在的职权，增强其监督的独立性和权威性。要不断探索行政监察规律，完善内部工作体制和机制，充分利用其与纪委合署办公的优势，把行政监察职能发挥得更好。要继续健全和规范审计监督体制和机制，强化审计的独立性，加强对相关项目和资金的跟踪审计，维护资金使用安全，使审计监督在社会主义市场经济建设中发挥出应有的作用。

三是深化司法改革，增强法律监督的独立性和权威性。由于当前司法机关在人事任免和财政保障等方面受制于地方，因而法律监督在防止权力滥用和惩治腐败上往往显得“底气不足”，缺少应有的独立和权威，故应深化司法体制和工作机制改革，进一步理顺和规范司法体系，优化司法职权配置，把加强对权力的监督制约作为司法体制改革的重点，坚决防止和克服地方保护主义和部门保护主义，坚决排除有关部门或者个人对司法活动的非法干预，真正确保审判机关、检察机关依法独立公正行使审判权、检察权，以司法的相对独立推动和保障司法公正，依法开展反腐败斗争，更好地维护社会公平正义。

（五）有效整合监督力量，形成监督合力

要按照"增强监督合力和实效"的要求，整合监督资源，使党内监督与国家专门机关监督以及社会监督有机结合起来，形成监督的整体合力，共同构筑预防腐败以及确保国家和社会经济健康发展的防火墙。

一是要理顺监督体制，防止监督力量分散。要从法律上、制度上理顺纪检机关、行政监察机关和司法机关的工作关系以及职权，明晰它们各自的职责，做到分工明确、配合有力，尽力消除监督力量分散、职能交叉等问题。

二是要通过加强党内监督、法律监督、舆论监督和群众监督等，实行不同监督途径的良性互补和支持，有机整合各级各部门的监督资源，充分发挥各种监督主体的监督作用，努力构建多视角的监督网络，形成对权力运行全过程全覆盖的多元互动监督态势。

三是要不断拓宽监督的渠道，丰富监督的方式，加大监督制度创新力度，积极探索提高监督整体效能的有效途径。

四是要建立纪检监察部门、审计部门和司法机关联系沟通以及预防腐败的信息共享机制，进一步加强沟通和协调，定期召开联席会议，及时掌握案件动态和相关反腐败的信息，努力提高监督合力，推动反腐败斗争持续深入开展。

（六）实现由侧重事后监督向事前、事中、事后监督并重转变

在加大惩治性事后监督力度的同时，应更加注重防范性事前监督和事中监督，使监督覆盖到权力行使的各个环节和各个方面。要完善监督方式，进一步探索加强事前、事中监督的新思路、新方

法，努力做到监督在前，防范在先，增强监督效果。要重点抓好中央新近通过的《建立健全惩治和预防腐败体系 2013—2017 年工作规划》的落实，扎实推进廉政风险防范管理工作，强化权力运行风险点的评估分析，采取前期预防、中期监控、后期处置等防控措施，着力构建覆盖权力运行全过程的监控机制，不断提高监督工作的质量和水平。要构建廉政风险防控预警纠偏机制，强化对权力运行的监控，针对可能发生腐败的重要领域、重要岗位、重要环节，采取建立预警机制的办法，早发现，早化险，防患于未然。要坚持“人防”加“技防”，充分运用现代信息技术手段，全面梳理和优化权力运行流程，将权力运行流程和审批环节、监管环节固化于信息系统，进行规范化操作和管理，加强对权力运行的实时监控，最大限度减少人为因素干扰，提高运用科技手段防控廉政风险的能力。要严肃查处腐败案件，继续强化事后监督，保持惩治腐败的高压态势，重点查处领导干部以权谋私的案件，利用干部人事权、司法权、行政执法权、行政审批权索贿受贿、徇私舞弊的案件，工程建设领域的案件，资金密集领域的案件以及损害群众利益的案件，注重运用办案成果，加强案件剖析，完善制度，堵塞漏洞，充分发挥案件查办在规范权力运行、监督制约权力方面的作用。

（七）充分发挥社会监督的积极作用，增强社会监督的刚性

社会监督延伸了党和国家反腐倡廉监督工作的视角，弥补了党和国家机关常规监督的不足，有助于形成全社会共同防范腐败的强大合力。要支持和保障政协依照章程开展民主监督，通过制定完善有关制度，畅通渠道，使民主党派人士和政协委员通过建言献策，更好地发挥参政议政作用，并要及时办理他们提出的议案，不断改进工作。要加强和改进舆论监督，建立健全舆论监督引导机制、纠错机制、反馈机制，提高舆论监督水平，增强舆论监督的针对性和实效性。要保障人民群众的知情权、参与权、信访权和评议权，通

过专家咨询、座谈会、听证会等多种形式，扩大公民有序政治参与，拓宽监督渠道；切实保障公民的检举权、控告权、申诉权，认真受理群众举报反映的问题，对打击报复举报人的要严肃处理，保护群众参与监督的积极性。

需求与回应：论全面从严治党语境下我国领导干部财产申报制度之进路探微

王浚华* 石瑞婷**

全面依法治国必须抓住领导干部这个“关键少数”。

——习近平〔1〕

引言

领导干部财产申报制度〔2〕作为反腐败的一项重要举措在许多国家都已经建立起来，被证明是有效规范领导干部行为的一项基本制度和国际惯例，被世界90多个国家广泛称之为“阳光法案”。党的十八大以来，随着我国政治、经济体制改革和反腐败斗争的不断深化，人们对建立健全财产申报法律制度、加强反腐倡廉源头治理的

---

* 王浚华，湖南省祁阳县人民法院研究室文秘。

** 石瑞婷，湖南省永州市中级人民法院研究室副主任。

〔1〕 习近平：《领导干部要做尊法学法守法用法的模范，带动全党全国共同全面推进依法治国》，载《人民日报》2015年2月3日。

〔2〕 领导干部财产申报制度是指法定范围内的国家领导干部依照法定的期限和方式向有关机关如实申报其财产状况及变化情况，并接受有关机关监督检查的法律制度。参见屠振宇：《财产申报制度中的隐私权保护》，载《法商研究》2011年第1期。

呼声日益高涨。[1] 虽然该制度在我国早期法制建设中有过相关研究并进行过初步的实施，但其制度内容并不完善，实施效果并不理想。因此，为进一步规范公权力、预防腐败，建设廉洁政府，保障公众利益，我国尽快颁行《领导干部财产申报法》对于推进全面从严治党具有重大的理论和实践价值。

一、阐释：领导干部财产申报的理论基础和功能价值

在当下中国，官员腐败是民众最为关注的社会问题，我们动用了死刑来对付腐败问题，但是“奈何朝杀而暮犯”，腐败包袱犹如滚雪球般越来越重，解决这腐败问题必须依靠制度。[2] 因此，对领导干部财产申报制度的法理基础和功能价值进行分析和考证，有助于我们进一步深化对该问题的认识。

（一）法理基础：领导干部财产申报的理论支撑

1. 政治学维度：民主政治的内在要求。从民主政治角度看，国家合法性的基础来自广大人民的合意，人民是主权者，国家的一切权力属于人民，各级国家工作人员都是接受人民委托的代理人，其权力亦来自于人民的授予。[3] 因此，在终极意义上说，人民有权对国家机关及其工作人员的工作情况进行监督，体现为公民的监督权和政治参与权。公众对公权力及其行使者依法享有知情权和监督权，作为公共权力的行使者，领导干部有接受公众监督的义务，以保证公权力的行使不违背公共利益，防止领导干部以权谋私、滥用权力。

2. 社会学维度：权力制衡的客观要求。权力的制衡并不仅仅意味着“以权力制约权力”，权力的控制同时意味着合理设定权力

---

〔1〕 王士伟、王鸿鳞：《关于实行领导干部家庭财产报告制度和领导干部依法申报个人财产的理论思考》，载《理论导刊》2002年第4期。

〔2〕 何家弘：《以“缓查贪官”换取官员财产申报制度》，载《东方早报》2009年4月22日。

〔3〕 霍布斯：《利维坦》，黎思复、黎廷弼译，商务印书馆1985年版，第97～120页。

的范围和保证正当地行使权力。根据社会契约理论，人们“把大家所有的权力和力量付托给某一个人或一个能通过多数的意见把大家的意志化为一个一致的多人组成的集体”，把“每个人交给社会的他在自然状态中所有的权力，由社会交给它设置在自身上面的统治者”，[1] 而“一切有权力的人都容易滥用权力，这是一条万古不变的经验”。[2] 公权力的行使与运用必须要通过社会主体的制约与监督，从而规定一定的范围和界限，尽可能地杜绝权力滥用和权力腐化等行为的发生。可见，公务人员财产申报制度在价值理念上体现了权力制衡理论。

3. 法理学维度：权利冲突的优先要求。公务人员财产申报制度在调整其特殊的法律关系的同时，必然会引起公职人员的财产隐私权与公众的知情权之间的冲突。随着社会文明的不断进步，人们对公权力的制约呼声日益增强，公民的监督权、知情权渐渐得到社会的认可和重视。“任何人出任公职，都有必要放弃、牺牲一部分公民所能够享受的基本权利，承担政府公职人员所必须的道德义务”这在学理上被称为“领导干部个性的法定自我丧失”，正是这种理论为领导干部的财产申报制度奠定了合法性基础。[3] 而对于解决现实中的权利冲突，理论界提供了三个原则：一是权利平等保护的原则；二是在特定情况下社会利益优先的原则；三是一般利益优于特殊利益，并兼顾特殊利益的原则。而在各种具体的运用中，不同的具体情况在原则选择上的侧重点又有所不同。财产申报制度主要侧重于“公共利益优先”原则。

（二）功能解读：财产申报法律制度的价值表现

1. 预防腐败：强化自我约束的“紧箍咒”。从理论上来看，

---

〔1〕〔英〕霍布斯：《利维坦》，黎思复、黎廷弼译，商务印书馆 1985 年版，第 131 页。

〔2〕［法］孟德斯鸠著：《论法的精神》（上册），张雁深译，商务印书馆 1993 年版，第 76 页。

〔3〕张新宝：《中国的隐私权保护立法、国家经验、问题与对策（提纲）》，法律出版社 2006 年版。

按照规定，国家公务人员要定期地向有关机关申报财产情况，如实解释财产增减原因以及有关机关要审查核实其申报情况是否属实，这无疑在制度层面给国家公职人员上了一个“紧箍咒”，具有非个别化的指引与明确稳定的预测作用，如申报主体在申报过程中，必须要考虑的是：违法所得被查出将会受到更严厉的惩处。这使得官员心理上不得不上下掂量，不敢涉足接近钱权交易的沼泽。当其接近腐败泥沼边缘之时，就会三思而后行。并且官员每年履行财产申报义务之时，不断接受监督，会不断建立廉洁自律意识，会从中受到一种道德教育，促使自己遵守其职业道德规范，主动避免违反公众利益之事，以此做到警钟长鸣。从实践上来看，世界其他各国的领导干部财产申报制度设计得越是完善，实施得越是彻底，该国家政府部门以及公务人员的公正廉洁程度就越好，腐败问题就越少。

2. 自证廉洁：提升政府公信力的“助推器”。恩格斯说：“个人的隐私应受到法律的保护，但个人的隐私与重要公共利益与政治生活发生联系时，个人隐私就不是一般义上的私事，而是属于政治的一部分，它不再受隐私权的保护，它应成历史记载和新闻报道不可回避的内容。”公务人员因其特殊职务，不能以隐私权为借口作为其公权力的遮羞布。被誉为“阳光法案”的财产申报制度是名副其实的。该制度的重要目的就是将公务人员的“隐私权”之一的财产置于“阳光”之下，公开于社会公众监督之中，如果在其任职期间的财产增量与其合法收入相吻合，那么至少可以认为其收入来源是正当和合理的。否则，就表明在其合法收入之外还可能有其他促使其财产增量的因素，这时候有关部门就可以据此给予必要的关注。因此，领导干部财产申报制度不仅有助于证明政府官员财产的合法性，而且让民众了解官员财产增长的正当性，从而切实提升政府公信力。

二、检讨：我国领导干部财产申报制度的自我审视

尽管领导干部财产申报制度承载了上述诸多文本价值和功能，但笔者通过对我国领导干部财产申报法律制度近年来实证调研发现，其实际运行效果并不尽如人意，制度运行常常遭遇到多重困境。

（一）制度层面：立法缺失与法制化需求之冲突

1. 立法何以缺位？我国从上世纪 80 年代开始探讨领导干部财产申报制度，人大代表多次在全国人大会议上提出了《财产申报法》的立法建议，但在立法层面一直未取得实质性突破。从历史考察来看，我国陆续出台了一些与财产申报制度有关的文件（见表1），由于这些文件仅为政策性文件而非规范性法律文件，不仅缺乏相应的法律权威性，也影响了公众对该制度的认知程度和依法监督程度，因此对我国领导干部财产申报的约束力有限。[1] 而 2005 年通过的《领导干部法》亦未对财产申报做出规定，这不得不说是立法缺憾。

表 1　我国领导干部财产申报制度历年要览

年份	相关文件名称
1994 年	《财产收入申报法》正式列入全国人大“八五”立法规划
1995 年	中办、国办联合印发《关于党政机关县（处）级以上领导干部收入申报的规定》
2001 年	中纪委、中组部发布《关于省部现职领导干部报告家庭财产的规定（试行）》

〔1〕 邹东升：《“阳光法案”——从收入申报政策到财产申报立法》，载《社会科学家》2005 年第 1 期。

续上表

2005年	中共中央、国务院、中纪委下达《关于国家领导干部申报经济来源、资产公布的若干意见》
2010年	中办、国办联合印发《关于领导干部报告个人有关事项的规定》
2013年	中组部印发《关于进一步做好领导干部报告个人有关事项工作的通知》

2. 有无制度基因？如前所述，国外如美国、英国等国家的官员财产申报法律制度已经相当成熟，而我国政策体系中亦有相关制度文本，如上述《关于党政机关县（处）级以上领导干部收入申报的规定》等，这为我国财产申报制度改革提供了可供借鉴的研究资源。此外，我国新疆阿勒泰地区、浙江慈溪市、湖南浏阳市等地的积极探索，也可为该制度的构建提供某些思路。然而，我国财产申报制度所暴露出来的缺点也值得我们深思（见表2），而精准突破这些制度困境，是实现领导干部财产申报法制化的必然要求。

表2　目前我国领导干部财产申报制度主要缺陷

序号	主要缺陷	具体内容表述
1	申报主体过窄	包括党的机关、人大机关、行政机关、政协机关、审判机关、检察机关等县处级副职以上领导干部以及国有及控股大、中型企业的领导班子成员，而不包括军事机关的领导干部、县处级副职以下的领导干部及领导干部
2	财产申报时限和类型单一	只包括日常申报离职申报，而未包括初任申请。
3	财产申报的受理机关缺乏监管权威	授权申报人所属各单位组织、人事部门负责接受本单位申报人的收入申报，并按照干部管理权限上报备案。而负有监督检查职能的党的纪检部门和行政监察部门只对执行情况进行监督检查。对报告情况无严格的核实制度

续上表

4	违规拒报或不如实申报的责任过轻，没有确立司法追究制度	对申报人不申报、不如实申报及隐瞒不报的，由所在党组织、行政部门或纪检监察机关责令其申报、改正，并视情节轻重给予批评教育、通报批评或者调整工作岗位、免职，构成违纪的给予纪律处分
5	财产申报不对外公开，且查阅程序严格	对财产申报基本上不对社会予以公开，仅由报告人所在单位领导班子内部有限的范围中通报，并要求受理部门对申报资料予以保密。财产申报资料查阅须经本机关、本单位主要负责人批准；查阅主体只限于组织人事部门、纪检监察机关及因侦办职务犯罪需要的监察机关
6	配套措施缺失	如信用咨询制度、信用认证和监督制度以及不动产实名登记制、金融真名制；有关的评估与评价体系中，审核缺乏客观技术性；媒体舆论监督有待规范；奖罚体系侧重于惩罚措施的实施，而奖励机制很少提及与运用

（二）实践层面：作用有限与规范化需求之冲突

任何制度的革新并非出于一时的立法冲动，而有其现实来源。虽然中国政府在打击腐败上有决心，有行动，我国领导干部财产申报制度在三十年的时间里也不断地在努力完善，很多媒体都给予了正面评价，但据近些年中纪委、最高人民法院和最高人民检察院公布的统计数据来看，官员腐败现象依然严峻（见图 1），特别是一些党政官员被双规或进入司法程序后才被发现有大量非法的财产性收入，如下面这则案例：

案例：2013 年 9 月 5 日上午，“陕西省安监局原局长杨达才受贿、巨额财产来源不明罪一案”在西安市中级人民法院一审宣判，被告人杨达才犯受贿罪，判处有期徒刑十年，并处没收财产人民币

5万元；犯巨额财产来源不明罪，判处有期徒刑六年，决定执行有期徒刑十四年，并处没收财产5万元。受贿赃款25万元和504余万元巨额财产来源不明赃款依法没收上缴国库。[1]

实际上，诸如此类的案例并不少见，从“透明国际”的调查结果来看，中国国际清廉印象指数排名靠后（见表3），财产不明已成为问题官员“症结所在”，[2] 这不仅给中国官员财产申报制度的建设“当头一棒”，而且说明现有领导干部财产登记制度没有发挥作用，流于形式。加之，部门之间协调、衔接的操作程序缺乏系统性、规范性等，导致财产申报制度的作用非常有限，这反衬出我国对该制度的规范化需求加剧。[3]

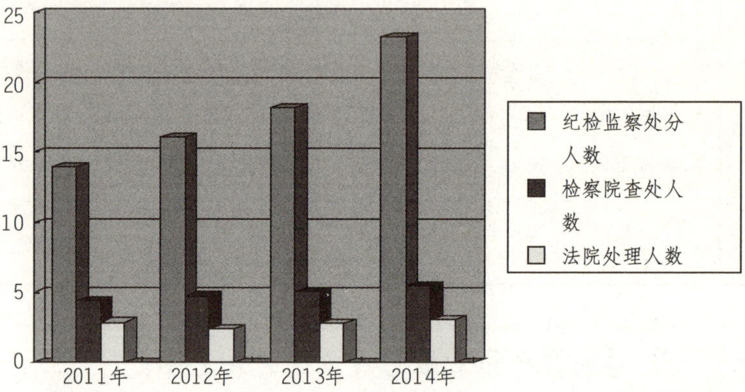

图1

〔1〕 参见《陕西“表哥”杨达才一审被判有期徒刑14年》，载新闻网，http://www.china.com.cn/news/2013-09/05/content_29935313.htm，最后访问时间：2015年6月11日访问。

〔2〕 杨建国：《“贪官外逃”现象论析与回应方略》，载《理论探讨》2011年第5期。

〔3〕 蔡新燕：《中国官员财产申报制度的本土化构建——基于制度移植的框架》，载《甘肃行政学院学报》2010年第2期。

表 3 中国国际清廉印象指数（CPI）排名[1]

年份	腐败指数	廉洁度排名
2014	3.6	100
2013	4.0	80
2012	3.9	80
2011	3.6	75

党的十八大以来，党中央坚持“老虎、苍蝇一起打”的反腐决心以及建设社会主义法治国家的政治抱负，这注定需要一个新的法律制度来关注和调整这个问题领域。而且，随着政治体制改革的深化、行政法学理论的发展以及法治观在实践层面的凸显，反腐倡廉新常态下加强源头治理的本土化需求对官员财产申报制度法制化形成了一股强劲的推动力。因此，遏制官员利用手中的职权聚敛财产，建立刚性的财产公开申报制度，把其家庭财产、直系亲属资产及就业状况等核实并公布于众，是预防腐败、改善清廉指数的核心制度。

（三）观念层面：仁者见仁与科学化需求的冲突

国内学界已对领导干部财产申报法律制度进行了深入的讨论，有的文献对国外尤其是美国的官员财产申报法律制度进行了介绍，[2] 有的学者对财产申报制度立法模式进行了探讨。[3] 还有的学者对财产申报制度具体内容进行了拓展性研究。[4] 总之，以立法

[1] “透明国际”是国际著名的从事反腐败研究的非政府组织，由世界银行负责非洲地区项目的前德籍官员彼得·埃根于 1993 年 5 月注册成立，总部设在柏林。“透明国际”的全球清廉指数排名是依据世界银行、环球透视、英国经济学人智库组织和世界经济论坛专家的评估，以及对居民和商业领袖进行调查后制定的，从 1995 年开始发布。清廉指数以 0 到 100 分计，0 分为高度腐败，100 分为非常清廉。

[2] 郇天莹：《美国官员财产申报制度构建的路径分析与启示》，载《中国行政管理》2009 年第 2 期。

[3] 汪滞涝：《关于财产申报制度的思考》，载《记者摇篮》2007 年第 9 期，第 92 页。

[4] 王高贺、郭文亮：《比较与借鉴：完善我国领导干部财产报告制度的思考与对策》，载《理论与改革》2011 年第 1 期。

形式确立领导干部财产申报制度，在我国已达成了理论共识。世界上很多国家的经验表明，官员财产公开申报制度是预防腐败的一项有效措施。而在我国，建立官员财产申报制度，虽然呼声一浪高过一浪，却是千呼万唤不出来。究其原因，主要在于绝大部分官员持反对态度——据《瞭望》周刊2009年第11期报道，多次为官员财产申报求法的十届全国人大代表王全杰的调查表明，接受调查的官员97%对"官员财产申报"持反对意见——因为让官员如实公开申报全部私有财产，包括在其直系亲属名下的财产，以及在海外的财产，后果相当严重。[1]

公众的看法有助于我们对该制度的前瞻性适用做出估量，他们的观点又是如何呢？为此，笔者以县处级以上和处级以下领导干部以及群众各50名的问卷调查为蓝本对现行制度进行考察分析，就"在我国建立领导干部财产申报制度"的观点进行了提炼、梳理和归纳：

表4　对我国实行财产申报制度的态度（N=150）

被调查对象	希望申报	不希望申报	无所谓
县处级以上官员	9	31	10
处级以下官员	14	22	14
群众	45	0	5

表5　希望实行领导干部财产申报制度原因（N=52）

被调查对象	能预防腐败	提升政府公信力	对领导干部的保护	其他
县处级以上官员	48.1%	15.4%	27.7%	5.6%
处级以下领导	64.5%	38.8%	9.5%	4.76%
群众	82.65%	76.35	89.1%	0

[1] 何家弘：《以"缓查贪官"换取官员财产申报制度》，载《东方早报》2009年4月22日。

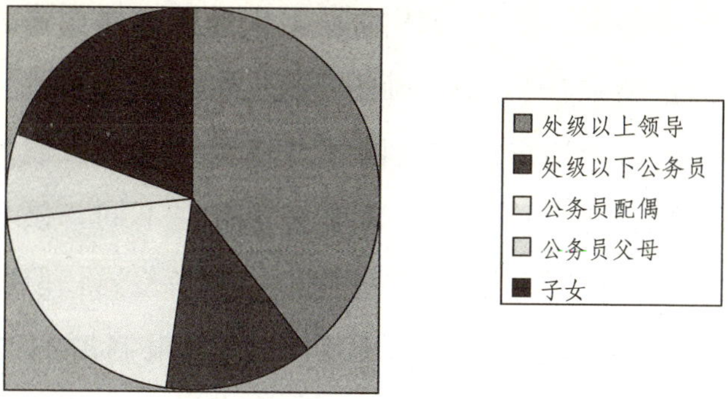

图 2　公众希望我国领导干部财产申报的主体范畴

结合调查和有关资料，笔者发现：（1）从对待申报的态度来看，支持的群众达 90%、领导干部仅有 23%；而反对的群众为 0、领导干部达 53%；（2）从希望公开的原因来看，群众、处级以上和处级以下领导干部对“能预防腐败”认知度分别达 82.65%、48.1%、64.5%，这说明官民对该制度的理解趋于一致；（3）从应申报的范畴来看，处级领导干部仍是公众希望申报的重点人群期望值达 39%，对领导干部配偶、父母、子女表示应纳入申报之列的期望值分别达 21.3%、7.25%、19.63%，这与学界的主张不谋而合。以上调查折射出领导干部财产申报制度的制度性障碍是：财产申报不可能靠公务人员个人的自觉和诚实，政府必须有相应机制了解领导干部个人财产中哪些是合理合法的、哪些是非法的。这也反映出构建科学、合理的《领导干部财产申报法》是人心所向、大势所趋。[1]

三、借镜：领导干部财产申报相关立法的域外经验与启示

在西方，官员财产申报制度最早起源于 230 年前的瑞典王国，该制度赋予了公民查看从一般官员到首相的纳税清单等权力。1883

〔1〕邸瑛琪：《应尽快制定领导干部财产申报法》，载法制网，http://www.legaldaily.com.cn/index_article/content/2012-03/05/content_3396273.htm?node=5955，最后访问时间：2015 年 6 月 9 日。

年，英国议会颁布了目前被公认的第一部财产申报法律——《英国净化选举，防止腐败法》，这一制度为世界上包括美国、新加坡和香港、澳门等近百个追求廉政的国家与地区所效仿，成效斐然。尽管各国政治体制、法律传统以及历史文化存在不同，领导干部财产申报制度在程序、范围和对象等方面存在某些差异，但通过比较分析和借鉴，下列经验与启示对于我国财产申报制度的改良大有裨益的。

启示之一：申报主体范围大、区别对待。各国法律划定的范围有宽有窄，如新加坡对公职人员不分级别，一律要求实行财产申报，而美国则规定从总统到邮政总局局长，扩展到下属的各个不同薪酬的政府官员才必须进行财产申报。同时，这些国家还规定，申报人不仅要申报本人的财产，还要申报配偶和直系亲属的财产。而英国则对公职人员进行了分门别类、区别对待，即议员与处于雇佣合同下的领导干部不仅有关于客体、违法之后果的不同规定，而且议员的申报客体性质的转化以及领导干部申报客体中积极收入与消极收入的区分等。英国的这种分类模式为我国提供了这样的一个思路——党政军各个部门的不同领导干部群体如何科学合理地分类处理。

启示之二：申报客体周延广、具体明确。主要包括不动产、动产、有价证券、债权债务、礼品馈赠、招待费以及可能与公职发生冲突的利益等。如美国规定财产申报的内容不仅包括劳务所得、投资收益，而且包括买卖交易情况、接受的赠与和赔偿以及债务和受雇职位的情况。我们不仅要在宏观上看到，美国财产申报法律法规所分出的五大类财产基本能涵盖到申报主体全部的财产，也要在微观上看到，美国财产申报制度在财产相关规定上有着详细的罗列，如每一次交通、住宿、饮食或娱乐花费数额的规定。

启示之三：审核机关独立、权威。设置模式是受理机关与审查机关相结合的模式，受理机关同时肩负着对申报材料的审查职责。如新加坡的内阁廉政署，美国的政府道德署以及香港的廉政公署等，这些申报法律制度审核机关的独立性和权威性是很高的。但是与美国政府道德署相比，新加坡申报机构中，反贪污调查局调查权力更高，机构效率也更好。[1]

启示之四：财产申报的种类齐全。一般可分为三种：一是初任申报履职人员应在出任后的一定日期内，就其现有的财产状况进行申报，如新加坡为到职时；二是日常申报，指任职后在国家法定的申报日期进行申报；三是离职申报，指公职人员因特定职务任期届满，或者不再从事国家公务活动，或者因年龄等原因而离退休时，必须申报其全部财产。至于申报材料是否公开则各国做法不同，如新加坡实行全面公开制度，美国实行有限公开制度，而英国出于个人隐私权保护则不公开。

启示之五：违法申报的惩罚措施严厉。各国对违法申报者除给予相应的纪律、行政处分外，还与刑事司法制度相联系。如美国在规定相关法律责任时所体现出的严肃性，才使得美国有效地遏制住了其相关领域的腐败问题，如产业腐败，政治腐败领域等问题；又如新加坡法律制度中有关法律责任具体的规定，其中领导干部严重违背此制度后要免除后续丰富的福利补助的规定值得引起我们的注意，相比之下，若我国领导干部犯严重错误后免除其“五险一金”的福利，是否会不符国情、不近人情，表现出我国相关法律责任规定与执行的“疲软性”。[2]

四、进路：我国领导干部财产申报制度的路径选择

理论若不和革命实践联系起来就会变成无对象的理论。同样，

---

〔1〕 林劲松：《美国无效辩护制度及其借鉴意义》，载《华东政法学院学报》2006 年第 4 期。

〔2〕 刘爱国：《浅析我国官员财产申报制度的实践、困境及路径》，载《上海党史与党建》2011 年第 12 期。

实践若不以革命理论为指南，就会变成盲目的实践。[1] 在我国已经加入《联合国反腐败公约》的大背景下，我国领导干部财产申报法律制度已具备建立的必要和可能，亦是对行政法发展规律的积极回应。笔者认为，该制度不仅具有域外立法范例，而且存在建构的现实必要，当务之急，应借鉴国外的立法经验，尽快完成制度转型，将领导干部财产登记制度从政策层面转向法律层面，以保证其既契合立法原则和精神，又能发挥其保障廉洁行政得以实现的最大效能。

（一）宏观定向：财产申报制度的法制化

1. 转变立法理念。《领导干部财产申报法》从1994年正式列入立法规划，至今难以出台，其症结何在？笔者认为，从微观层面来看似乎是由于与财产申报法相配套的技术、制度尚不成熟所致，但从宏观层面来看，问题的关键在于立法观念的转变，即推行财产申报法是否必然侵犯领导干部的隐私权？诚然，领导干部与普通公民一样应该享有隐私权，但是隐私权是针对普通公民而言的，只有在个人财产与公共利益无关的情况下才属于隐私，其权利受到法律保护。从财产申报的对象来看，表面上指向的是领导干部群体，实质是公职身份，官员财产由于其身份的特殊性，与公共利益密切相关，根据公共利益优先的价值理念，公共利益需要优先保障，因此其隐私权也应受到限制，特别是与其任职、廉洁密切相关的隐私，应当公开透明，以确保公众有效行使知情权、监督权，避免公共权力"寻租"。从职业伦理看，领导干部和民众之间是委托代理的关系，作为民众代理人，国家公职人员必须为人民谋利益而非谋取私利，财产申报正是政府公职人员必须履行的道德义务。可见，隐私权和官员申报财产并不冲突，隐私权不能成为阻碍官员财产申报制

---

〔1〕 毛泽东：《实践论》，1937。

度的理由。因此，制定《领导干部财产申报法》，不仅是当下中国全面推进从严治党、全面推进依法治国的必然要求，也是新常态下领导干部践行“三严三实”、加强自我保护的现实需要，更是展示我国承诺守信国际形象的有力举措。

2. 明确立法原则。针对领导干部财产申报法律制度的特殊性，我们可以从以下三个方面对其基本原则进行适当地、合理地外延展开与推导：自愿与强制；平等与差别；公开与隐秘。比如就自愿与强制来说，当有关人员在符合某种条件与情况时，必须确立好强制执行的标准，以确保财产申报程序的完成。而当申报主体选择什么财产内容，在什么时间和什么地方机构申报，又要确立好自愿应有的缓冲带，以确保制度的弹性与灵活性。就平等与差别来说，在领导干部财产申报制度面前，申报主体是平等的，不能有任何特权，而由于申报主体所处职务的不同，其所规定的内容又应有其不同的差异性。

3. 组建专职机构。从机构组成上，我国可参照美国的政府道德署、新加坡的反贪污调查局，组建独立的肩负领导干部财产申报职能的机构，可以拟称为“中华人民共和国领导干部财产申报局”，简称“中申局”，其性质为司法机关，建议应在初期设立中央、省级和市级三级层级，办事机构由中央直辖，工作职员由中央统一委任、管理，人员实行定期轮换制度，体制上排除地方党政部门影响。其职能包括财产申报的受理、审核、移交、诉讼权以及具有请求相关部门协助查询、扣押、冻结资金等的权力。每年对其工作情况除经常报告中央外，还应定期向全国人民代表大会和全国人大常委会定期汇报，自觉接受人大及其常委会的监督。

（二）微观探寻：具体制度的科学化

1. 合理确定财产申报的主体。正如前文中对国外财产申报法律制度的比较分析阐述的那样，我国既要借鉴美国立法者在申报主体规定方面深入却又不失弹性的立法精神与理念，又要借鉴英国相关规定中符合国情的鲜明特色的主体分类模式思路，通过这两方面的比较，确定出符合我国客观实际的申报主体。笔者建议，财产申报的主体应与“贪污贿赂罪”“巨额财产来源不明罪”的主体相适应，即应包括所有党政机关、司法机关、军事机关和人大、政协及其他组织团体的县处级以上国家工作人员，其连带主体范围宜以配偶、父母、子女为限。

2. 明确规定申报财产和信息公开的范围。在申报客体的问题上，我国的领导干部财产申报制度必须摆脱只是有所涉猎、“泛泛而谈”的尴尬局面。申报客体不仅要基本能涵盖到申报主体的全部财产，也要能在相关规定上有详细的罗列，进一步具体细化的话，该详细规定一方面要有五大分类：财产及收入（包括兼职收入）、债务、买卖交易、礼物或补偿、差旅费，另一方面要有相关数额：立法部门应该既要考虑到不同类别间数额之不同的问题，也要考虑到同一类别之中现行数额应如何区分，将来数额如何调整的问题。同时，建议领导干部财产申报资料公示应遵循区别对待、有限公开的原则，采取主动公开和被动公开两种方式，即对县处级职级以上或身处腐败高风险岗位的领导干部通过网站、公报、新闻发布会等便于公众知晓的方式主动公开；其他领导干部则由法人、公民或者其他组织申请的方式被动公开。若是条件允许，在立法上应规定财产申报材料应处于社会公众的监督视野范围之内，从而实现社会对政府快捷而又全面地监督。

3. 完善相关配套制度。主要抓好三项措施：一是完善以身份证为基础的个人信用制度。对现有咨询机构和信用查询系统进行升级与改造，实现信息共享，如设立专门的领导干部信息系统，以便详细确切地记录好领导干部整体财产流转情况，包括税务、借贷、社会保障、收入等情况。同时，应当借鉴国外经验，实行金融真名制、地产实名登记制度，通过一系列的财产信息管理制度确保官员财产申报的实效。二是完善评估与评价体系。用不同的等级来对财产申报主体的主动性、申报客体的结构与来源的合法性和明晰性等情况进行评估和评价，并将结果记录进领导干部系统进行备案，成为领导干部晋升、奖惩的依据之一。三是健全官员财产申报责任体系。应当以“申报公开——核查监管——问责追责”为脉络构筑财产申报责任体系。一方面，在明确行政责任追究主体、规范好行政责任追究程序和后果的同时，应当加大抽查核实力度，及时对拒绝申报、虚假申报、隐瞒申报等违规违法申报行为进行纪律制裁。另一方面，应当完善政治问责、法律究责的协调机制，理顺行政责任与刑事责任、纪律责任与法律责任的关系，增强腐败官员对财产不实申报行为必要的刑责风险。

结　语

正如学者所言，中国要从“运动反腐”转向“制度反腐”，首先就要完善反腐败的立法，包括把一些党规上升为国法，实现法治框架下的“反腐新常态”。[1] 在依法治国、建设社会主义法治国家的当下中国，领导干部财产申报制度内外交困的现实与内外皆盼的理想之间，似乎只是一步之遥，但就这一步的跨越我们所能遵循的只能是一条渐进式发展的长远之路。虽然任重道远，但我们有理由相信，随着全面从严治党和依法治国的不断演进，作为“终极反腐利器”的《领导干部财产申报法》必将应运而生，并达致其应有的价值功效。

---

〔1〕 何家弘：《建议副处以上晋升时网上公示家庭财产》，载《理论视野》2016 年第 2 期。

习近平全面从严治党思想研究的回顾与前瞻

张 国*

2014 年 10 月 8 日，习近平在《在党的群众路线教育实践活动总结大会上的讲话》中，提出了“全面推进从严治党”[1]，并就如何全面推进从严治党做出详尽的阐述。2014 年 12 月 13 日至 14 日，习近平在江苏调研时第一次提出“四个全面”，其中更明确地强调“全面从严治党”[2]。此后，习近平全面从严治党思想就成为国内党建研究领域内的一个热点问题，目前已经取得了一定的研究进展，公开发表了几十篇质量较高的期刊论文，已经问世的专著特别少。同时，也必须看到，在目前的研究中也存在着不足之处，亟待在今后的研究中得到加强。

一、习近平全面从严治党思想的研究现状

近年来，国内学界在习近平全面从严治党思想的研究中已经取

---

* 张国，北京建筑大学马克思主义学院讲师，法学博士，应用经济学博士后。

〔1〕 习近平在党的群众路线教育实践活动总结大会上的讲话，载中华人民共和国国防部网站，http：//www.mod.gov.cn/leader/2014－10/08/content _ 4542056 _ 2. htm.

〔2〕 特别关注：习近平“四个全面”战略思想，载中国共产党新闻网，http：//theory.people.com.cn/n/2015/0227/c112851－26607255. html.

得了一定的进展，所取得的研究成果主要体现在以下几个方面：

（一）全面从严治党思想产生的时代背景

目前，国内大多数学者认为，习近平全面从严治党思想是在世情、国情和党情发生变化的大背景下提出的。王政堂（2015）指出，实现中华民族伟大复兴中国梦是习近平全面从严治党的时代背景。[1] 张国清、俞珊（2015）认为，全面从严治党的提出正是肇始于中国共产党领导集体对党内存在的严重的腐败现象、新形势下存在党群关系疏离的现象和社会存在权贵资本合流侵害群众利益的现象等深刻认识的基础上。[2] 李芳、陈慧（2016）指出，社会主义国家和资本主义国家一些执政党由盛到衰的历程给中国共产党的建设提供了深刻教训，中国共产党九十多年来自身建设的理论和实践为全面从严治党提供了可资借鉴的经验。[3] 霍红伟（2016）认为，全面从严治党，是新的历史时期中国共产党应对“四大考验（巩固执政、改革开放、市场经济和外部环境）”“四大危险（精神懈怠、能力不足、脱离群众和消极腐败）”的现实需求。[4] 王传利、方闻昊（2016）指出，在认真总结中国旧史政权兴亡周期率、苏联共产党亡党亡国的惨痛教训和中国共产党党风廉政建设的历史经验的基础上，习近平提出了全面从严治党的重要思想。[5] 左雪松、夏道玉（2016）认为，习近平从实现中华民族伟大复兴的战略目标与加强党执政能力的历史高度，提出全面从严治党的思想。[6] 李敬煊、李

---

〔1〕 王政堂：《习近平全面从严治党思想的时代要义》，载《中共云南省委党校学报》2015 年第 6 期。

〔2〕 张国清、俞珊：《习近平全面从严治党思想探析》，载《中共贵州省委党校学报》2015 年第 4 期。

〔3〕 李芳、陈慧：《全面从严治党的多维审视》，载《理论探讨》2016 年第 4 期。

〔4〕 霍红伟：《敬始慎终——全面从严治党》，载《山东社会科学》2016 年第 8 期。

〔5〕 王传利、方闻昊：《为了建设一个伟大的党——学习习近平关于全面从严治党的重要论述》，载《思想教育研究》2016 年第 7 期。

〔6〕 左雪松、夏道玉：《论习近平构建全面从严治党的新常态》，载《井冈山大学学报（社会科学版）》2016 年第 1 期。

思学（2016）指出，世界形势的深刻变革、国内形势错综复杂和管党治党的形势日趋严峻需要全面从严治党。同时，事业的开拓和人民的期待也需要全面从严治党。[1] 周金堂等（2016）认为，在国际金融危机和债务危机向纵深化发展的时期，国家间经济政治竞争压力加剧，为了有效应对外部环境的考验，真正维护改革、发展、稳定的大局，切实提升党的执政能力，习近平提出了全面从严治党的思想。[2] 王丁（2016）指出，全面从严治党是习近平在深刻把握世情、国情与党情的基础上，时刻对党的先进性与纯洁性保持忧患意识而提出来的党建新思想。[3]

（二）全面从严治党的概念界定

目前，国内有些学者对全面从严治党的概念进行了界定。许耀桐（2015）认为，全面从严治党的内涵主要体现在落实从严治党责任、坚持思想建党和制度治党紧密结合、严肃党内政治生活、坚持从严管理干部、持续深入改进作风、严明党的纪律、发挥人民监督作用、深入把握从严治党规律等方面。[4] 冯书泉、郇雷（2015）指出，全面从严治党具有深刻的理论内涵，既包括思想建党与制度治党两大方面，又将从严治吏和作风建设作为关键点与切入口，着眼于重塑政治生态与提高党的执政能力。[5] 王征国（2015）认为，习近平全面从严治党思想，从科学内涵来看，“全面”涵盖着思想建设、组织建设、作风建设、反腐倡廉建设和制度建设各个方面；“从严”既包括严以修身、严以用权、严以律己，又包括谋事要实、

---

〔1〕 李敬煊、李思学：《论全面从严治党的动力机制》，载《中共福建省委党校学报》2016 年第 4 期。

〔2〕 周金堂、廖进球、舒前毅：《习近平全面从严治党思想形成的时代背景的“三个考量”》，载《江西财经大学学报》2016 年第 1 期。

〔3〕 王丁：《从理论与实践相结合的角度解读“全面从严治党”思想》，载《内蒙古电大学刊》2016 年第 3 期。

〔4〕 许耀桐：《全面从严治党论析》，载《毛泽东思想研究》2015 年第 6 期。

〔5〕 冯书泉、郇雷：《全面从严治党的理论内涵与实践要求》，载《科学社会主义》2015 年第 3 期。

创业要实、做人要实；“治党”是指坚持思想建党和制度治党，把守纪律讲规矩摆在更加重要的位置。[1] 许兰菊（2015）指出，习近平全面从严治党的“全面”，体现在责任主体、内容涵盖、目标对象、管党治党依据、着力点选择等多个方面，既强调从严治党的全覆盖，又在全面之中有重点。[2] 刘贵丰（2016）认为，全面从严治党中的“全面”包括党的思想建设、组织建设、作风建设、反腐倡廉建设和制度建设各个领域，体现了党的建设系统性和整体性。全面从严治党中的“从严”主要是指治党标准和要求，即要以党章为最高标准，以最严明的纪律和最严肃的态度，严格按照党章和党的规矩要求从严治党。[3] 黄家茂、王开莉（2016）指出，在全面从严治党中，“全”体现在治党领域“全方位”、治党对象“全覆盖”、治党周期“全过程”和治党主体“全动员”；“严”是对党的建设长期性、复杂性和艰巨性的回应，要在党的建设的全过程中做到标准从严、教育从严、执纪从严和惩治从严；全面从严治党的“治”，既指清除去党内的不良分子，还指治理、管理和教育好全体党员。[4] 江家城（2016）认为，全面从严治党的“全面”主要体现在主体的全面性、内容的全面性、依据的全面性、时间节点的全面性以及方式方法的全面性等。全面从严治党之“从严”则主要体现在严的标准、严的措施及严的纪律等方面。[5]

（三）全面从严治党的理论来源

目前，国内有些学者对习近平全面从严治党思想的理论来源开

---

〔1〕 王征国：《论习近平的全面从严治党伟大工程》，载《邵阳学院学报（社会科学版）》2015年第5期。

〔2〕 许兰菊：《习近平全面从严治党思想之“全面”刍议》，载《中共云南省委党校学报》2015年第5期。

〔3〕 刘贵丰：《习近平全面从严治党思想研究》，载《西藏发展论坛》2016年第2期。

〔4〕 黄家茂、王开莉：《全面从严治党是协调推进“四个全面”战略布局的关键》，载《理论与现代化》2016年第1期。

〔5〕 江家城：《全面从严治党的内涵与时代特征》，载《安徽行政学院学报》2016年第2期。

展了研究。祁冰、唐淑楠（2015）指出，矛盾观是习近平全面从严治党思想的辩证法基础。实践观是习近平全面从严治党思想的认识论基础。群众观是习近平全面从严治党思想的历史观基础。[1] 于晓雷（2015）认为，马克思列宁主义的党建学说是习近平全面从严治党思想的思想源泉；毛泽东的党建学说是其重要来源；中国特色社会主义党建理论是其直接思想源泉。[2] 戴立兴、邢孟军（2016）指出，习近平在主政浙江期间，形成的关于如何加强浙江党的建设的相关论述，既为浙江党的建设指明了方向，也构成了十八大以来关于全面从严治党思想的重要源头之一。[3] 吴春艳（2016）认为，马克思主义经典作家的管党、治党思想为全面从严治党的提出提供了思想基础，历代共产党人关于从严治党的探索为它提供了宝贵的实践经验，共产党人强烈的忧患意识为全面从严治党的产生提供了强劲动力。[4] 陈琨（2016）指出，中共七大从思想建设、组织建设、作风建设三个方面为党的建设工作打下基础。新时期习近平的全面从严治党的理论和实践工作正是在这三个方面的基础之上，结合制度建设、反腐倡廉建设、党的纯洁性建设在新的时代背景之下践行党要管党、从严治党的集中反映。[5] 董朝霞（2016）认为，全面从严治党的思想既继承了传统吏治文化的优点，又克服了其不足。在治党治吏的问题上，全面从严治党，将传统的道德笼子转化为制度笼子，更加强调制度治党，实现了从传统治吏到全面从严治党的现代转型。[6]

---

〔1〕 祁冰、唐淑楠：《习近平全面从严治党思想的哲学基础》，载《理论界》2015 年第 12 期。

〔2〕 于晓雷：《习近平全面从严治党思想的理论渊源》，载《观察与思考》2015 年第 11 期。

〔3〕 戴立兴、邢孟军：《习近平从严治党思想探源》，载《浙江日报》2016 年 1 月 14 日。

〔4〕 吴春艳：《习近平关于全面从严治党的思想研究》，载《吉林省社会主义学院学报》2016 年第 2 期。

〔5〕 陈琨：《中共七大党建理论与新时期全面从严治党关系研究》，载《改革与开放》2016 年第 16 期。

〔6〕 董朝霞：《论传统治吏到全面从严治党的现代转型》，载《山西师大学报（社会科学版）》2016 年第 2 期。

（四）习近平全面从严治党思想的重大意义

目前，国内学者从理论和现实两个层面阐述了习近平全面从严治党思想的重大意义。祁冰、唐淑楠（2015）认为，全面从严治党思想是习近平治国理政战略思想的重要组成部分，是马克思主义党的学说与全面推进党的建设新的伟大工程相结合的理论创新成果，是马克思主义哲学在新形势下中国共产党自身建设实践中的具体应用。[1] 龙秀雄（2015）指出，全面从严治党思想是对习近平关于执政党建设系列重要论述精神的科学概括，它是对马克思主义执政党建设理论的重要创新和丰富发展。[2] 赵付科（2015）认为，习近平全面从严治党思想，首次将“从严治党”提升为“全面从严治党”，首次提出“抓好党建是最大的政绩”，其中蕴含着丰富的辩证法思想，是对马克思主义建党治党理论的进一步丰富与发展。[3] 韩久根（2015）指出，习近平全面从严治党思想已经成为我们党的建设新的价值尺度，引领执政党建设的新常态新规范，不仅推动了党的建设的伟大实践，而且极大地丰富和发展了中国特色社会主义党建理论。[4] 耿丽珍（2015）认为，习近平全面从严治党思想的提出，标志着党的建设进入新常态，开辟了党的建设的新境界。[5] 张德艳（2015）指出，习近平全面从严治党思想对我们党的建设在理论、实践、机制方面做出了创新。习近平全面从严治党的理论创新是精神“补钙”论、权力约束论、反腐到底论、党员自律性；其实践创新体现为党的群众路线教育实践活动，“三严三实”专题教育；其

---

〔1〕 祁冰、唐淑楠：《习近平全面从严治党思想的哲学基础》，载《理论界》2015年第12期。

〔2〕 龙秀雄：《全面从严治党思想的科学内涵和精神实质》，载《理论导刊》2015年第9期。

〔3〕 赵付科：《习近平全面从严治党思想论析》，载《当代世界与社会主义》2015年第6期。

〔4〕 韩久根：《中国特色社会主义党建理论的重大发展——学习领会习近平总书记关于全面从严治党的重要论述》，载《新视野》2015年第3期。

〔5〕 耿丽珍：《习近平“全面从严治党”思想探析》，载《福州党校学报》2015年第5期。

机制创新在创新中央巡视制度，创设网上举报机制。[1] 李芳、陈慧（2016）认为，习近平全面从严治党思想深化对执政党建设规律的认识，既是对党建经验的深刻总结，又是新时期加强和改进党的建设的根本方针。[2] 霍红伟（2016）指出，党的十八大以来，习近平丰富和发展了从严治党的思想，提出了全面从严治党的思想，为中国共产党实现长期执政、科学执政、依法执政提供了思想依据和理论基础。[3] 陈殿林、田慧萍（2016）认为，全面从严治党思想是对“建设什么样的党”“怎样建设党”这一重大历史课题的现实性回答、时代性研究，是新世纪新阶段永葆党的先进性的内在要义与现实渴求，是对马克思主义党建理论的创新性推进。[4] 熊若愚（2016）指出，习近平全面从严治党思想，是马克思主义中国化的最新成果，对于进一步推进新时期党的建设新的伟大工程，实现中华民族伟大复兴中国梦，具有重大现实意义和深远历史意义。[5] 季明（2016）认为，习近平全面从严治党思想深化了党在新的实践与发展中对从严治党的规律性认识，丰富和发展了马克思主义执政党建设理论，是马克思主义执政党建设理论发展的最新成果，是加强和改进新形势下党的建设的强大思想武器。[6]

（五）习近平从严治党思想的主要特征

目前，国内学者主要哲学层面对习近平全面从严治党思想的主要特征进行了研究。赵付科、季正聚（2015）指出，全面从严治党蕴含了丰富的辩证思维，具有鲜明的辩证统一性，具体体现在：坚

---

〔1〕 张德艳：《习近平“全面从严治党”思想及其对党的建设创新》，载《哈尔滨市委党校学报》2015 年第 5 期。

〔2〕 李芳、陈慧：《全面从严治党的多维审视》，载《理论探讨》2016 年第 4 期。。

〔3〕 霍红伟：《敬始慎终——全面从严治党》，载《山东社会科学》2016 年第 8 期。

〔4〕 陈殿林、田慧萍：《全面从严治党思想的哲学意蕴》，载《学校党建与思想教育》2016 年第 4 期。

〔5〕 熊若愚：《习近平全面从严治党思想研究》，载《新东方》2016 年第 2 期。

〔6〕 季明：《必须深入把握从严治党规律》，载《中共云南省委党校学报》2016 年第 2 期。

持思想建党与制度治党的辩证统一、坚持党委主体责任与纪委监督责任的辩证统一、坚持从严管理干部与发挥人民监督作用的辩证统一、坚持治标与治本的辩证统一、坚持发扬党内民主与严明党的纪律的辩证统一、坚持攻坚战与持久战的辩证统一等六个方面。[1] 陈殿林、田慧萍（2016）认为，全面从严治党思想具有深刻的哲学意蕴，于本体论的维度而言，全面从严治党思想是主体与客体的深度规整；于认识论的维度而言，全面从严治党思想是理论与实践的高效聚合；于方法论的维度而言，全面从严治党思想是两点论与重点论的辩证统一；于价值论的维度而言，全面从严治党思想是目的与手段的紧密凝结。[2] 文大山（2016）指出，全面从严治党是运用马克思主义哲学原理和方法的典范。全面从严治党运用了意识对物质有反作用、事物普遍联系、矛盾分析法、辩证唯物主义认识论等原理和方法。[3] 邹宏如（2016）认为，习近平全面从严治党思想体现了“从党情新特点出发”和“学用相长”的治学方法、全面运筹和辩证统一的治思方法、“炼就‘金刚不坏之身’”的治人方法以及顶层设计与要素相结合的治腐方法，其方法论具有“直面世情、国情、党情新变化、注重党员干部实践本领提升”的理论特色和提高驾驭复杂局面、处理复杂问题的本领的现实启示。[4] 郑清支（2016）指出，习近平全面从严治党思想是以实践作为出发点和落脚点，是对历史唯物主义的高度遵循，充分体现了马克思主义辩证思维的特色。[5]

同时，国内学者还从其他层面对习近平全面从严治党思想的主

〔1〕 赵付科、季正聚：《习近平全面从严治党思想的辩证统一性》，载《中国特色社会主义研究》2015 年第 4 期。

〔2〕 陈殿林、田慧萍：《全面从严治党思想的哲学意蕴》，载《学校党建与思想教育》2016 年第 4 期。

〔3〕 文大山：《试析全面从严治党的方法论》，载《城市学刊》2016 年第 2 期。

〔4〕 邹宏如：《习近平全面从严治党的方法论及启示》，载《长沙理工大学学报（社会科学版）》2016 年第 2 期。

〔5〕 郑清支：《试论习近平全面从严治党思想的哲学意蕴》，载《世纪桥》2016 年第 2 期。

要特征进行了研究。韩久根（2015）认为，习近平全面从严治党思想是一个系统的、开放的、发展的思想理论体系。[1] 左雪松、夏道玉（2016）指出，新常态作为全面从严治党的新要求，体现管党治党的刚柔并济、双管齐下、标本兼治、破立并举、内外兼顾与上下联动等六大基本特征，开启了新时期党的建设新篇章。[2] 刘贵丰（2016）认为，习近平全面从严治党思想体现了总揽全局的战略思维、忧党兴党的责任担当和爱民为民的价值取向。在思想和工作方法上，全面从严治党思想具有突出问题导向、坚持以上带下、依靠人民监督和发扬钉钉子精神等特点。[3] 江家城（2016）指出，全面从严治党的时代特征：现实性、系统性、自觉性、责任性、渐进性、规范性、统一性、开放性。[4] 吴春艳（2016）认为，习近平关于全面从严治党思想有着完整的内在逻辑，是要求、任务、路径的统一，体现出牢固的人民主体观、鲜明的实践性和系统的整体性。[5] 董朝霞（2016）指出，习近平全面从严治党思想表现出紧抓党员干部核心力量，优秀传统与现代修身相结合，法治与德治相结合，主观意志和客观效果相结合等特征。[6] 刘彦昌（2016）认为，从对党建学科发展的价值分析，首先，全面从严治党的思路新："顺势而为"，以科学理性支撑党性。其次，它的布局新：转变风格，围绕"严治"打组合拳。最后，它的指向新：以"实"为魂，

---

〔1〕 韩久根：《中国特色社会主义党建理论的重大发展——学习领会习近平总书记关于全面从严治党的重要论述》，载《新视野》2015 年第 3 期。

〔2〕 左雪松、夏道玉：《论习近平构建全面从严治党的新常态》，载《井冈山大学学报（社会科学版）》2016 年第 1 期。

〔3〕 刘贵丰：《习近平全面从严治党思想研究》，载《西藏发展论坛》2016 年第 2 期。

〔4〕 江家城：《全面从严治党的内涵与时代特征》，载《安徽行政学院学报》2016 年第 2 期。

〔5〕 吴春燕：《习近平关于全面从严治党的思想研究》，载《吉林省社会主义学院学报》2016 年第 2 期。

〔6〕 董朝霞：《论传统治吏到全面从严治党的现代转型》，载《山西师大学报（社会科学版）》2016 年第 2 期。

全力营造务实新风。[1]

（六）贯彻习近平全面从严治党的思想

目前，国内学界也对如何贯彻习近平全面从严治党的问题进行了研究。冯书泉、郇雷（2015）指出，在落实“四个全面”战略布局的实践领域，全面从严治党要紧紧围绕全面建成小康社会来展开，以锐意改革的精神加强和改进党的建设，坚持依法依规管党治党，不断开拓党的建设新局面。[2] 耿丽珍（2015）认为，要坚持思想建设从严、作风建设从严、组织建设从严、制度建设从严、反腐倡廉建设从严；严格教育、管理、监督广大党员和领导干部，确保中国共产党始终成为中国特色社会主义事业的领导核心。[3] 张德友（2015）指出，全面从严治党的实现，必须从严格执行党的纪律入手，依纪治党，使全面从严治党有纪可依，有纪必依，执纪必严，违纪必究。以此，保证党的队伍纯洁性和先进性，保证党的路线方针政策的顺利实现。[4] 李双金（2015）认为，贯彻从严治党要求的现实路径：从严治党要落实管党治党责任，坚定理想信念，坚持从严管干部，密切党同群众的血肉联系，加强党的制度建设和保持反腐高压态势。[5] 张士海、王国龙（2015）指出，全面从严治党是一项系统工程，需要从多个层面协同进行，主要包括：从严加强思想建设，进一步巩固党的意识形态领导权；从严加强组织建设，进一步发挥党员干部的模范带头作用；从严加强作风建设，进一步密切党与人民群众的血肉联系；从严加强反腐倡廉建设，进一步完善惩

---

〔1〕 刘彦昌：《习近平从严治党思想及其对党建理论的创新》，载《中共宁波市委党校学报》2015年第1期。

〔2〕 冯书泉、郇雷：《全面从严治党的理论内涵与实践要求》，载《科学社会主义》2015年第3期。

〔3〕 耿丽珍：《习近平“全面从严治党”思想探析》，载《福州党校学报》2015年第5期。

〔4〕 张德友：《依纪治党是全面从严治党的实现路径——学习习近平总书记有关讲话精神》，载《中共青岛市委党校学报》2015年第1期。

〔5〕 李双金：《中国共产党从严治党的历史经验及现实路径》，载《辽宁师范大学学报（社会科学版）》2015年第4期。

治与预防相结合的反腐体系；从严加强制度建设，进一步建立健全党内法规制度。[1] 房广顺、薛赛男（2015）认为，要贯彻习近平的全面从严建党思想，就得落实党建责任，要严格一级抓一级、层层抓落实，严格党委抓、书记抓、各有关部门抓，完善从严治党责任考核和责任追究制。[2] 江家城（2016）指出，为实现全面从严治党的构想，应该落实从严治党责任，坚持思想建党和制度治党紧密结合，严肃党内政治生活，坚持从严管理干部，持续深入改进作风，严明党的纪律，发挥人民监督作用，深入把握从严治党规律。[3] 何祥林、吴长锦（2016）认为，在新形势下，从严从实推进全面从严治党，必须坚持“五位一体”的管党治党新格局。要从严强基固本，坚持思想建党；要严格选人用人，夯实组织根基；要严格率先垂范，倡导真抓实干；要敢于铁腕反腐，促进标本兼治；要扎紧制度笼子，强化制度治党。[4] 方涛（2016）指出，在具体路径上，推进全面从严治党，必须抓住领导干部这个“关键少数”，坚持继承和创新相结合，用好巡视监督这把“利剑”。[5] 范旴阳、孙希江（2016）认为，要落实习近平的全面从严治党思想，就要狠抓作风建设，从严惩治腐败，努力培育先进政党文化，大力推进制度建党工作。[6] 黄家茂、王海军（2016）指出，制度治党是全面从严治党的根本之道和有力保障，它主要体现在构建配套完善的党内法规制度体系、坚持党内法规与国家法律相衔接、在增强制度执行力上下

〔1〕 张士海、王国龙：《习近平“全面从严治党”思想研究》，载《社会主义研究》2015 年第 6 期。

〔2〕 房广顺、薛赛男：《全面从严治党要从落实党建责任严起》，载《学校党建与思想教育》2015 年第 6 期。

〔3〕 江家城：《全面从严治党的内涵与时代特征》，载《安徽行政学院学报》2016 年第 2 期。

〔4〕 何祥林、吴长锦：《坚持“五位一体”，全面从严治党》，载《华中师范大学学报（人文社会科学版）》2016 年第 1 期。

〔5〕 方涛：《习近平的全面从严治党思想探析》，载《学术问题研究（综合版）》2016 年第 1 期。

〔6〕 范旴阳、孙希江：《习近平全面从严治党思想初探》，载《江淮论坛》2016 年第 4 期。

功夫、加强制度文化建设等方面。[1] 郑又贤（2016）认为，各民主党派应该明确自身的角色定位，充分发挥在全面从严治党方面的积极作用。[2]

（七）其他方面的研究

目前，国内学者除了从以上几个方面对习近平从严治党思想进行研究外，还从其他方面开展了相关的研究。吴怀友（2015）指出，在习近平全面从严治党的重大战略思想中，作风建设是突破口，党的群众路线教育是抓手，思想建设是根本，从严治吏是重点，反腐倡廉是动力，制度治党是保障，始终保持与人民群众的血肉联系是核心，增强党自我净化、自我完善、自我革新、自我提高能力是目标。[3] 蒯正明（2015）认为，在习近平全面从严治党的思想中，根本路径是将思想建党和制度治党结合起来，关键在于治吏，作风建设是切入口，重要保障是落实管党治党政治责任。[4] 张学中、何汉霞（2016）指出，在对习近平全面从严治党思想进行研究时，要从党的信仰、唯物史观、党的人民性三个向度作整体性把握。[5] 周向群（2016）认为，习近平全面从严治党思想的灵魂是坚定理想信念，主线是走群众路线，关键是落实党风廉政主体责任，方略是把思想建党和制度管党治党紧密结合。[6]

---

〔1〕 黄家茂、王海军：《全面从严治党视域下制度治党的基本路径探析》，载《湖湘论坛》2016年第2期。

〔2〕 郑又贤：《民主党派在推进全面从严治党中的角色定位》，载《中共福建省委党校学报》2016年第3期。

〔3〕 吴怀友：《习近平全面从严治党思想论纲》，载《毛泽东研究》2015年第4期。

〔4〕 蒯正明：《习近平关于全面从严治党思想研究》，载《中国特色社会主义研究》2015年第2期。

〔5〕 张学中、何汉霞：《习近平全面从严治党的三维向度：信仰历史人民》，载《南华大学学报（社会科学版）》2016年第2期。

〔6〕 周向群：《习近平的全面从严治党思想》，载《长春市委党校学报》2016年第4期。

二、习近平全面从严治党思想的研究展望

综上所述，到目前为止，国内在习近平全面从严治党思想的研究中已经取得了一定的进展，公开发表了一批质量较高的期刊论文。在肯定已经取得的成绩的同时，也必须看到，在目前的研究中仍旧存在着以下几个方面的不足之处亟待加强：

其一，描述性的研究过多，而学理性的研究则不足。在目前的研究中，国内学者中有不少是在复述习近平全面从严治党思想，而没有对其进行深入的学理上的分析，没有运用相关学科的理论分析框架来开展研究。在今后的研究中，国内学者首先应当选择合适的学科理论来开展这方面的研究，切实扭转仅仅复述相关文献的研究模式。为此，研究者在开展研究之前就应当了解乃至熟悉政治学、法学、社会学、管理学等相关学科经典理论和最近的理论突破问题。在此基础上，选择合适的理论来开展更有特色和更富成效的研究。

其二，多学科研究的局面还尚未形成。在目前国内对习近平全面从严治党思想进行研究的学者中，大多是马克思主义理论的学科背景，其他学科背景的还特别少。在今后的研究中，人文社科领域中马克思主义理论学科背景之外的学者应当加入进来，而且应当在研究中彰显自身的学科特色，进行更有学理深度的研究。

其三，对各地实践经验的研究亟待加强。目前，国内学者还很少关注全国各地贯彻习近平全面从严治党思想的具体经验，而对此进行实证研究的就更少了。在今后的研究中，要切实加强对各地贯彻习近平全面从严治党思想的具体经验的研究，通过对这些经验的全面总结，使之上升到理论的层面，进一步丰富中国特色社会主义的党建理论体系。

其四，对全面从严治党中所涉及的重要的党内规章制度制定、

修订和废止的具体情况进行的研究有待加强。目前，国内学者对习近平全面从严治党思想本身所开展的研究已经取得了一定进展，但是对与之相关的党内重要制度的研究则用力不够。在今后的研究中，应当全面深入研究十八大以来党内规章制度出台、修订和废止的实际情况，以此推进党建领域制度建设研究取得新进展。

在第六届中国法律实施论坛暨中国行为法学会第五届五次理事会上的总结讲话

中国行为法学会会长　江必新

(2017年1月15日)

各位副会长、常务理事、理事：

我们这次会议，全面贯彻落实党的十八届六中全会、十八届中央纪委第七次全体会议精神，深入学习领会习近平总书记在这两次会议上的重要讲话精神，对全面从严治党与法律实施问题进行专题研讨，总结工作经验，对今年和今后一个时期工作作出部署，是一次十分重要的会议。会上，王乐泉会长作了重要讲话，27位与会专家代表作了精彩的主题发言，听取了理事会和6个下属机构的工作报告，并对有关事项进行了审议表决。整个会议议程紧凑，会风朴实，成果丰硕，开得很成功。

王乐泉会长的重要讲话立意高远、内涵丰富、要求明确，具有很强的思想性、针对性和指导性，对我们学会开展好下一阶段工作具有重要的指导意义，我们要认真学习领会，抓好贯彻落实。

王乐泉会长指出："在中国法学会主管的55个全国性法学社团

中，中国行为法学会历史悠久、人员广泛、活动丰富、成绩斐然。”“行为法学会职责定位准确，发展目标清晰，工作活跃规范、活动广泛深入，特别是近年来在繁荣法学研究、开展法学宣传、推动法学交流、培养优秀人才等方面开展了一系列独具特点、卓有成效、影响深远的工作。可以说中国行为法学会经过不懈地努力，在学术影响力、社会影响力和决策影响力等方面不断扩大，已经成长为法治中国建设中的重要研究力量。”王乐泉会长的肯定，就是对我们的要求、期望和我们努力的方向。

王乐泉会长从四个方面对中国行为法学会提出了希望和要求：一是要全面贯彻党的十八届六中全会精神，牢固树立“四个意识”。二是要紧密围绕大局开展研究，为中国特色社会主义法治国家建设提供更加坚强有力的理论支撑。三是不断加强理论学习，注重政治修养，努力培养一支政治坚定、素质过硬的人才队伍。四是要加强自身建设，不断完善体制机制，持续提升制度化、规范化。这些要求具有很强的政治性、针对性和可操作性。学会要认真学习并研究贯彻落实意见。

本次论坛取得了丰硕的成果。经过充分的研讨，大家普遍认为：第一，全面从严治党与法律实施具有深度的关联；第二，全面从严治党的目标在治，核心在严，关键在率，深化在全，创新在改；第三，全面从严治党与法律实施关系的实质是执政党与法治的关系，并且这个关系是立体、多维的；第四，党内法规和国家法律的关系是全面从严治党和法律实施关系中非常重要的一对关系，对这种关系的把握应当进行类型化处理；第五，确保宪法和法律的实施，关键在于党要在宪法和法律范围内活动。

2013 年 1 月 12 日，学会召开会议，先后选举产生第五届理事会、常务理事会以及会长、常务副会长、副会长、秘书长。根据中国法学会的要求及学会章程规定，2017 年我们学会需要筹备换届工作。值此承前启后、继往开来之际，我就学会四年来的工作作一个简单的回顾，并对做好今后工作，谈讲几点意见。

一、形成了“三化”的总体发展格局

“三化”的总体发展格局，指的是发展方向的明晰化、组织架构的科学化和运转活动的规范化。

（一）发展方向的明晰化

根据钱学森、张友渔为代表的老一辈科学家、法学家对行为法学发展的前瞻性定位，中国行为法学会在成立伊始便确立了研究方向，即探索国家机关、企事业单位、社会团体和公民个人的法行为规律，开展行为法学的理论、方法和应用研究，为推进社会主义法治国家的建设做出自己应有的贡献。随着时代的发展和形势的变化，特别是法律体系的基本形成以及全面依法治国的推进，在中国法学会的指导下，学会进一步通过确定自身的功能和学术定位实现发展方向的明晰化。在功能定位上，努力把学会建设成为坚持和发展中国特色社会主义法治的重要理论阵地，打造成为服务法治中国建设的智囊团和思想库，发展成为提升中国的国际法治话语权的重要通道。在学术定位上，学会在强化行为法学基础理论研究的同时，紧紧围绕法律实施问题，精当选择主题，精心组织实施，精深转化成果，充分发挥法治在“四个全面”战略布局中的引领、推动和保障作用，为法治中国建设发挥更大作用。

（二）组织架构的科学化

学会下属机构分为内设机构、共建机构、学术论坛、分支机构和实体机构五个方面。为了有效地履行学会职能和发挥机构优势，近些年对二级机构的资源进行了重新整合，划归为四大方阵，分别以行为法学基础理论研究、法律实施中的公权力行为、法律实施中的社会行为以及法律实施中的实践性活动为研究对象。通过积极申请和不懈努力，根据中国法学会批示，学会党总支成立大会于2016年12月14日胜利召开，并选举产生了第一届党总支委员会。党的组织建设将持续推进，为学会完成各项工作任务提供了坚强的组织保障。

（三）运转活动的规范化

形成了会长领导全局、各副会长分工负责、秘书长主持日常工作的领导机制，以及秘书长工作会、会长办公会、会长会、常务理事会和理事会逐级分层处理的工作机制。建立健全二级机构的评价和管理机制，不断提高学会科研管理工作的科学化、规范化、制度化水平。各二级机构在学术活动结束之后要及时整理会议综述并报送学会秘书处及研究部，并切实推动专报的编辑、报送工作。对于无法按照规定完成科研任务以及有严重违反学会规定的二级机构，严格依照相关规定稽查考核，进行整顿甚至淘汰。通过制定、修改《中国行为法学会科研管理办法》《中国行为法学会课题管理办法》《中国行为法学会会长办公会议事规则》《中国行为法学会会长会议事规则》和《中国行为法学会网站管理办法》《中国行为法学会关于进一步规范分支机构有关工作的通知》等制度文件，不断提高学会的规范化水平。根据工作发展需要，及时修改完善《财务管理制度》《考勤管理制度》《办公用品采购、领用管理制度》《办公室安全管理制度》《办公室节能管理制度》等日常规章制度。用规章制度管人、管事的观念不断加强。

二、取得了“五个一批”的基本发展成果

在开幕式上，我提出了“五个一批”的发展成果，但没展开。这“五个一批”具体包括：

1. 形成了一批具有鲜明的跨学科、跨领域、跨部门特色的研究门类。立法行为、执法行为、侦查行为、司法行为、执行行为、

法律服务行为、守法行为、诚信行为、越轨行为、侵权行为、廉政行为、公益行为、医疗行为、教育行为、生态保护行为、互联网行为、信息传播行为、新闻舆论监督行为、企业商事法律行为、财务审计行为等，这些问题尽管都是传统的法学门类研究的问题，但由于都不是专门性的研究，四年来，学会充分发挥跨学科、跨领域、跨部门的优势，积极成立二级研究会，对这些问题进行专门性的研究，这项工作是开创性的和基础性的，其价值将在以后慢慢显现出来。

2. 打造了一批具有不俗影响力的学术研究平台。四年来，学会重点打造了中国法律实施论坛、“法治中国·湘江论坛”“法治社会·长江论坛”“法治经济·黄河论坛”“全球化时代犯罪与刑法国际论坛”“侦查论坛”“执行论坛”“司法论坛”“金融法律论坛”“基础理论论坛”“中国新闻法治建设学术峰会”“法律语言研讨会”等一批高规格、多学科、宽领域的学术平台。

3. 开拓了一批具有支撑作用的工作阵地。包括《人民法治》杂志、博士后工作站、中国法治网、中国法治实施报告等。

4. 产出了一批具有重要价值的著作、文章、报告。出版《行为法学导论》《金融刑法学教程》《新闻法治研究》《中国行业行为规范初探》《金融刑法与金融检察工作创新研究》《金融法律服务管理建设论坛》《金融刑法与金融检察》《裁判文书实务丛书》系列丛书；聚焦研究热点，发布《中国法治实施报告》（CLER）《中国企业信用建设报告》《中国金融法治建设年度报告（2014－2015）》《网络谣言2014年度风险评估与2015年度防治报告》《中国互联网竞争与监管蓝皮书》《国有企业预防腐败法律风险指南》《2015中国国家治理蓝皮书》《2015中国省、自治区、直辖市地方治理蓝皮书》等。通过合作课题的方式，提供可供决策机构及企事业单位参考的研究报告，例如《〈企业信息公示暂行条例〉立法后评估报告》

《问卷调查分析报告》《实地调研总报告》《实地调研分组报告》《〈企业信息公示暂行条例〉修改建议对照表》和《市属医院购销领域廉洁风险防控报告》等。形成《加快社会领域法治建设应成为法治中国的战略重点》《法治经济建设基本理论问题》《〈关于法治经济与相关问题共同建议〉的建议》及《五大发展法治化问题》等要报材料向有关单位报送。

5. 培养了一批具有较高素质的法学法律人才。坚持吸引人才、凝聚力量的发展方针，不断壮大队伍。目前学会已拥有三千多名会员、理事、常务理事，汇集了众多知名法学专家、教授、大法官、大检察官、高级警官、资深律师等国内顶尖人才，广泛分布在党政机关、教学科研机构、企事业单位和立法、执法、司法等部门，是学会开展学术研究、社科调研的基础和保障。坚持把建设高素质法学研究队伍作为一项核心任务来抓，加大青年法学法律人才的培养力度，团结、凝聚、培养、举荐优秀法学法律人才。同时，继续通过“法与经济博士后工作站”招收和培养博士后，坚持“导师组培养、双导师负责制”的培养特色，不断拓展合作院校，为行为法学基础理论和法律实施研究提供充足的人才保障。

以上“三化”和“五个一批”，是我个人的一个初步概括，不免挂一漏万。没有提到的，请秘书处会后补充进去。这些成绩的取得，是全体理事共同努力的结果，我代表学会以及我个人，对大家的付出、奉献和支持表示由衷的感谢。

当然，学会的发展也存在不少的问题，主要有：有的研究会活动过少，个别的处于僵死状态，需要按照规定进行清理；不规范的问题仍然存在，特别是有的二级机构，被反映存在某些不容忽视的问题；学术成果的转换力度仍然不够；等等。

三、以“四个提升”为发展目标做好 2017 年工作

2017 年是第五届理事会的最后一年，也是筹划学会新发展至

关重要的一年，希望学会全体同仁进一步凝聚共识，实现学会的平稳和快速发展。下面，根据乐泉会长讲话精神，对照学会存在的问题，我对下一步的工作提出以下意见。

1. 努力把学会从“研究阵地”提升为“研究高地”。2017 年 1 月 7 日召开的第二届新经济智库大会发布了《2016 年度中国智库大数据报告》，该报告通过对智库及专家言论在社交媒体中的大数据分析，推出了年度中国智库大数据排行榜。这个排行榜对我们应该是有启发性的。一方面，学会的活动要从粗放型向集约型和高精尖方向转变，对学术成果进行深度提炼与加工，在数量和品质之间更加重视品质，只有这样才能突破发展瓶颈，提升层次；另一方面，也要更加注重利用新媒体特别是微信公众号展示成果、提高学会的影响力和知名度，更好地发挥智库作用。中国行为法学会公众号不能只用于通知和报道会议，要把主要精力放在展示成果、服务社会上面，并且考虑建设实时权威、资源共享的行为法学信息汇总平台。

2. 竭力把学会的功能从“法治服务”提升为“务实管用的智库型法治服务”。笼统地提供法治服务有一定的作用，但提供精准的法治服务，发挥的作用就会翻好几倍。接下来，学会要以提供精准的法治服务为己任，准确把握法学成果的转化规律，提高成果转化的主动性和实效性，积极搭建法学理论研究与法治实践的对接平台，加快优秀研究成果向立法、执法、司法领域的应用转化。

3. 尽快把学会的各个分支机构从“外延式发展”提升为“内涵式发展”。要想取得“一加一大于一”的成效，必须改变分支机构各自为战的局面。要建立协同研究机制，学会特别是研究部要发挥好作用，认真谋划研究课题，充分发挥研究会各自作用。各分支机构的研究成果要形成丛书机制，统一规格，统一标识，形成合力，扩大我们学会的学术影响力。

4. 切实把对学会的管理从“规范管理”提升为“从严管理”。本次会议研讨的主题就是从严管理，如果我们自己都不能做到从严管理，如何宣传和推进从严管理？这是一个最基本的道理。中国行为法学会只有用更高的标准严格管理，才会实现更好的发展，这个判断大家应该都认同。我理解的从严管理：第一要严守政治规矩；第二要严守学会章程；第三要严守学术规范；第四是要严守办事规则。请秘书处在会后考虑全面从严治会的具体措施，提交会长会讨论。

各位理事：

中国行为法学会是一个有着辉煌历史、光荣传统和巨大潜力的团体。在已经开始的 2017 年，让我们一道努力，坚定不移走中国特色社会主义法治道路，坚定不移促进法学理论繁荣发展，坚定不移投身法治中国建设伟大实践，努力开创学会工作新局面，以丰硕的研究成果迎接党的十九大胜利召开，为法治中国建设和国家治理现代化做出新的更大的贡献！

在新春佳节即将来临之际，衷心祝愿大家新年快乐，身体健康，工作顺利，全家幸福！